The
Garland Library
of
War and Peace

The
Garland Library
of
War and Peace

Under the General Editorship of
Blanche Wiesen Cook, *John Jay College, C.U.N.Y.*
Sandi E. Cooper, *Richmond College, C.U.N.Y.*
Charles Chatfield, *Wittenberg University*

Militarism, Politics, and Working Class Attitudes in Late Nineteenth-Century Europe

comprising

The Army & the Democracy
by
Anonymous

Militarism in Politics
by
Jean de Bloch
(Ivan Bliokh)

'armée est-elle, doit-elle être la nation?
by
Jules Bourelly

Working Men and War
by
Thomas Burt

Der Militarismus
by
Dr. F. Wiede

with a new introduction
for the Garland Edition by
Sandi E. Cooper

Garland Publishing, Inc., New York & London
1971

Library of Congress Cataloging in Publication Data
Main entry under title:

Militarism, politics, and working class attitudes in
    late nineteenth-century Europe.

    (The Garland library of war and peace)
    CONTENTS: The army & the democracy, by Anonymous
[1886]--Militarism in politics, by J. de Bloch
[1901]--L'armée, est-elle, doit-elle être la nation?
By J. Bourelly [1902] [etc.]
    1. Civil supremacy over the military--Addresses,
essays, lectures. 2. Militarism--Europe--Addresses,
essays, lectures. 3. Europe--Politics--1871-1918--
Addresses, essays, lectures. I. Series.
JF195.C5M55   355.02'13'094   76-147556
ISBN 0-8240-0335-7

Introduction

In a world which tolerates warfare, at what point do the burdens of military preparedness conflict with the peacetime needs of democratic societies? How can the demands of standing armies be made compatible with the evolution and development of democratic institutions? What must be done in the military to create an understanding of the democratic ideals of civilian society, particularly if the army tradition is essentially aristocratic: Can armies remain professionally capable and prepared while simultaneously transforming themselves into servants of a democratic society?

Questions this fundamental began to jar the European consciousness in the decades following 1870 as nations slowly adopted the forms, if not always the essence, of political liberalism — that is, constitutional forms of governments, civil rights, legal equality, mass suffrage, mass parties, secret ballot and limited social welfare benefits. In this volume, the several authors collected together discuss aspects of those fundamental questions and reveal the apprehensions of both civilian and military spokesmen to the rapidly changing situation. As the older forms of social and political life began to erode, British workers received the vote, national political parties

5

INTRODUCTION

sprung to life in the Third Republic of France, constitutional monarchies were created in the newly united states of Germany and Italy, and even in Austria-Hungary changes were visible in political participation and in the new freedom of mobility. While it is possible to demonstrate the fact that older élites managed to retain power under new guises, contemporaries nonetheless viewed their age as a time when liberal aspirations were finally being realized. Before World War I, there was a strong sense that progress was being made. That democratic societies were evolving all over the continent (except for Russia) was a "truth" most conservatives unhappily admitted.

As universal suffrage permitted the organization of mass politics and gave raw, popular opinion a political role, with school-children educated in the ideals of freedom and equality, what position would the military occupy? How could it adjust its traditions and its structure, both fundamentally opposed to democratic formulations even in the most advanced liberal European states, to the new world in the making?

The authors collected in this volume analyzed and discussed some of these questions in articles intended for educated, thoughtful publics. Three of these articles dealt with problems that appear to concern only Britain but in reality, raised larger issues. The piece by the French general Bourelly was written in the wake of the strong anti-military

INTRODUCTION

feelings generated by the Dreyfus affair, and it spoke some harsh truths against the possibilities of building a "democratized" military. The final piece, a pamphlet published earliest of these five, in 1877, developed the "classic" arguments against military expenditure which are still frequently employed. Of the five authors, perhaps only Jean de Bloch can be described as having achieved a small piece of "immortality" because of his massive six-volume study on war[1] which contained a number of prophesies later borne out in 1914-1918.

In very different ways, the democratization of the army and of foreign policy-making concerned both the anonymous author of "The Army and the Democracy" and Thomas Burt, a member of Parliament. The former was interested in reforming and upgrading the level of the military; the latter was concerned with assuring the public that the coming extension of the franchise (1884) would not mean total destruction of the Empire. Burt represented a liberal perspective – that the "general tendency of the age . . . is towards juster and more humane views of the relationship between man and man, and between one nation and another." Thus, he expected the newly enfranchised electorate – workers of the fields and mines – to exercise caution before

---

[1] *The original was written in Polish, published in 1898, and translated into Russian, French and German. Only the sixth and last volume appeared in English. The entire French edition,* La Guerre *as well as the one-volume English edition,* The Future of War, *are currently available as part of the Garland series.*

7

engaging in foreign adventures:

> *I feel sure they will not be brawling Jingoes or aggressive Imperialists. But, though they will not be utterly opposed to war in every case, they will, I believe demand much stronger and clearer reasons for armed intervention in the internal affairs of other countries than have sufficed in the past.*

Generally, Burt was optimistic about the salutary influences of the extended suffrage. His omission of the possibility that popular political groups might directly manage the decision making process in foreign policy itself is noteworthy.

Worried that a possible debacle of the type experienced by Austria at Sadowa or France at Sedan might arise in the future for British arms, the anonymous author of "The Army and the Democracy" recommended various preventative measures to the British army. Reforms affecting length of service, locale of service, means of attracting a "better" type of manpower, promotion possibilities, and relations between officers and enlisted men, were warmly espoused as both reasonable and essential. Most interesting was the author's complaint that the then current recruitment procedures brought in the "dregs" of society. The military ought to take steps to become attractive to young men of respectable backgrounds as a career of merit and distinction. Unless changes were instituted, the author feared, the military would never command public confidence nor

INTRODUCTION

perform well in an emergency. The result might have to be universal conscription on the continental model, a prescription entirely out of tune with British tradition. Democratically organized societies would not tolerate military disasters which an antiquated, inefficient army — out of touch with civilian social changes — was likely to provoke. Thus, his concern was to modernize the military, to make it more attractive to the new public and thereby, bring both elements more closely together.

How closely can an army be made the reflection of a democratic society? According to General Bourelly in "L'Armée, est-elle, doit-elle être la nation?" the answer was guarded, limited and generally negative. Bourelly's discussion appeared in an important French journal and formed part of the heated exchanges that characterized French political life as the "facts" of the Dreyfus affair became known. The article was also a response to a bitter debate over the military budget in the French parliament in 1902.

A large portion of the article is a brief, albeit useful, survey of the history of conscription in France since 1818 to demonstrate that the intention of most conscription laws had been to make the army an integral part of society by the drafting of all young men. Bourelly fiercely objected to certain of the proposals to "re-educate" the essentially aristocratic officer class, insisting that its prime function would be undermined. Instead of charging at the officers, he would have the critics of the military enforce the

9

conscription law for everyone. Beyond that, little could be done to insure that "the army was the nation."

Notions of political and social equality were irrelevant to an institution whose very essence was "order, morality, discipline, and respect for authority" in his words. He found equally reprehensible the idea, popular among peace and some socialist circles, of turning the army into a defensive militia. Such a radical departure from its past would vitiate the martial spirit and undermine national defense. Critics who would have the army serve as a means of raising the educational levels of lower class children were scorned by Bourelly as injecting an impossible irrelevancy into the task of the military. To those who stated forthwith, "we wish to eliminate all distinction between the citizen and the soldier, between the army and the nation," Bourelly countered "No, the army is not and cannot be the nation." Essentially the egalitarian ideals of the post-Dreyfus reformers were entirely contrary to the role which society placed upon the military.

Before Bourelly can be dismissed as a simple reactionary, it is essential to ask whether indeed he was not speaking to an important part of the truth. The French reformers had been justifiably infuriated by the military establishment, insulated from serious critical review behind its traditions and crying that national security was in jeopardy. Yet, in their zeal to prevent conservative military interests from exercising

INTRODUCTION

a stranglehold over republican values, the radical and liberal reformers proceeded with a series of programs and proposals — some of which were incorporated into a new army law — that never raised the basic questions. Bourelly too, only hinted at the really fundamental issues. These were, what did the republic want of its army, what did it want the army to be? What kind of military posture in Europe did the republic want to maintain? To these questions, there was considerable ambivalence in the so-called "progressive" circles.

For Bourelly's attack on military reformers, the Dreyfus affair served as the unstated, unmentioned setting. For Jean de Bloch's open attack on the British military, the enormity of the disasters experienced by British arms in the Boer War offered explicit inspiration. British military reverses in the Transvaal permitted Bloch to launch a variety of critical comments on civilian and military responsibility as well as on international peace keeping, the general role of war in the modern world, the new methods of warfare and the importance of avoiding war as a result of the new technology. Bloch's article appeared in a British review of substantial importance and influence. As the author himself recognized, were it not for the remarkable crisis engendered by the Boer War, it was not likely that his ideas, normally regarded as "utopian," would have been aired.

It is very difficult to avoid the obvious analogy that springs up between the impact of the Boer War

11

INTRODUCTION

on Britain at the opening of the twentieth century with the impact of the Vietnam war on contemporary American society. Bloch's allusion to the tragic disparity between the investment of blood and treasure in a cause both distant and questionable rings familiar. His pointed remarks about the ability of the military command to forecast accurately its manpower needs to achieve "victory" are equally striking. Insatiable demands for troops are accompanied on each occasion with the promise that no more would be needed. First, 10,000 were "amply sufficient for the conquest of the Transvaal." Then "shortly afterwards 70,000 troops were found to be requisite" and it was promised that "an army of this strength would easily trample out all resistance." At last count, the number was 300,000 troops dispatched, with no end in sight to mounting costs.

Bloch offers an arresting description of highly trained troops possessing the most advanced matériel of the day, held off by handfuls of ill-equipped farmers, who were outnumbered about seven to one. This phenomenon, more dramatic even than the sad experience of the Italian army in Ethiopia a few years before, raised profound questions about the entire nature of war, its preparations, its defensive and offensive strategies and further, about the military command which failed to face any of these issues. Was war, asked Bloch, any longer a feasible method of settling disputes? His answer was directly "no".

Other fascinating suggestions and hints of con-

temporary parallels abound in this article. Bloch alluded to the subtle ways in which military and diplomatic experts stationed abroad embroil the home authorities and their nation into useless adventures and entanglements that went far beyond their original instructions. Further, he wondered whether the people or at least their elected representatives who are supposedly inexpert or only partially informed, could have bungled much worse than those in the inner circles? Finally, he demonstrated that the British did have an alternate means of settling their disputes with the farmers of the Transvaal — the new Arbitration Court at the Hague which the British themselves had been so instrumental in creating.

Bloch's criticism of the British government and military was the work of a foreigner appearing in print in a country in the throes of a major political and social crisis, emanating from the military disasters of the Boer War. One wonders whether the analogy to the contemporary American situation ends here.

Dr. Wiede's pamphlet, concluding this volume, was an unusually early statement written for German speaking audiences, of the case against militarism, military expenses and standing armies that became the classic position of antimilitarists of the late nineteenth and early twentieth centuries. His point of view was that of the humane liberal, outraged by the careless outlays of human life and national wealth that seemed to overtake European nations with the rise and success of Bismarck and the Prussian form of militarism.

Wiede attacked the usual shibboleths of those who viewed military service as necessary to the formation of brave, moral young men, and military defense as the "law of nature" among states. He catalogued the woeful list of useless, immoral attitudes which the caserne inculcated. He denied that war was inherent in nature. He insisted that the military was a profound threat to the social stability that individual and family life both required and generated.

Wiede went on to suggest a variety of more civilized ways in which nations could resolve their differences, notably arbitration, a position not much developed at the time of his writing outside of Anglo-American circles. Although his inclinations were towards a Europe composed of democratically governed states, he admitted that even a system arranged by monarchs and aristocrats for the peaceful adjudication of disputes would be infinitely preferable to the current system which depended on war as the ultimo ratio.

Most interesting is his discussion that related the enormity of military expense to the paucity of socially useful outlays. His paragraphs detailing the need to rethink public priorities with regard to using tax money for education and health transcend the moment in which they were written. The entire dilemma known in the nineteenth century as "the social question" was attributed by this author to the

14

INTRODUCTION

misuse of monies for military ends. A dismantling of the military and a rethinking of the international system were the first steps for a solution to social unrest.

Though occasionally simple and rough the arguments in this pamphlet are strikingly similar to those advanced in later years by many writers including Jacques Novicow and Norman Angell. Wiede answered the argument of the patriots, "si vis pacem, para bellum" with "si vis pacem, para pacem." These two positions remain very much alive in the twentieth century — do you prevent war by preparing for it or do you preserve peace by working for it?

Sandi E. Cooper
Division of Social Sciences
Richmond College (C.U.N.Y.)

The Army &
the Democracy
by
Anonymous

THE ARMY AND THE DEMOCRACY.

ARMIES have a natural tendency to Conservatism, because, in the ever-lasting controversy between authority and individual freedom, they represent the last argument of authority. All changes brought about by public opinion will at first be unpopular with an army, and more unpopular with officers of high rank, than with the younger officers and soldiers. The English army has for many years past been undergoing a process of transformation, and we see within it exactly what was to be expected: violent oppo-sition from the old school, slight opposition but gradual acceptance from the great body of officers, and the definite formation of two schools of thought, headed by leaders who are ready to go to greater lengths than the average opinion of their followers. There has always been, and probably always will be, a military party which in Parliament and the press exclaim with full conviction and honesty of purpose that the army is going to the devil. The other party enthu-siastically proclaims the advent of a better time, and inscribes on its banner the magical word Progress. The one appeals to glorious deeds done by the soldiers of the past, the other promises an equally glorious record in the future, and maintains that to stand still when all around is in motion would mean decay and death. Five years ago it was possible for veterans to carry with them a large number of voices when they compared the "boy soldiers" of to-day with the heroes of the Peninsular War, carefully excluding from remark the many terrible failures of the same English army in other places when not led by Wellington. It is no longer possible to ignore the capacity of troops whom Von Moltke has pronounced "Not soldiers, but heroes." The cardinal fault of the old school is in ascribing to a system that innate valour and sense of duty, that absence of nervous irritability, which is the birthright of the British, whether soldiers or civilians. The new school has a larger faith in its countrymen, and believes that the main point is to develop the acuteness of the leaders, courage and constancy being sure to be found in all ranks and at every age.

In all the changes which have taken place of late years, one general tendency is perceptible: the army is gradually becoming less aris-tocratic, and more in harmony with democratic institutions. But we hasten to explain that this change does not in the least mean that a weapon has been taken out of the hands of one political party or social layer and placed in those of another. The army could not within the memory of living man, and cannot now, be used either against the throne, the aristocracy, or popular liberties. Take any regiment you will, and you will find in it officers connected with the House of Lords and Commons, with landed property, and the wide-reaching interests of commerce. But surely the English Demos itself is unlike any hitherto known. Who can say where it begins and ends? It is well known that ex-officers are to be found in all branches of trade, and in almost all positions. Farmers, colonists, even cab-drivers, recruit their numbers from the commissioned ranks of the army; and a gentleman, advertising the other day for a head gamekeeper, received among the applications for the post several from retired officers. We are all members of a democracy now, if we did but know it, and the army, like other institutions, has only to accommodate itself to the position in which it already stands. It is accommodating itself, though slowly. The abolition of promotion by purchase; the institution of tests for efficiency; the shortening of the soldier's service in the ranks, so that he has not time or inclination to become a full-blown mercenary; the remarkable development of the volunteers; the gradual progress towards localisation of regiments, so strenuously resisted by the old school, all tend towards making the army less a class and more a popular institution standing on the broad basis of democratic good-will.

It is the business of statesmen to recognise these modern tendencies and act in accordance with them. Whoever may hang back, every Minister of War takes up the business of army organisation where his predecessor left it, nor has a single Secretary of State attempted to undo Lord Cardwell's work. The principles on which he acted were those of a small but keenly intelligent body of officers who had for some time before pressed their views on the War Office. A portion of the press supported the new maxims, after those officers had borne the first brunt of the fight. Lord Wolseley adopted the ideas, and brought the great forces of his energy and ability to act in pushing them forward to practical results. He became, in fact, the head of the young army movement, and his talents, backed as they are by the most intelligent opinion in the service, have rendered reaction impossible. But we are far from having arrived at the desired goal. Much remains to be achieved, only all progress must be on certain lines and in accordance with certain principles. Let us try to discover whether there are any such principles to guide, first, the provision of men to form a satisfactory popular army; second, the supply of officers best fitted to lead the army in war, and preserve its good tone in peace.

First, with regard to the lower ranks, that is, the non-commissioned officers and the rank and file; how is the service to become popular? There is nothing magical about military service, nothing to remove it, except in a few cases, from the ordinary laws which govern human life. Men enter it for three objects: escape from past need, enjoyment of immediate freedom from care, with a fair measure of ordinary human happiness, and a future hopeful at least if not assured. In a very large number of cases the escape from penury overpowers all other considerations. Empty bellies are the recruiter's best allies, and will perhaps continue to be so. By this force are driven into the service hosts of the idle, the incompetent, even the criminal; in short, the waifs and strays left stranded by the active tide of human labour. Out of such materials have been and are made most of the soldiers who have caused British arms to be respected throughout the world. But they are not the best that we might find in the country, and their character too often acts as a deterrent force to better men who would enlist, had they not to live with such associates. For not only is past pain to be left behind, but present possibility of happiness to be secured. As an example, take a case which actually occurred lately. A young man of the yeoman or farmer position in society, enlisted in a cavalry regiment in hopes of getting on. He did well in a late campaign and began to rise, but, suffering from some malady incidental to war and privations, was temporarily invalided home. His friends, desirous to ascertain what his prospects would be, caused inquiries to be sent to his commanding officer, still in Egypt. The officer replied that he was just the right stuff to be pushed on, and advised that he should come out at once if his health were restored. But meanwhile the young soldier had purchased his discharge, saying that the language and the customs of the men in barracks at home were unendurable. In other words, no fair measure of present happiness was to be attained. Here is a vicious circle. Because good men will not enlist, worse are taken; because of the conduct of these worse, good men will not enlist, or, being enlisted, leave a service in which they cannot find happiness.

But this vicious circle spreads and forms other rings. Officers of the old school will tell you that on account of the character of so many recruits, the whole mass must be managed by a terrorising system of discipline which, while it overawes rebellious spirits, is felt as a perpetual insult by those endowed with self-respect. There is just enough truth in this to make the idea dangerous.

A remedy must be found if the army is to become national and representative of our best qualities. We are aware of a case in which an officer, holding a command in the country, dared to relax the regulations, and treat the men as responsible beings, on the principle of rousing their self-respect. The effect was marked, and was noticed by the authorities as a great success, though they did not know the means employed, and would probably have forbidden their further use if the discovery had been made. The aristocratic army of the past was largely recruited by men dragged unwillingly to the ranks. In their case perhaps a certain amount of brutal force was necessary, but decidedly not attractive. The growing democracy has abolished such methods, and new ones have been gradually devised. It has become necessary to find soldiers who will join the ranks of their own free will, and the attractions must be varied to suit the changing spirit of the country. We have passed through various phases: enlistment for twenty-one years with a pension hardly sufficient to keep soul and body together; enlistment for twelve years, with the right of re-engagement for men of good character; and then the system of enlistment for six years, with another six in the reserve. The first sent pensioned men to flood the ranks of the sturdy beggars, and produced an army fit indeed for the field if well led, but without any trained soldiers to fill up the gaps made by war; the second got rid of soldiers too old for their work, and somewhat improved the tone of the army, but failed to produce the 12,000 men required annually, and was still wanting in reserve power; the third, gradually modified, has brought in a growing number of men, and created a fairly strong reserve. Under its temptations, 40,000 men enlisted last year, but a permanent increase has become necessary, and the 40,000 fail to meet the new demand, even at a time when trade is slack and the number of unemployed workmen tends to grow.

Out of all these experiments we ought to be able to deduce some law, or at least to perceive what the tendency is. In far-off days, men were practically taken for the whole of their working lives, either forcibly or driven by various causes to sell themselves as military slaves. In no country would that means of recruitment now be possible. A handful might enlist for twenty years or so, and a rather larger number for ten or twelve years, taking the attractions of a soldier's life as they exist; but the result of the experiment is plain. The law is, that precisely as the length of binding service is reduced, so does the number of recruits tend to grow. For instance, only two or three years ago it was found impossible to obtain men enough for the Guards. The experiment was made of reducing the minimum service to three years, and the men were found without difficulty. We may then lay down the principle that, taking military life as it exists, the greatest attraction will be found to be the shortest possible period of binding service, so that the recruit may feel that his liberty has only been pawned, not sold, and that it rests with himself to redeem it almost at will. How many men would an employer of labour obtain if he insisted on a binding agreement for a number of years, with severe penalties for leaving his service, while his workmen themselves had practically no legal redress against the employer for discharging them?

There is much talk about competing in the labour-market. Surely we can never compete if our terms are altogether different. What is the price of liberty to be offered to a grown Englishman? Shortening service in the ranks would produce larger reserves, though there would be some deduction to be made for men who, having tried military service, elect to make a career of it. A leaven of such men would be of great value in the young regiments, and to obtain them the service must be made more attractive, as a hopeful career not without fair prospect of moderate human happiness.

Postponing, for the moment, reply to the inevitable question, how to reconcile free choice of service with colonial and Indian needs, the difficulty must be faced of rendering military service attractive as a career. How are we to break up the vicious circle? We must begin by pulling it apart at some point in the circumference, and get the circumference straightened out into a line, in harmony with the other lines of the growing English democracy. The best point to break the circle appears to be where respectability touches what we will call "rough conduct." It happened to the writer of these lines to be crossing from Holyhead to Dublin at a time when there were frequent outcries concerning the difficulty of recruiting. A small detachment of a line regiment was on board, and it was impossible to approach the men without hearing the foulest language known to Englishmen. The senseless and disgusting talk could not possibly afford any pleasure to the men themselves, and degraded them in the opinion of all who heard them. No respectable person could dream of associating, or allowing any one over whom he had influence to associate, with men who talked like the lowest ruffians, without being once checked by the non-commissioned officer who was in charge of them. Drunkenness is another curse of the army, and so long as it prevails, in combination with foul language, there is little hope of making the service popular as a career for young men of decent habits and fair education. Yet we say from personal knowledge, that it is possible to influence ordinary British soldiers to the extent of banishing the worst language, and almost banishing both drinking and swearing, provided only the commanding officer sets himself to do so, and is neither a muff nor a martinet. For various purposes the tone of the service needs raising, and there appears no valid reason why we should not introduce a higher class of recruits for a minimum service of a year, demanding from them before entering proof of fair education, allowing them to board out during their service, and testing them at last by a military examination which they must pass before being free to go or, at their choice, to qualify as non-commissioned officers. All Continental armies contain such men; indeed, general obligatory service would be a fearful curse without some such provision. It is well known that we have in the United Kingdom thousands of young men carefully brought up and with enough education, yet so devoid of prospects that the profession of arms, under such conditions as are sketched above, would be a godsend to them. What to do with our sons is becoming a more pressing demand every day, and parents would gladly meet that common desire of youth for the sword and uniform, if only it could be gratified without danger of corruption to body and mind. Such youths, afterwards turned into non-commissioned officers, would form a civilising force in the army, and soon extirpate, or, at least, greatly reduce, ruffianism in words and deeds. It is true that some members of the old school assert that blackguards make the best fighting men, but the assertion is absolutely devoid of proof. It is only one of those unreasonable fancies which, in the aggregate, produce the idea that the army is going to the devil. The army of James II. was quite ideal in its separation from the people, its roystering and black-guard habits: its faithfulness to its master did not turn out to be quite so conspicuous. Charles XII. and his Swedes, Cromwell with his Ironsides, were specimens of an opposite type. Depend upon it, self-respect is one of the best forces in the moment of battle; and besides, there is no choice, if the English army is to be representative and popular. Whatever our country may be, it is at least " respect-able," and the army must be placed in harmony with respectability, so that decent men may not dread association with it.

Then as to future prospects. Step by step the common soldier is coming out of that "cold shade of aristocracy" under which he fought so long unhonoured and unsung. The voice of the democracy has been heard of late crying, " We will have our heroes' names." The cross for valour, the list of names published as killed and wounded after every battle, the presence of that extraordinary pro-duct of modern popular government, the war correspondent, paid and authorised to betray the weaknesses of military systems: these are all the results of democratic movements. But we ought to bid still higher in future prospect if we are to attract a better class of recruits. There are not enough commissions offered to men risen from the ranks, and a still greater barrier exists in the difficulty of an officer's living on his pay. We shall come to this directly. Meanwhile, it is a matter of fact that many a fine soldier dare not accept a commission, knowing that it would be ruin to him. So the old curse of money obstacles still weighs down the soldier, and the honours which we pretend to offer him too often dangle out of his reach. This is a glaring evil and should be remedied.

There is little need to touch on the small details of the soldier's life, because, though there are many openings for reform, it is doubt-ful whether those details have any appreciable influence on the popularity of the service as here discussed. Doubtless the soldier would like a rather larger ration of meat, but he has already a great deal more than he would get in civil life, or than he ever had before he enlisted. The system of stoppages is annoying, but he does, on the whole, receive good clothes, good food, good shelter, an amount of pocket-money which would make a Continental soldier's mouth water to hear of, and a daily saving put by for him, in perfectly safe hands, till the time of his leaving the service. These are not vital matters, and their arrangement would come naturally after acceptance of the great principles—almost unlimited freedom as to length of service in the ranks, on condition of efficiency; such a raising of the tone as will make the army respectable, and abolish the martinet from sheer lack of material which can be bullied; and the opening a career in the army to those qualified to pursue it. Let us get rid of military fetish, by whatever name it may be called, and throw military service open as an honourable career to all.

A reply is sure to be made to our proposal for giving almost unlimited choice as to length of service in the ranks. It is this. You cannot treat Great Britain like a single nation, because India and the roads to India must be guarded. No system of reliefs can be organised except with men whose services can be counted on for at least seven years; and an army chiefly composed of very young solders is not fit to bear the torrid heat of the East. Granted; nay, we would even go a step farther, and say, that no regiments, whatever be the length of service of the men, are fit for Indian campaigning till they have been weeded and acclimatised. A famous speech of Sir F. Roberts, delivered while in England, after his celebrated march, has been curiously misapplied. His facts went to show, not so much that young soldiers do not march so well as old ones, as that no soldiers, whatever their age, are trustworthy, as a body, till the weakly among them have been got rid of. It is not individual soldiers so much as regiments which are the better for acclimatisation, and the same may be said with regard to armies taking the field anywhere. Long marches, hard fare, sleeping on the ground without tents, sicken not far from 25 per cent. of all armies during the first few weeks. We ought to have for the frequent strain of Asiatic work regiments accustomed to the climate, and always in training. How is this need to be reconciled with the wide choice of length of service recommended above?

The solution of the problem is not far to seek. It is to be found in the separation of the British army into two distinct portions, which may be called, for the purpose of this article, the Home and Asiatic armies. Such a system prevailed in the time when India was gradually being conquered, and by such a system will it best be held. There never was a difficulty in recruiting at home for the Company's white regiments, nor would there be now, when all the Asiatic army would be royal. The high pay which is given, the enhanced position of the soldier, who has the hardest daily tasks done for him, the chances of rising in the service which might be given, and the frequent opportunities for distinction in the field, are all great attractions to the more adventurous classes at home. Many a lad falls into a scrape, caused by no sin, but only youthful indiscretion, and wishes to get out of the United Kingdom. Many another would be attracted by the comparative ease and certainty of an Indian career; others again want money to send home, and could save it better in India than elsewhere. No one seems to doubt that a long-service Asiatic army would find an abundance of recruits, and while the men were enlisted primarily for Asiatic service, they would be available anywhere at a pinch, only wherever they went they must receive Indian pay. Sufficient conformity with the home army would be secured by inspection from England, and discipline would be secured by the power of sending any regiment wherever the central authority at home might direct.

The home army, on the other hand, might then become national in a different sense from anything which is now possible. Enlistment might be more generous in its offers, and bid for the help of all classes. Localisation might become a fact, not a mere word, and regiments have their headquarters, their depôts, and their reserves—in short, all their preparations for mobilisation—easily arranged and grouped together under the hand of the officers, whose credit would depend on the efficiency of their commands for war purposes. All the best features of the Continental systems would then be at our service, and the home army might give up that habit of perpetual motion, which is costly and annoying, forbids all arrangements for rapid mobilisation, and destroys the germs of a truly national system as fast as they are created.

But, whatever arrangements might be made, and however the attractions for recruits might be altered to meet the views of the democracy, success must in the end depend upon the quality of the officers. Formerly long service produced a remarkably steady and efficient body of non-commissioned officers, who practically managed the regiments. The officers played, hunted, danced, drank, and led their men with great bravery against any stone wall set before them. They were distinctly not professional. The blunders committed by English officers and repaired by their men, if repair was possible, would, if collected together, form a history absolutely phenomenal. Lord Wolseley once made himself very unpopular by suggesting in an article that the regimental officer was capable of improvement; but no human being ever criticised the officers of his time so vigorously as the Duke of Wellington. It is strange that people should catch at some of his sayings, such as that in which he sets a value on fox-hunting, and ignore others in which he laments the want of professional knowledge in the general body of officers, both staff and regimental. Some steps have already been taken for improving the military knowledge of officers, and, among the rest, it is to be observed that any mention of the abolition of purchase still raises a cheer from a British crowd. The democracy thinks it has bought and paid for its officers, and can now have its will with them. Perhaps the general attitude of mind may be illustrated by an anecdote, the accuracy of which may be relied upon. A young officer was dressing for mess at an open window in one of the largest barracks. It was a summer evening, and many of the democracy perambulated the pavement outside. Two men stopped and watched the putting on and adjustment of the gold-laced waistcoat and jacket, richer and costlier than any dress they had ever seen so near. As the final touches to the costume were being given, the gilded youth exclaimed in a tone of some little annoyance, " You stare as if you wanted to know me again." " Well," said one of the men, in the quiet tone of a proprietor, " Well, we pay enough for you, and I should think we might look at you."

Now this is just the point. Does the country pay for its officers to an extent which gives it a right over them *for value received?* or is it the fact that an officer serves for honour and absolutely declines to recognise the democracy as being in any sense a fountain of that commodity? The young officer so calmly claimed with an air of proprietorship as paid for, was able to reckon the value of his uniform, accoutrements, and horse, when he attended a full-dress parade, as worth more than two years' pay; he knew he could by no means escape debt unless he had a private income considerably exceeding the amount paid him out of taxes to which he himself contributed more than many such items of the Demos as then addressed him. It is hardly known to the public that officers pay exactly the same taxes as the rest of the community, or that their pay is absolutely insufficient to keep them in the army; what is more, that campaigning itself is costly and adds to the usual money out of pocket. So far as officers serve for any bribe except that of the military life itself, that bribe comes not from the people but from the Crown, in the shape of decorations and titles, remnants of barbarism which continue to touch the barbaric side of man's complex nature. The public will ask, " Are there not high commands which are lucrative, and positions which correspond with the high emoluments of the successful in other professions?" The answer is, "Certainly not, unless an officer is satisfied to expatriate himself, and even then there is nothing which corresponds with the emoluments for life held by the bar, or the Church, or the medical profession. As a matter of fact, many an officer retires because after struggling through the lower grades he cannot afford to support the expenditure of the higher, an expenditure almost always largely in excess of the pay."

Moreover, the risks of the service have vastly increased of late years, without any addition to the prizes. A lieutenant must retire at forty years of age, and a captain at the same age, unless selected for promotion to major on half-pay—hardly worth his while, except in case of war. A major must retire at forty-eight years of age, or after having been unemployed for five years, and after seven years employment as regimental major he is placed on half-pay as a lieutenant-colonel. A lieutenant-colonel or colonel must retire at fifty-five years of age, or after being unemployed for five years. A lieutenant-colonel of Royal Artillery or Engineers is placed on half-pay after five years full-pay service in that rank, and a lieutenant-colonel or colonel of infantry or cavalry after six years service, or after four years in command of his battalion or regiment. A major-general must retire at sixty-two years of age, or after being unemployed for five years. A lieutenant-general or general must retire at sixty-seven years of age, or after being unemployed for five years. These are the rules now in force, omitting a few exceptional cases due to old vested interests and fast disappearing. There is no certainty in any grade; pitfalls abound on every side. Selection, if carried out in reality, which has never yet been the case, will do much to carry the best men through the rows of traps. Nothing could be better for the public, but the officer himself will often have to cry in good faith, *Nolo Episcopari*. So long as he is junior in rank he may have managed to keep out of debt. He will be ruined in keeping up the station of a major-general unemployed on £500 a year. Or if he receives a command at home, what will the public think of him if he refuses to give the customary entertainments, by which indeed he can alone come in contact with all his officers? It is all very well for individual Radical politicians to say, he need not make any display. Let him try parsimony, and the very first persons to accuse him will be the tradesmen who live upon him, and the public which exacts strict compliance with the usual style. The crowd at a review is not exactly complimentary to an officer who appears on a fifty-pound hack instead of a charger which costs a hundred and fifty guineas. Perhaps the crowd thinks it pays for the horses. Not at all; and if one such animal is lamed at drill or expended in autumn manœuvres, another has to be provided at the officer's expense. A poor gentleman had better take a broom and sweep a crossing than try his luck in the commissioned ranks of the army. If, then, the democracy would really count as its own the officers on whom the whole tone of the army depends, it may be as strict as it likes in qualifications, but it must pay officers enough to live upon in all grades, and, above all, offer such prizes for life as can be won by doctors, lawyers, and the clergy.

If the foregoing remarks have any truth in them, it would seem that to meet the democracy as all institutions should meet it, we need a separation between home and Asiatic armies, with the widest choice of length of service for the former, and thoroughly professional officers throughout, who must be better paid than they are now and have better prizes, so that success in the army·may carry with it, even to poor men, success in life as generally understood. Once meet the views of the democracy, and every police or post office might become a registry of names for military service. Once pay the officers fairly, and their ranks will contain some of the best brains in the country ; and brains will make all the difference in war, other things being equal.

The measures thus sketched in outline are based upon the loyalty which never existed more conspicuously than at present—loyalty of the democracy to the throne, and of the throne to the people. There is now no jealousy of the army, but a firm conviction that new conditions have arisen which demand a new order of military preparations. The empire in its growth, and in the expansion of other nations following its example, finds itself insular only at home, and a Continental Power in all other quarters of the globe. No dynastic ambition, but the resistless force of commerce seeking new fields, has made the British Empire what it is. We are outgrowing old forms, military as well as political. Not from the Government, but from the people, speaking through the press, have come the demands for a strengthened navy and fortification of coaling-stations. It will be wise to anticipate the next outcry, and provide the elements of a national army resting on the good faith and goodwill of the people. Politicians say that the new democracy has no views with regard to the army, and confides as yet in the opinion of experts. But this confidence only exists because, hitherto, the army has proved equal to the burdens laid upon it. It would be dangerous to abuse that confidence. All schools in the army and all politicians know that far greater trials are likely to present themselves in the future. A British Jena, Sadowa, or Sedan might lead of necessity to the same measures as followed those catastrophes in Prussia, Austria, and France, and lay upon Great Britain the burden of compulsory universal service. It is not certain that the temper of the democracy would bear calmly great military disasters, or see with equanimity the breakdown of the organisation accepted in reliance on experts. Let us be wise in time, and take care that the base of our military system be as wide as possible, and the structure strong enough to withstand greater shocks than any yet experienced by the present generation. Three times lately have we barely escaped a great war. It is impossible to be secure of such good fortune in the future.

Militarism
in Politics
by
Jean de Bloch
(Ivan Bliokh)

MILITARISM IN POLITICS, AND LORD ROBERTS ARMY ORGANISATION SCHEME.

GREAT BRITAIN is painfully passing through one of those severe crises which, in the lives of peoples as of individuals, strike one as being out of all proportion to their apparent causes. A number of undisciplined farmers, varying from 35,000 to 50,000, are draining a vast Empire of its financial resources, its prestige, and its life-blood. The wound indeed is small, but the ichor is fast flowing from it in quantities large enough to arouse concern, if not to justify alarm. This process has now been going on for over two years without stoppage, and there are as yet no signs of a speedy end. How long it will continue no man ventures to say, and no hopeful assurances, however authoritative or emphatic, could any longer bring balm to the heart of the nation. Promises and prognostics, military and ministerial, have fallen into discredit. From the " picnic party " which it appeared to be at first the struggle soon assumed the proportions of a great war—" the greatest which " England was ever yet engaged in," some politicians now frankly admit. The General Staff unhesitatingly declared in June, 1899, that 10,000 men would be amply sufficient for the conquest of the Transvaal. As they were speaking of what they could and should have thoroughly understood, the people believed them. But shortly afterwards 70,000 troops were found to be requisite, and when making the demand the same professional body was unanimous in affirming that an army of this strength would easily trample out all resistance. They confessed that their first estimate was very incorrect; to err, however, is human. They had since been enlightened by a thorough study of the facts, and their forecast would soon be realised by happy events. And the people trusted them again. But the results were as unfortunate as before. Thereupon they increased their demands anew, until the troops despatched amounted to about 300,000 in all, and like the two daughters of the leech in the Bible the cry is still " give, give." The mistakes made as to the probable duration and cost of the war were correspondingly great. At first ten million pounds sterling was mentioned and allotted, but over two hundred millions have already been expended, and the bottom has not yet been touched. Nor was it only in forecasting the future that the military authorities led the nation astray. They proved equally incapable of reading aright the events of the past and the present. Several times have they publicly declared that the war was over, and the final flickering out of its lurid flames was officially made the basis of Lord Kitchener's celebrated proclamation calling upon the remnants of the straggling rebels to surrender in September. Yet the smouldering embers have since blazed forth anew with a consuming force as terrible as ever, and the only comfort which the Prime Minister can offer is to ask the people to believe that while all the concrete details of the campaign are disheartening, their general trend is eminently satisfactory. They have merely to pay the increasing taxation and supply the men, and the military authorities may be safely trusted to do the rest. The public, however, vaguely feels that exceptional diseases need uncommon remedies, and until these are applied the general depression must continue.

Affliction renders individuals amenable to kindly influences to which robust health offered no inlet. Upon organised peoples a great national crisis has an analogous effect. Seeing the failure of attempt after attempt to treat their symptoms, which become aggravated instead of assuaged, they are sometimes willing to give ear to the suggestions of those who would uproot the causes instead of worrying about mere transitory effects, and advisers are emboldened to come forward who would otherwise have made no sign. It is consciousness of this change of mood that urges me to raise my voice at the present conjuncture, not indeed in the hope that my remarks will be accepted on trust, but that they will be duly weighed, and acted upon or set aside on their intrinsic merits. It is the voice of a warm friend of that great British nation whose prosperity is identical with the spread of culture, and whose interests are interwoven with the cause of peace. It is furthermore the same voice which uttered wholesome, if unpalatable, warnings at a time when prophets of evil had, to put it mildly, no chance of a hearing; and the lamentable fact that the predictions which were then drowned in wild shouts of jubilee have since been amply fulfilled, may possibly contribute to get a hearing for well-meant words which might otherwise fall upon deaf ears.

The message I bring is not the dream of a sentimental Utopist. It is based upon a frank recognition of hard facts and national needs and interests. I admit that force has ever been one of the chief factors of all societies, and that in one form or another it will long continue to play an important part in keeping their unruly members within reasonable bounds. The great ideal of the Twentieth Century, however, is to reduce it to the position of a steady glowing heat, whose effect shall be constant, uniform, beneficial, and to hinder volcanic outbursts which in a month or a week would burn the work of generations to ashes. Within the frontiers of each nation the force behind the law seldom assumes its crudest shape, and is generally represented by symbols. A policeman, for instance, tells an individual to follow him to prison, and the man obeys, the power that looms behind the blue uniform being taken as exercised. But in most of the serious dealings between nation and nation brute force is still the *ultima ratio*. Now the tendency of contemporary civilisation is to do for nations what has already been accomplished for individuals, to make it possible for them to go to law with each other instead of going to war, to subordinate passion to argument, to raise right above might. This ideal has been laughed to scorn as Utopian. But such has ever been the fate, at first, of all the new ideas and projects on which our modern culture is built up, from the days when Philolaus' theory of the heavens was ridiculed even by Plato, to be established by Copernicus, down to recent times, when Stephenson's horseless carriages were sneered at by an enlightened press and tabooed by municipal councils. The practical and the Utopian are often divided by no more formidable barrier than the individual intelligence or the national will. To abolish duelling was at one time a visionary project, even in England; it is still so in the Germany of to-day. To get rid of war, though much less easy, is no more impossible than was the abolition of duelling or of slavery. Indeed, I hold that it will soon have become less difficult, because, will they, nill they, nations will be compelled to abandon it as a recognised means of settling disputes. The only question is whether they will admit the facts and draw the practical lessons from them before or after events will have deprived them of the freedom of choice.

"Vested interests" are the main obstacles in the way: the slave-owners in the one instance, the military class in the other. For ages war has been idealised, heroism bought and sold cheap, chivalry galvanised into the simulacrum of life, and a caste established which is vitally interested in the maintenance of the reign of force. In England that caste is ordinarily less powerful than elsewhere. Many of its representatives still feel their solidarity with the bulk of the people more keenly than their attachment to class. But even here, in critical moments, it assumes, like the old Roman Dictator, full power to run the ship of State, without anything like full responsibility. It plays the rôle of pilot during the storm, and the captain sinks to the rank of a subordinate, or even an impotent onlooker. And it is from this military caste that has emanated all the opposition hitherto offered to the strenuous endeavours made to hold in leash the dogs of war, and the judgment of its members has been so strangely warped by their feelings that it plays them false in their preparations before the combat begins, and in their plans of campaign when it has already broken out. For the data which would have enabled them to take proper precautions for the concrete struggle are the same which make it clear that hostilities on a large scale no longer mean harm or gain to the few, but utter disaster to all. And to that they shut their eyes. Thus the ruinous race in armaments, the unbearable burden of taxation, the over-production resorted to by industry in order to meet it, the commercial and industrial crises which are thereby provoked, the desire to handsel those arms with blood, if not in Europe then elsewhere, the deliberate thwarting of the objects of the Hague Conference, the China Expedition, with its monstrous accompaniments, the grotesque mishaps of the Transvaal War, and now the costly and fantastic plan of Army Reorganisation, are one and all the handiwork of the military caste. Nor is the cycle of their achievements ended: the race for naval armaments is but beginning; conscription looms, dark and distant as yet, but no longer a monstrous phantasm on the horizon of the future; and taxation increases by periodic leaps and bounds. It is not in the name of a humanitarian ideal only that this costly course is to be deprecated—the interests of the Empire, the needs of national defence, condemn it.

To blame the military authorities of this or any other country is neither my province nor my wish, but only to compare the means which they employ with the objects they profess to aim at, and to contrast the ends which are alone feasible under the new conditions with both. Their intentions are, doubtless, excellent; the pity is that terrestrial empires cannot be paved therewith. They are patriotic according to their lights, but their lights are garish and insufficient. What I am concerned to point out is that unless nations can bring themselves to see the nature of the obstacles between them and prosperity in peace, and between their armies and self-protection in war—so far as it is still possible—and to remove them when discerned, no such military measures as at present contemplated will save them from untold misery. The average citizen whose book of contemporary history is the daily newspaper has no idea how widespread are the ramifications of militarism, how far-reaching its tentacles, how mischievous its action. It is not only when hostilities are about to be begun that the military advisers who sway the judgment of statesmen beguile themselves and the people into belittling the risks, the hindrances, the cost in men and money of a "little expedition" or a big war. Even in peace a sword is often flung into the trembling balance of diplomacy, with a cry far more ominous than Brennus' *væ victis!*

I have a vivid recollection of a very interesting conversation which

I once had with General Rosenbach, the late Governor of Turkistan, on the undue influence which military men often wield upon the course of politics. I asked him whether it was true that officers, especially in districts distant from the political centre, can and do make wild dashes through the meshes of the diplomatic net, in order to create "accomplished facts," and to merit well of the Fatherland. General Rosenbach gave an emphatic reply in the affirmative, and by way of illustration told me an experience of his own. When he had been appointed to the post of Governor he called on Prince Gortshakoff, then Minister of Foreign Affairs and Chancellor of the Empire. "Now, above all things," said this dignitary to the General, "please steer clear of entanglements. Keep in smooth waters. The "Emperor (Alexander II.), who is intent on internal reforms, "bitterly complained to me one day of the misunderstandings and "troubles that were constantly cropping up on the Asiatic frontiers, "necessitating military expeditions. I told him how I felt about the "matter: 'Sire,' I said, 'I can suggest but one remedy: Bestow all "'possible decorations and titles upon the Governor-General in "'advance, warning him, however, that for each new expedition or "'annexation you will mulct him by withdrawing one. I warrant "'your Majesty there will then be no trouble on the frontiers. "'Peace will be an evergreen.'" And commenting on the story, General Rosenbach unfolded to me the enormous difficulties he had had to cope with in the impetuosity of his subordinates, ever eager to rush off at a tangent, and without word or warning do doughty deeds. And worst of all, he added, they were nearly always encouraged by the Ministries at St. Petersburg. How many "accom-"plished facts" which are currently believed to have emerged from the Medean cauldron of diplomacy are really the handiwork of pushing officers in a hurry to help their country and to bring themselves to the fore!

Since that time I have seen many curious chips from the real as well as the supposed workshop of contemporary politics, and I have sometimes sketched for my own edification the outlines of a history written on strictly realistic lines, with the brilliant colouring and the high-sounding phrases left out. Comedy, not history, would be its proper title. But parallel to this comedy runs a tragedy—one of the most terrible among those which mankind naïvely attribute to Fate. If the student of history were, in business-like fashion, to cast the balance of wars, totting up the physical and moral sufferings of individuals and the moral and material losses of peoples on the one side, and the real advantages which there were no other means of obtaining on the other side, what an eloquent sermon those dry figures would embody! What a disproportion between motive and object, means and end! Take, for instance, the Crimean War. Who reaped any advantage from the appalling sacrifice of men and money it involved? Not England, who was said to have come out with flying colours, for we have it on the best living authority that she "put her money (and men?) on the wrong horse." Not France, for she has been the first to try to undo the web which she then commenced to weave. It surely was not Russia, seeing that defeat and humiliation were her portion. Ribbons, medals and titles, however, there were not a few, and the men who received them doubtless considered that they at least had gained something by the transaction. But is it for such as these that sanguinary war is to be perpetuated?

If, however, the historian will not turn his searchlight on the shambles of war, he should at least decently decline to describe the sickening sights that meet the eye there in words which would be exaggerated if used of the heroic struggles of the world's greatest benefactors. There are, it is true, realities in life from which sensitive mortals instinctively turn aside, and in this there is nought worthy of blame. But to belaud them, as if they were embodied ideals, is an extreme which lies beyond the Hercules Pillars of truth and morality. In history, more even than in the censorship of the drama, a healthy public opinion ought to insist on some approach being made to a moderate standard of ethics.

In most countries annexation has heretofore been a military rather than a diplomatic game. Unseen by the general public, the man of war imposed his will by creating "accomplished facts," making attractive promises or uttering intimidating prophecies which were afterwards seriously repeated by responsible Ministers, and to the accompaniment of the loud huzzas of a patriotic public the flag was hoisted and unfurled. The details have, of course, been varied, and deputations from the people whose country was to be invaded came and besought the would-be land grabbers to free the modern Andromeda from an odious monster, in the name of Christianity and civilisation. And the nation, seeing and hearing, was convinced. How such deputations are gathered together is a curious and not wholly edifying story.

No wonder experienced statesmen are hardened cynics. One of the greatest of our own days once gave me a memorable account of the slipshod way in which the blood and money of a hardworking people are gamed away. To the story he told me the striking words of the dying Oxenstjerne are far too feeble to furnish a fitting comment. He wound up his narrative by remarking: "The heads of "States are but children in judgment, tools in government, mirrors "of the opinions of their environment. They are informed that a "military expedition is necessary; they believe it. They are told "that it is a mere promenade or a picnic; they yearn for it. They "are assured that it will bring them prestige, nay, that it will even "confer a boon upon the people against whom it is directed; they "feel inspired by heaven to carry out the glorious mission. When "they afterwards learn that their troops, instead of being welcomed "with open arms by the invaded population, are being mowed down "by the hundred, they are quieted by the explanation that ambitious "demagogues or unscrupulous exploiters of the ill-starred popula-"tion were at work."

One day, when waiting in the ante-chamber of one of the great ones of the world, I took up an album of Oriental views and portraits which lay on the table, illustrative of the picturesque side of the policy of annexation. I was struck with the fine figures and noble features of the chiefs of the invaded Orientals, nearly all of whom might have posed as models for statues of patriarchs, prophets, philosophers of Old Testament times. But I was equally struck with the abject hang-dog looks of the base types which formed another group, fellows who might have figured in Lombroso's work on heredity in crime. "Can it be that these pitiable creatures belong to the same "race as those men of thoughtful brows and flowing beards?" I asked. "Oh, yes," was the reply, "they are the members of the "Deputation, don't you know, which came to beseech our Govern-"ment to annex the others." The enigma was solved. They had been picked up on the highways and byways, like the mixed company pressed into the wedding party when the invited guests had failed to come.

And in all these expeditions, little wars, rectifications of frontiers, the white-gloved hand of the military man is always to be found by him who can catch a glimpse of what is going on behind the scenes. Heretofore these moves ended more or less successfully, the net result being aggrandisement bought by bloodshed, cruelty and demoralisation. As the invaders were immeasurably stronger than the invaded, defeat was never a contingency to be seriously reckoned with. But with the vast change which of recent years has come over the conditions of warfare, the cost of victory has in many cases gone up enormously, and threatened to become prohibitive. Yet the military caste, more conservative than most classes, continues to read the new signs of the times in the light of the old, pooh-poohs the great risks which have to be run even in "little wars," and sets out on its "picnic parties" and military promenades with a light-heartedness which bespeaks more courage than judgment. General Baratieri was one of the first to be caught in this trap laid by his own class. With 15,000 brave Italians lying dead on the arid soil of Abyssinia, none but the ravening birds of prey could keep up the illusion of the picnic. The South African War is the second example of the changed condition of things. The Boers were less numerous and less warlike than the Abyssinians; the British Empire immeasurably more formidable than the kingdom of Italy. But modern weapons, even though not utilised to the utmost, made the defence to a large extent independent of numbers, and the result is what we see. The question that now arises is this: will the military party not frankly acknowledge that the old traditional system will no longer work, and that instead of patching it up, a wholly new scheme of army reorganisation is needed? If they wait until a further experiment is tried between Great Powers, the disaster and misery for which they will have thus rendered themselves morally responsible will in sober truth stagger humanity. And to this we shall surely come unless the peoples themselves, who are now but pawns in the game of war, take the matter into their own hands, so far at least as the general principles involved are concerned.

The whole question is narrowed down to the compass of an argument which should appeal to every man of unclouded intellect. There are not two business firms on the globe which would differ from each other in solving it, were the case to be laid before them in its general outlines. Here are the military advisers of governments, unsaddled with real responsibility, declaring over and over again that a projected war will cost approximately so much money, will be over in so many weeks, and will be brought to a successful issue by so many men. To the civilians who deride their estimates as absurdly inadequate, they reply: " These matters concern us chiefly. " We alone are qualified to speak authoritatively on the subject. It " is our business, our profession." And they are implicitly trusted, because their answer would have been conclusive in the past. But events now show that they erred, and not within the reasonable bounds which circumscribe errors in all walks of life, but so wildly that the mere man in the street could not well have been so far astray as they. Again and again they repeat their prophecies, which are soon afterwards belied by the vicissitudes of war. Then they turn to actual facts, and misconstrue them in the same wholesale manner in which they had forecast the future. So hopelessly incapable are they of realising the conditions of modern warfare that they declare the struggle is over and done with before it has even entered upon the second stage. Now what guarantee has the nation that those specialists' advice or opinion can be safely acted upon in the future? Is it right that they should be allowed to exercise the irresistible influence upon the conduct of the nation's affairs which they have heretofore put forth without protest because without publicity?

Military men are what their training and environment have made them, and that is their best excuse. But it is no reason why they should be permitted to influence the course of politics or to weaken the defences of the nation. If one sets a maker of paraffin oil lamps to inaugurate a system of electric lighting, one must not be surprised if the going down of the sun means the beginning of utter darkness. There have been, there are, many military men who, having shaken off the fetters of the past, adjust themselves to the present and future, descry the trend of things, and warn their fellow countrymen that everything is not as it should and could be. But their voices have been drowned or their words twisted into meaningless phrases by their more conservative brethren. Caprivi, Von der Goltz, Rohne, Skougarevsky, Müller, Yung, Langlois, Hasenkampf, are names to conjure with. The men who bore them fearlessly announced the new factors of war to the masses. But the caste who claimed to possess alone the secrets of the art ignored these would-be reformers. And the masses bowed to the guild. They have since been called upon to pay heavily for their mistaken trust. Are they ready to do on a tremendous scale what has proved so ruinous in miniature? The drift of the new message was not that war is a disgrace to civilisation. It was no "sentimental rhodomontade": it was simply the statement of a fact which every literate citizen can verify for himself, that great wars as a means of settling disputes between states or groups of states are no longer efficacious, that the weapons of defence have been perfected to such a point that the people attacked, other things being more or less equal, are insuperable, that before gains and losses can mean decisive victories and defeats, the belligerents will die of hunger on the extensive battlefield, and their fellow countrymen at home will be reduced to misery. That was the revelation. It was uttered to deaf ears, but time and experience have given to it the stamp of truth. Will it still continue to be ignored?

The Hague Conference was a well-meant effort to secure for it universal recognition. His Majesty the Tsar was inspired by a humanitarian purpose of the most ideal kind; but he also saw that technical science was powerfully seconding the demands of latter day civilisation. Had the ground not been thus prepared, he would have withheld his project until the times were ripe for reform. But he knew that the change must and would come, and he was desirous of having it effected by voluntary agreement rather than by untold misery to millions. But the military caste, carefully keeping the technical reasons for the innovation in the background, would discuss the proposal only in its ideal aspect, and, stamping it as visionary, thwarted the aims of its august author.

The history of the Hague Conference, which has yet to be written, is one of the numerous instances of the white-gloved hand unweaving the work of the greatest benefactors of mankind. On the Continent militarism was rampant. In the matter of armaments Pelion was being hurled upon Ossa, and rumours of forthcoming wars were spread by Governments as a means of stimulating Parliaments to vote the increasing sums needed to satisfy the demands of the generals. Russia was the Power whose smothered enmity was alluded to as likely to precipitate hostilities. But suddenly the Tsar of Russia, whose will is law in his own dominions, the military chief of eight millions of armed men, yielding to a generous impulse, comes forward and makes a practical suggestion. "The military

" burdens," he said in effect, " are growing too heavy for our peoples.
" Let us lighten them. Happily we can do so, for such armaments
" are not needed, even if there were war; but why should there be?
" We all profess to desire peace. Let us prove the sincerity of our
" professions. There need be no sacrifice of national interests, for
" we can all agree to maintain our relative strength. We may
" begin by stopping as we are and making no increase. That will
" be so much to the good. If the arrangement turns out well we
" may proceed later on to positive reduction. Parallel with this
" convention let us see whether we cannot settle our disputes as
" private citizens would, by laying them before a fair tribunal and
" having them adjudged upon without passion or bias."

There was nothing visionary in this proposal; it was a very
practical common-sense suggestion, and should have been all the
more welcome that it came from the very country which Continental
militarism affected to fear as the would-be peace-breaker. It would
have given breathing-space to peoples, kept down taxation, shown that
humanity can dispense with savagery and Christianity with massacre.
It would have helped to unravel the Gordian knot of the social problem.
Nobody doubted the good intentions of the Tsar; his power to put
them into execution, so far as Russia was concerned, could not be
called in question. The opportunity therefore was unique. But the
military class set itself to thwart a scheme which was the indispensable condition of peaceful progress.

The first indication of the intervention of these interlopers was
the elimination from the arbitration programme of the clause that
should have been the 8th paragraph. The gist of it was that in
cases where the friction between two States was such as seemed
likely to lead to war, and could not be smoothed away by the parties
themselves, they should be bound to bring their differences before
an international court. Not that they could if they would, but that
they must do so, in the interests of general peace. Some such
measure was necessary; it was the logical outcome of the conference.
Yet this paragraph never appeared. It was struck out in deference
to the men of war, who represented that it would have a pernicious
effect on the army, and change it into a crowd of gaily-dressed
nobodies, whose mission in the world was taken from them. Drill
and training would lose their effectiveness; for who could put his
heart into work which was being stigmatised as immoral and super-
seded by civil courts? As usual, they had their way, and with the
omission of the 8th paragraph the soul of the peace movement was
killed. That was the first feat of the military caste, and its complete success encouraged them in their vehement opposition to the
second vital item of the programme, the stay of further armaments.
The cry was raised that war, not peace, might be the upshot of
the discussion, and Russia was called upon to draft a detailed pro-

gramme of the points to be laid before the Conference. No sooner, however, was this attempted than the French General Staff entered upon the scene, and came to an understanding with their Russian comrades. The outcome of it all was that the leading idea of the original plan was watered and drowned in eight technical items, each of which is open to discussion from the standpoint of feasibility, and the first of which would have been superfluous had the principle of obligatory arbitration been accepted. The arbitration clause which was ultimately formulated was hedged round with provisos which rendered it wholly ineffectual.

Count Leo Tolstoy having asked himself why the Russian Circular did not achieve more signal success, believed that he discovered the reason. "A vast piece of deception," he said, "has been per- "petuated and accentuated from age to age until it has reached "its extreme stage of development to-day. . . . International "relations have of set purpose been entangled more and more, and "we all go in never-ending fear of rapine and murder. This state "of things is due to the circumstance that the great masses are "hoodwinked by the few to whom the deception offers enormous "advantages." The best commentary upon this sweeping accusation is a comparison of the intentions of the Tsar with the achievements of the delegates.

Nor is this all. Even the propositions which passed muster and were elaborated in the council chamber and attacked during the debates, found no strong whole-souled supporter at the Conference. The officers sent to lead the charge and carry these measures through lacked more qualities than enthusiasm. A few examples will make my meaning clearer. The German delegate, Colonel Schwarzhofen, stated in an off-hand way that the Russian propositions dealing with a stay in the increase of armaments aimed at the realisation of the impossible, inasmuch as the Budgets and the effective troops of the various countries were not susceptible of a common measure, and he insinuated that Russia's motives were not wholly humanitarian. And this point of view was adopted by the semi-official German organ, the *Norddeutsche Allgemeine Zeitung*, which summed up the matter thus: "Every "attempt to change the present state of things in the matter of "militarism is an absurdity."

Now objections of that character could have been easily torn to shreds. That they ought to have been thus disposed of, is self-evident. Abundant materials for a crushing answer were to be had. In a short treatise of my own, published before the Conference was opened, I pointed out how the military obstacles could be pushed aside, on the authority of military celebrities like Caprivi, Von der Goltz, and many others. For those authorities make one proposition very clear: that whatever measure may be devised to gauge the relative strength of armies, the latter are become so unwieldy by reason of numbers that they now defeat their own purpose. The other theses which I likewise set forth and proved, and which were very pertinent to the discussions of the Conference, were these: The superiority which larger forces may bestow upon the attack is neutralised by the invisibility of the defence; every artillery duel in which the parties are more or less evenly balanced, will end in the utter rout of the assailants; spade-work will replace open battles by sieges; latter-day tactics make it impossible to find space extensive enough for the troops to deploy; the generals will be unable to supervise the movements of the men they command; any victories that may be gained against these odds would be wholly indecisive; war will assume the form of a national struggle, a combat of people against people, and it must inevitably drag on until the nerve of war, the means of waging it, dwindle away to nothing, whereby the resources of the invader must first dry up.

A sum in addition is not more readily grasped than the impotence of the Great Powers to carry on the war for which they assure their subjects they are making costly preparations. Has Germany a desire to plunder or cripple France? If so, the wish will remain in the stage of a *pium desiderium*. Her own military light, General Von der Goltz, puts the matter in a nutshell thus: "France is so "well prepared for war, her frontiers are. so strongly fortified, that "the enemies of 1870 are no longer recognisable. Operations will "drag on so slowly that in following on a map the movements of "the troops the latter will appear stationary." If we select another possible theatre, Russia, Germany would find herself in the position of Mrs. Partington doing battle with the Atlantic Ocean, armed with a mop. "Russia," the same authority tells his countrymen, "in "consequence of its vast extent and relative lack of communications, "bristles with formidable dangers to the invader. Moreover, a war "against Russia could not possibly come to an end in one campaign, "and several would be requisite in order to attain any sort of a "result. A theatre for war is offered by Germany alone, where there "are chances that an energetic attack, carried out with rapidity, "might lead to a decisive finish." For that reason Germany's efforts ought to tend to keep her territory from ever again becoming the scene of hostilities, and to have all her accounts settled outside her frontiers.

Besides, Germany's strength in peace would be her weakness in time of hostilities. The rapid transformation of the Empire from an agricultural into an industrial State has many advantages, but war would turn them into dangers. With a population now numbering 16 millions more than in 1870 her output of corn is less to-day than it was then. With her supplies partially cut off, famine would soon fight on the side of her enemies. Even at the outset of the struggle prices would go up rapidly, out of all proportion to the actual shortage of supplies, and to such a point that one half of the population would see their staple foodstuffs placed beyond their reach.

Russia, on the other hand, with nothing whatever to fear from an invasion, has everything to lose by attacking her neighbours. Technical and financial hindrances of the first magnitude would bar her way if, say, Germany were her objective. France is in a somewhat similar position, with this aggravating difference, that an offensive war, whatever else it might bring in its train, would sweep away the Republican form of government and leave the ground clear for the dread unknown.

Those facts and a host of others would, had they been duly insisted upon, have shown that the Tsar's projects were not only feasible but indispensable. But militarism refused to entertain them. The army representatives pulled together as one man to strike the labours of the Conference with barrenness. Many endeavours, some purely formal results, no considerable step forward, that in brief is the sum total of a movement which might have marked the beginning of a new era in the history of mankind.

But oil and truth rise uppermost at last, and the lesson taught by those facts, if not chronicled in ink, will be written in blood and burned in with fire. The data which the delegates at the Hague might have extracted from books are now seared into the souls of people by the terrible scenes unrolled to the world by the war of South Africa. The writing on the wall which no man cared to read has been followed by calamities which none can afford to ignore. The strange events in the South African struggle are classed as enigmas. But in reality they make very plain reading. The key to the cipher is to be found in the changed conditions of warfare. Everybody knows or feels that this is so, many are declaring it from the housetops, but militarism is again busy disguising the issue, distorting the facts, dissembling the horrors of the reality. If it succeed in hindering the peoples from drawing the practical inferences from this object-lesson, the next stage in our progress will be war plus bankruptcy and ruin.

The surprises of the Transvaal struggle are the results of this unreadiness to see things as they are and as one dislikes them to be. With the origin of the war I am not concerned. But I am disposed to think that if both sides had clearly foreseen what they have since so painfully learned this foresight might have given a different and a more desirable turn to the course of South African history. And I further contend that familiarity with those telling facts, and with their influence upon the vicissitudes of war, was one of those rudimentary obligations which duty imposes upon military advisers of Governments. But the fact is—whatever may be said of its ethical character—that the forecast of the campaign, sketched by those who could and should have been in a position to announce it, was so utterly wrong as to stagger belief. To-day even the army leaders cry *nostrâ culpâ*, and take credit to themselves for this frank acknowledgment, but so long as they shrink from a full and candid admission that great wars will be indecisive and that little ones can no longer be waged in the traditional way, their confession is not unto salvation.

Politicians are far less blamable, indeed they cannot be reasonably held answerable for the rude reverses of the war. Everything was left—had to be left—to the military advisers. They were the initiated, they had mastered the secrets of the craft, they insisted on being alone heard, and they ruled civilians out of court. What a supernaturally far-sighted Government might, however, have done was to order two alternative plans of campaign to be drawn up, one on the old system the other on the new, and to have chosen between them. But Governments cannot be censured for not possessing uncommon powers of insight or interfering with a guild which enjoys the confidence of the whole nation. But with the results of that war before our eyes, it is not too much to say that to continue to display that implicit trust in the profession which is morally, but not legally, responsible for them, would be to abdicate one's reason, to run counter to rudimentary practical instincts. There is not a business firm in Europe or the world which would consent to carry on its affairs with this slipshod happy-go-lucky indifference. When the war began ten million pounds were spoken of as sufficient; twenty times that sum has already been spent, and a million pounds a week are being paid for the killing of a few farmers out of some thousands who fight, fly and fight again. The nation demands results and it receives only explanations why they are not forthcoming. Fate, fortune, wind and weather are the causes. But to a crazy ship all winds are contrary. The system adopted by men of war is, of course, right; that must not be criticised. No mere mass of civilians shall disturb the circles of the dreamy Archimedes.

The sober fact is that the vastness of the miscalculations as to men, money and tactics which have characterised all the military estimates since the outbreak of the war point not to the action of such unforeseen circumstances as even the most sharp-sighted army leaders might have excusably overlooked, but to something radically wrong in their entire conception of contemporary warfare. This is probable *a priori*. But if, in addition to its internal probability, a number of celebrated military authorities in Germany, France, and

Russia come forward and say: "Your idea of war is obsolete. The "conditions of success, where success is still possible, are wholly "changed from what they once were. We have summed up those "altered conditions and forecast their effects, and events have estab-"lished the correctness of our conclusions. Every battle, skirmish, "siege, and charge, all the ups and downs of the struggle in which "you have been engaged, are the literal fulfilment of our predictions." Does it not stand to reason that the new plan of campaign should be carefully studied, the distressing facts of the war explained in the light of the altered conditions, and the new conception substituted for the old?

There are but two possible ways of accounting for the British reverses in South Africa: either the troops have degenerated beyond recognition, and seven well-fed, well-trained, well-led Britons are barely equal to one hungry, self-willed, insubordinate Boer, or else the improvements in war-weapons bestow upon the defensive an enormous superiority over the attack, other things being approximately equal. No man in his senses will adopt the former of these hypotheses. But if the latter be true—and it was proven to the hilt, and ceased to be a mere hypothesis long before the South African War—why are the practical consequences not boldly drawn and the changed conception of warfare taken as the groundwork of the plan of operations? In theory it has never been refuted; in practice it has been painfully confirmed. One can well understand the reluctance of men naturally conservative to break with the past, to confess that the system with which they themselves are identified is useless, and even dangerous, and to throw their knowledge and qualifications aside as so much superfluous ballast, and to set themselves to learn anew. Natural this unwillingness certainly is, but so are many other things amost equally pernicious. But the nail was hit on the head when Mr. Brodrick, from his place in the House of Commons, announced that the reverses in South Africa are to be put down to the fact that nowadays a few men, armed with latter-day weapons and keeping strictly to the defensive, are able to withstand for a long time adversaries superior in number, and to inflict upon them very severe losses. This is the position in a single sentence. But it is not enough to assent to it mentally while continuing to take measures which presuppose its falsity. As well break the ice of a northern river in order to seek for hot water beneath its surface.

The superiority of the defensive has been raised to its present high level mainly by the introduction of quick-firing rifles, smokeless powder, and the extensive use of earthworks and barbed wire entanglements. Those are the principal factors. They are universally known, universally recognised, universally employed. The importance of trenches and barbed wire is become a truism in contemporary military science. Yet a man of the high abilities of Sir John Ardagh undertook, at the Hague Conference, to refute my estimate of their significance. They cannot, he maintained, be raised quickly enough to make it worth while taking them into account! With the numberless and convincing facts before my eyes which leave no doubt whatever on the matter, I was amazed that such a line of argument could be seriously taken up. To say nothing of striking facts, many and illustrious military authorities must be wrong in order that Sir John Ardagh may be right, so many indeed that were there no other arguments available, I should still feel impelled to maintain my position. But this is no metaphysical problem; it could and can be tested. One company of soldiers employed for the space of a single day would be sufficient. The expense would be covered by the price of some spades and coils of barbed wire. Was the issue so insignificant that my assertions were not worth verifying? Tests, however, have been made since then, not, indeed, in England, but on the South African veldt. A general in the Orange Colony—one of many whom real war has enlightened—wrote in February last year: "We have nearly as many guns as spades, but "I am inclined to think the humbler and rather despised engine of "war the more useful of the two." Whether theorists of the traditional school or men who have seen with their eyes what latter-day warfare is become are the better judges of such questions, I will not now stop to consider, but I cannot forget how amusingly Sir Howard Vincent, himself an eye-witness, describes the persistence of professionals to uphold their exploded notions in the face of the facts that annihilate them. "No artillery officer," he writes, "will ever admit "that his range-finder and his careful laying were ineffective." More's the pity for his men and his work.

To me personally the degree and the causes of the superiority of the defence over the attack are matters of absolute indifference. But to the cause of civilisation and peace and to the efficiency of national defences the point is of the highest importance. For that reason the Government ought to have had the subject officially cleared up. This it declined to do. I then proposed, in the columns of the *Daily Telegraph*, that a body of specialists should be despatched to the front in order to study the phenomena of war from this point of view, and to draw up an exhaustive report on the new conditions they revealed. I added that I would gladly subscribe to a fund to be raised for this purpose by individual effort. But neither was this suggestion taken up. And yet I venture to think it would have conferred a boon upon the nation at large.

My reason is this. Military matters, as such, are withdrawn from the purview of the masses and referred to specialists, while the vital questions of war and peace are left to the public. Now the public cannot form an adequate opinion without knowing something of the way in which the new conditions affect the cost of war in men, money and the economic interests of the nation, as well as of the factors now become essential to its success. If, for example, a struggle were about to be entered upon which would cost 150 millions sterling, would drag on for three years, cut off several sources of food supplies, arrest the course of trade, paralyse the national industries and decimate the nation, it is natural to suppose that the people who would have to bear the brunt of all those sacrifices would first weigh well against them the anticipated advantages, and likewise compare the gains and losses which would accrue from an amicable settlement of the dispute.

It may, of course, be urged that the masses are no fit tribunal for questions of this complicated nature. I admit that this may, nay, will be said, but I hold that it will no longer be believed. For no Parliament, however unversed in such matters, could possibly err more wildly, more disastrously than the military authorities have on their own showing blundered. If hostilities had broken out between Great Britain and one of the first-class Continental Powers, in lieu of the Boers, the results of these mistakes would have been irremediable. Moreover, if popular assemblies be qualified to vote for and against war, the least they can demand is that they should have some official data supplied them which might help them to realise what it is that a struggle between States now involves. So long as they are reduced to taking their opinions on this point cut and dried from military men, so long will the caste continue to exercise its mischievous influence on politics.

I trust it is understood that I am speaking without reference to any particular officers, or even countries. In these respects, indeed, there is a family likeness running through them all. Col. Henderson, of the Intelligence Department, who is himself an eminent military authority, says, very truly, in characterising the heads of armies on the Continent: "In almost every article we mark the "same defects, a reckless treatment of evidence . . . a positive "disinclination to admit that the organisation, drill, training and "composition of Continental armies might be bettered, and, lastly, "the habit of testing strategic and tactical operations by a number "of hard and fast rules." If this be true of foreign armies, is it really otherwise in that of Great Britain?

Another instance of the slipshod way in which they are wont to treat all new suggestions occurred here in England to myself during my sojourn last summer. I had laid stress on the circumstance that competent military men, eye-witnesses of the South African War, praised the conduct of the civilians who had taken part in it, and affirmed that the qualities they manifested were more useful than those of the trained soldiers. Before the war I had thought that this would be so, and I was pleased to see my anticipations confirmed. But my words were twisted by military men into a proposition which was absurd on the face of it. It was within the hospitable precincts of the United Service Institution that I learned, to my dismay, that I was alleged to have maintained that " regular " armies and trained men are no longer necessary." I never held, still less did I assert, anything of the kind. What I said, and still uphold, is that the methods of training now in vogue on the Continent are not conducive to the ends in view, that a modification of the Swiss system best harmonises with present and future needs, that long service is neither requisite nor desirable, and that the reorganisation of the British Army on the lines sketched by Field-Marshal Lord Roberts are calculated to drain the economic resources of the country to no useful purpose. And I heartily wish that the last of these statements could be truthfully gainsaid.

What is the object of a British Army? To play in the future as in the past a preponderating rôle on the mainland of Europe? If so, it will have to bear some reasonable proportion to France and Germany's two millions and to Russia's four or five millions. And that is out of the question. Therefore, as an instrument of offence, it is eliminated. Every endeavour the object of which is to make it effective for attack in a struggle with a Great Power is misplaced and the money spent in it thrown away. Is it needed for defence? To some extent it may be. But the first and main line of defence is the Navy, and if that proved a broken reed to lean upon—a supposition which cannot be entertained for a moment—no army that could be raised at home would avail to set things right, because forces other than foreign troops would make themselves disastrously felt, operating in favour of England's enemies. If, therefore, the objects of a British Army be to furnish the second line of defence, and to keep order in the Colonies, the model on which it should be reorganised is assuredly not that of those military States which pursue wholly different aims. That is a plain proposition which the man in the street can grasp as firmly as the experienced soldier.

Army reorganisation is a practical corollary of the Transvaal War. In England nobody denies the pressing need for it, and it may be taken that many will affirm this necessity with due emphasis when peace reigns again in South Africa. The efficiency of the contemplated reform will depend entirely on the adjustment of means to ends, and for this no craft mysteries are indispensable. Nothing seems more entangled than the administration of British justice. But it possesses some inestimable advantages, one of which was formulated, I think, by Sir Edward Coke, when he laid down the principle that nothing can be held to be law which is not also common-sense. Now, why should anything be allowed to pass as military art which cannot claim for itself the same rudimentary attribute? Yet that, I fear, is what will happen if the task be entrusted to specialists who have ancient traditions as well as modern requirements to take into account. I speak with diffidence. Nobody yields to me in admiration for the brave British officers who have emulated in Africa the feats of prowess which made their ancestors famous throughout Europe. And foremost amongst these I recognise Field-Marshal Lord Roberts, than whom no man more richly deserved his popularity. However widely, therefore, I might differ from him on purely military questions, I should hesitate to join issue with him here, were it not that many of the most illustrious of his colleagues abroad have publicly taken their stand on the side opposite to his, impelled by the unanswerable logic of facts. But emboldened by this good company, I respectfully venture to analyse certain of the gallant Earl's recent utterances.

"My idea is," Lord Roberts says,[*] "that the fate of battles in "the future will be as often decided by the result of this compara-"tively close distance-firing[†] as it has been by the bayonet charge "in the past." Here his lordship manifestly has in mind the assailants, for the attacked party can, under present conditions, afford to fire without great precision at the distance named, inasmuch as every bullet traverses the entire space, and will pierce as many as five men if they happen to be on the line of fire. For these therefore it is the number of rounds, not the accuracy of aim, that constitutes the first and principal condition of success.[‡] Now that point of view presupposes that the primary work of the British Army is attack. Let it not be said that in war attack may be the best method of defence. Frederick the Great was right when he expressed this opinion, but the factors of war were very different then from what they are to-day. At present strength is inherent in the defensive, weakness in the attack. In any case, if the Army is to be re-modelled with a view to rendering it a powerful instrument of offence, its numbers must, as I pointed out, be much less disproportionate to those of Continental armies.

If what Lord Roberts further says be true, and it cannot be doubted—"even in the very extended formations which we have now "been forced to adopt, so as to give every man a chance of finding "some cover and to deny the enemy any conspicuous mark, an "advance in the open will always be most difficult unless assisted by "a powerful artillery and rifle fire from the flank"—how, I ask, can an attack be made with anything like the effects formerly produced by a bayonet charge? The bayonet charge of bygone days

---

[*] Speech delivered at Bisley on July 21st.

[†] 150 yards.

[‡] According to French official data, in order to hit a man with the Lebel rifle the number of shots required is :

Distance in Metres.						Shots.
200	...	...	...	...	...	3
500	...	...	...	...	...	7
600	...	...	...	...	...	9
700	...	...	...	...	...	10

was at bottom a psychological phenomenon, so far as the results are considered. The enemy were scattered by fear. A living wall of men bristling with gleaming steel swept rapidly forwards against another compact body of soldiers. At the first clash, and sometimes before it, the weaker side—weaker in nerve force, in courage—turned panicstricken and fled. Therewith the work was done. It was not the actual slaughter but sheer terror that turned the scale. Now no operation remotely comparable to that can any longer be carried out. As the hare must be caught before the cooking begins, the foe must first be sighted before any advance resembling a charge can be attempted. Smokeless powder, the extended battle-field, loose formation and good cover combine to hide him from his assailant.

If we seek to blend Lord Roberts' scene of close firing as the brilliant finale of a hard-fought engagement with that of a vast plain destitute of human beings, the resulting picture would need two canvasses. "When the Army comes home," remarked Sir Howard Vincent in his lecture at the United Service Institution, "you will be surprised to find how few members of it have ever "seen a Boer, save with a flag of truce or as a prisoner. I did not "meet half-a-dozen officers in all Sir Redvers Buller's army who "saw one at the battle of Colenso." And citing an extract from the book: "The Work of the Ninth Division": "No human interest, a "bare plain and 800 yards off a line of trees, not a Boer or even a "puff of smoke to be seen all day. Only if one raised his head, the "ping of a bullet and the sight of another dead or wounded com-"rade." In one sense there is ample room on such a vast plain for the close firing which Lord Roberts thinks will take the place of the bayonet charge in deciding the day—but very little opportunity. At the battle of Stormberg the British advanced to within a few hundred yards of the Boers without seeing them, and the result was, not that they fired at a close distance, winning the day, but that they were totally routed, leaving one-third of their force in the hands of the enemy. War correspondents informed the readers of their papers that even after the Republicans had opened fire the British were unable to locate them. At Magersfontein the dauntless Highland Brigade approached to within 300 yards of the foe without once suspecting that they were within range, and by the time they grew aware of their position they had lost a quarter of their force as the result of a few volleys from unseen rifles. At the same engagement the Guards fought for fifteen hours against an invisible adversary. And even when the enemy's whereabouts was known it was no easy task to determine how far he was away. The Austrian Military Attaché, Captain Trimmel, says in this connection: "The "fire of the British was generally inefficacious owing to the difficulty "of appreciating distances, for it was never possible to see the

" enemy's fire (except ₁at night)." Surely all this looks almost as unpromising for the brilliant finish which close firing is to effect as for the historic bayonet charge itself.

Perhaps in a war with one of the Great Powers the conditions would be less disappointing? On the contrary, they will be found to be much more so. The German Artillerist, General Hauschild, who may be credited with knowing intimately what he is writing about, says that the art of dissimulating the trenches will be immeasurably more perfect in European armies than it is in those of the South African Republics. This being so, when and where, one may legitimately ask, will the tactics preconised by Earl Roberts come in?

His lordship would not, of course, send forth his men without strong support. I trust I am bearing the cardinal fact in mind that help in question would assume the form of " a powerful artillery " and rifle fire from the flank." The idea, I hasten to say, is admirable, the only difficulties lie in its execution. I venture to single out one. Among the leading facts of latter-day warfare, one of the most salient is that artillery fire has little effect against entrenchments. This unwelcome lesson has been taught over and over again during the South African War; but it evidently has not been thoroughly learned as yet. Whether the guns were Boer or British, their effect against entrenchments was meagre in the highest degree. The action at Paardeberg against Cronje and his men on the one hand and the attack made by the Boer artillery at Spion Kop on the other, are typical cases. At the former place the strongly-entrenched Republicans were subjected to the bombardment of from 50 to 100 guns for ten days. Yet out of 4,000 men they lost but 179 in all, most of whom were killed or disabled by rifle fire. The casualty list traceable to the bombardment did not exceed 40. The secret of this comparative immunity was their entrenchments. Calculating on the basis of an hour and a cannon as unit, we find that the Boers were exposed to the action of 18,000 hours' cannon, with a result so paltry that it hardly deserves mention. Now take the case of men being bombarded who are not entrenched, and the difference is brought out into bold relief. The British at Spion Kop were in this position. The artillery fire, therefore, had free play. Hence, although the Boers had ten times fewer guns than the British possessed at Paardeberg, the latter lost 1,500 men. In other words, the entrenchments at Paardeberg rendered the British artillery fire 900 times less effective than it would have been without them. This is fully borne out by what occurred at Ladysmith, where the Imperial troops were entrenched; the casualty list caused by four months' bombardment amounted to somewhat less than two men killed or wounded a day. The story of Kimberley and Mafeking confirms this observation, which is henceforward a fact acquired to military science. All this was known before, and to some extent published. Specialists were so impressed with the facts that General Hauschild writes: "Nothing remains *for the attack* but to have re-"course to trenches and earthworks."

Now that, I venture to submit, is a state of things which leaves very little scope for Lord Roberts' substitute for the bayonet charge, and it needs no special initiation into craft mysteries to perceive that it dovetails with all the surprising vicissitudes of the war which have any bearing upon the subject. And no scheme of army reform which leaves those lessons unheeded will prove other than a broken reed to the nation which leans upon the so reformed troops for its defence. If this statement be challenged, I shall be highly pleased to learn on what grounds. Nor does that complete the case. The same German authority adds: "But it is obvious that "for this (the construction of trenches and earthworks) the attack "is in a much less favourable position than the defence. As a "prelude to assault, an attempt must be made to destroy the struc-"tures sheltering the troops in reserve, and this cannot be done "without howitzers and heavy siege guns, and *is a well-nigh im-*"*possible task*, owing to the rapidity with which, as at Plevna and in "South Africa, new works can be thrown up." This difficulty, which already borders on the impossible, is further enhanced by the circumstance that the number of artillerists at a given place is very restricted, and that before their fire can inflict any damage at all, it must be directed with that precision which presupposes an accurate knowledge of distances. And few conditions are less easy of fulfilment. To make matters, if possible, still worse, the artillery fire must be aimed over the heads of the assailants' own troops, who are attacking and seeking shelter at distances of 20 paces, one soldier from the other. To realise what this means, one has but to watch the results of artillery practice in times of peace. But I will let a specialist speak. General Skougarevsky, formerly Chief of the Russian Staff, writes: "Note what happens when firing goes on "in peace time. The targets are at a distance of some hundreds of "yards, yet many shots strike the ground a dozen paces from the "*marksmen.*" What shall we behold in war time? It will hardly be denied that the points of resemblance between the advance of the attacking party to-day and the bayonet charge of former times are dwindling rapidly into thin air.

To imagine a successful onslaught, such as Earl Roberts seems to consider typical, is, I respectfully submit, an effort which can be accomplished only by conjuring up a picture of the battlefields of the past, and making complete abstraction from those of the present and the future. Let us follow however in spirit Lord Roberts' sharp-shooters, as they advance each one twenty paces from his nearest com-

rade. They are all skilful marksmen, who need but a visible target
to do credit to their training. But the human targets are invisible,
snugly ensconced behind excellent cover, which belches forth death-
dealing missiles whenever a sharpshooter exposes a portion of his
person. Can it be seriously believed that these ill-starred marked
men, who scarcely dare raise an arm or a hand, will succeed in
killing, wounding, or terrifying so many of their hidden enemies that
the latter will rise up and run? The query has only to be asked;
the answer may be taken as given. But as the point was raised by
the statement of the eminent General whose name is a household
word in the British Empire, I distrusted for a moment the conclusions of his Continental colleagues and the teaching of facts, and,
freeing my mind from conviction, set myself to study the problem
da capo. In the first place I asked myself, can it be that the illustrious Field-Marshal fancied that the lines would follow so rapidly
that the first attack could be delivered by a considerable mass of
men? As this would have given me a clue to Lord Roberts' conception of latter-day tactics, I requested Col. Henderson to inform me as
to the distances which separate the lines of skirmishers. And the
reply courteously given to me was that "the lines of skirmishers in
" South Africa were generally at a distance of from 200 to 400 yards
" apart. At first the skirmishers were five paces apart, afterwards
" the interval was increased to 10, 15 or 20 paces, according to the
" particular task—reconnaissance, feigned attacks, secondary or real
" attacks—on which the skirmishers were engaged."

I then tried to imagine the massing of lines thus separated from
each other by a distance of from 200 to 400 yards, for the purpose of
attacking in force. To cover that distance they would need from one
and a half to three minutes. Now even the "constant reader" of
the daily paper will see without being expressly told that that space
of time is quite enough to allow the entrenched enemy to mow down
the entire first line before it could be joined by the next one. There
is, however, an alternative. The attackers, instead of dashing forward, might await their supports. But that contrivance would in
no wise lessen the difficulty; for then the distance between the
soldiers (20 paces), which is admittedly essential, as well as the 200 to
400 yards which intervene between the lines, would disappear. If
we suppose it shrunk to five yards the result would be only that four
lines of supports would be gathered together. And that, I contend,
is not a mass capable of dislodging an entrenched foe. Many more
would be needed. They could, no doubt, be brought up in the same
way. But the upshot of the whole manœuvre would be a serried
mass of men, who must remain so long exposed to a deadly fire that
their only cover would be behind the bodies of their dead and wounded
comrades.

Further, at what moment and at whose command will they dash

forward on their errand of death? There is usually one officer in the line to sixty men, an arrangement which entails a dispersion of 1,200 paces long. As every soldier is independent, and allowed to use his judgment, how many will advance and how many will tarry where they are? That is a point worth considering. But taking the most hopeful view, and assuming that the courage of one and all is screwed up to the point of heroism, they will be far too widely scattered for the officer to command them efficiently. It is obvious therefore that "Jack-in-the-box tactics," as they have been termed, cannot possibly do what Lord Roberts expects them to accomplish. And for a very good reason; because the effects which were attainable in the old days have become impossible at present. To fail to see this is to substitute imagination for reason; and to reorganise an army on the hypothesis that the tactics of Waterloo and Balaclava can be repeated in the Twentieth Century is to set about building a house on the back of a whale which happens to resemble an island.

Firing at a distance of 150 yards being, according to Field-Marshal Roberts, the decisive factor in future wars, it follows, of course, that soldiers should be trained in accordance with that view, and the eminent commander has informed the public that the practical consequences are already being drawn. "Our course of "musketry has already been modified to meet the changes proved "by the experiences of the war to be necessary; and in the revised "edition of the Infantry Drill Book, which will be issued shortly, "greater scope will be left to section leaders, with a view to "developing the individual intelligence of the men." For modern soldiers must be something more than the wheels of a vast machine. Speaking of former times, when the smooth-bore rifle was in use, the Commander-in-Chief further explains his idea when he says: "The tendency of military training in those days was rather to "stifle individual intelligence, and to teach the men to move and act "together mechanically. The introduction of long-ranging, "accurate shooting weapons has changed all this." The soldiers of the future, therefore, are to be men of initiative, judgment, enterprise; then they may be trusted to score triumphs as decisive as any that were won in the good old days of "Brown Bess." Possibly; but hardly in any other sense than that in which one might draw up an excellent plan for catching a great auk. The scheme might be perfect; but so long as the auk remains extinct, one must dispense with practical results. Decisive triumphs, such as those that characterised former wars, are no longer possible, and Lord Roberts' scheme, however cleverly put together, will therefore not secure them. And how many of such advantages over the enemy as can be gained nowadays will be necessary before an army of millions will confess itself beaten? For this, a period of time will be requisite before the lapse of which the nerve of war will have wasted away, and bankruptcy and ruin have imposed peace. A short sum in proportion will diffuse light upon this assertion. If 50,000 farmers, lacking some military qualities, can hold out against the British Empire for, say, two and a half years, inflicting enormous pecuniary losses upon the enemy, how long would the struggle be protracted if two trained armies of millions operated one against the other, sieges taking the place of battles? To a mere civilian the answer is appalling. If the military man saw it as clearly, and confessed it as frankly, he would feel that he was passing a death sentence upon his own order.

I venture to think that the ardour of his hope of grafting upon recruits the inestimable quality of initiative hinders Lord Roberts from discerning the obstacles in the way. To begin with, it is an inborn gift, not an acquired accomplishment. A man has it, or he has it not. It may be crushed out of him, but cannot be created in grown up men, and least of all by alterations in the Drill Book. The efficacy of the Drill Book and the grafting power of the officers depend upon the blind obedience of the men; and blind obedience never begets initiative. Army discipline rests upon subordination and the suppression of individual will to such a degree as to outweigh even the instinct of self-preservation and the innate fear of death. To suppress initiative for the purpose of fostering it, is like the attempt to drive out devils by Beelzebub. A celebrated Army doctor, whose views I asked for on this subject, assured me that grapes would as soon grown upon thorns as the quality aimed at by Lord Roberts would result from training. " The military machine exists " for the purpose of destroying individual judgment and turning out " obedient, will-less men. You may set it going, or arrest it, but you " cannot alter the character of its work. An officer sent me a letter " one day, with a request to give him a helping hand in having him " promoted. His chief merit he set forth in these words: ' I have " ' served under many chiefs for the past twenty years, yet never " ' once did I make bold to criticise their acts, never once take any " ' step on my own initiative.' " That is the quality which Army drill fosters.

Shifty, resourceful men, capable of discerning opportunities and of using them without waiting for the word of command, can, no doubt, be had. They are the stuff of which successful tradesmen and manufacturers are moulded. But they must be paid for, and to-day the price is prohibitive. Great Britain, with all her wealth, cannot afford the luxury of her Army. Enterprise and initiative in business, however, should not be confounded with the same traits in warfare. The difference between the two was never so marked as at present in consequence of the surroundings which tend to terrify the imagination and paralyse the will. An isolated human being moves cautiously about on a desolate plain studded with dead bodies, and without a sight or sound to cheer him to enthusiasm or to absorb his fear of death. He may not be naturally timid, nor even afraid to die, but he has a horror of the lingering tortures that may rack his soul for hours or days, if he be wounded and not found. Even in former wars disabled soldiers sometimes lay for days undiscovered, a prey to maddening thirst, to delirious pain. A rise in the ground, a ditch, a tree trunk, the fringe of a wood, hid the body from the ambulance, and Ugolino, in his hunger tower, was hardly worse off than such pitiable wretches. Nowadays, this danger is greater, for the field over which the soldiers are scattered is immeasurably vaster, and the duration of the combat very much longer. Visions of these nameless horrors may well terrorise many a man who, under normal conditions, would be brimful of enterprise and as shifty as Ulysses.

Even if Lord Roberts found the recruits whom he seeks, it is very doubtful whether their action would justify his expectations. In the past, of which he is probably thinking, his hopes would have been warranted. Bands of brave men, pressed closely together, would fling themselves into the final dash forward, following the floating flag, fired to enthusiasm by the strains of martial music, spurred to heroism by the example of officers who treated a shower of bullets as if they were raindrops. Like a mighty mountain lake bursting its bounds, the human torrent swept everything before it. To-day, the picture is painted in more sombre tints. The soldier is alone. There is no inspiring example before his eyes; no lively music ringing in his ears; no officer's words encouraging his efforts. He remembers having heard that the victory depends upon the rapidity with which each one finds shelter, and the precision with which he fires. Can he rely on this skill and precision in his comrades? Can he even be sure that they will emerge from cover, and not lie still feigning death? Furthermore, he knows that if he advances he must expose the whole of his body to the missiles of a wary enemy, who shows but the eighth part of his. Would it surprise the psychologist to learn that in that supreme moment of danger and isolation, this man of initiative would persuade himself that nothing which he could do would have a decisive effect upon the action? I confess it would not astonish me. I still remember how the inhabitants of an Armenian village acted when celebrating the birthday of their parish priest. They had agreed among themselves to make him a present of a cask of wine, each vine-grower to pour in a bottle. But when the cask was filled and tapped, it was found to contain water. Each one had flattered himself that the cask would be replenished with wine without his own contribution. Human nature is widely diffused among men. Prudence will especially characterise the latter-day soldier, for that is one of the principal objects of the improved system of training. They must always run to cover, seldom or never offer their persons as targets. This caution, enhanced somewhat by the weird surroundings of the battlefield, may suffice to set them thinking after the manner of the Armenian villagers. They will then have the defects of their qualities—nothing more.

But instead of arguing further, would it not be better to put the subject to practical test? Experiment should by right precede all such discussions. In my own case it has. I have had Lord'Roberts' suggestion carefully tested, and the results embolden me to maintain that the difficulties in the way of troops ordered to advance to within 150 yards of the carefully-entrenched enemy will be such as to render the movement either wholly impracticable or tactically worthless. The experiment could be repeated by officers with advantage. The British Army abounds in excellent materials, and I am prepared to abide by the result. Let some of the best of these troops be chosen and commanded to advance just as they would against a real enemy. Let it be noted how often and for how long they were visible to the adversary, who may be half as numerous as themselves, and how many rounds they fire. Their accuracy of aim can be gauged by offering them movable targets. But the barbed wire entanglements should not be neglected, which they will have to grapple with on their way. When that test has been applied and the finding declared, I am convinced that even military men, despite their special psychology, will see the illusive nature of the system which they now champion as efficacious. Experiments are being daily made in every human industry. It is an essential condition of progress. The army organisation, on which so very much more depends, ought not to constitute an exception. My own researches give me the right to affirm that the number of men that must be put in line in order that, allowing for losses, they may confront the enemy with equal force, would be enormous, even though at the moment of setting out the assailants were numerically twice as strong as their foes.

Long before the South African War experiments were made, which led to the results I have now formulated; but military men made very short work of them. They simply said: "The argument " would be convincing if the conditions during manœuvres were " identical with those of the battlefield. But they are far from " identical. When playing at war the enemy will fire steadily, " rapidly, accurately. But not so when missiles of death are flying " around them, and every moment may be their last. Fear and " excitement hinder them from mobilising the qualities which con-" stitute skill. Their fire will be far less deadly than is assumed, " probably not more than one shot in a hundred, it may be in a " thousand, will take effect." But the Boer rifles have since riddled that argument, and it will never rise again. A substitute, however, has already been found for it. The Boers, we are assured, are very good marksmen, and their likes will never be found in future campaigns. Consequently they must not be taken for average soldiers. Now I regret to say that I cannot endorse that view, and for a good reason: It would contradict established facts. Here is one among many such. The United States Military Attaché, Captain Reschman, said: "Although still fine shots, the Boers are no "longer such excellent marksmen as of old; they are still hunters "rather than soldiers, and will not hold a position to the last."

"Even so," urged the advocates of militarism, "if the fire be as "deadly as you assert, all that the advancing soldiers have to do is "to take shelter. Surely that is easy enough. The fields upon "which cover cannot be obtained are rare." This issue out of the difficulty, if it were real, would not be a solution, for it would do away with Lord Roberts' decisive charge altogether, but it is imaginary, merely a reading of the present by the light of the past. Even those rare military experts who have no axe to grind, whose one idea is to ascertain facts and to adjust contemporary tactics to feasible aims, tell us that this child-like trust in the ubiquity of cover is a delusion, and a most dangerous one. For the defender chooses his own fields of action, and his first care must and will be, to see that the assailant lacks the cover which is so essential a condition of his success. If Lord Roberts were in command of the country invaded, would not that be one of his chief concerns, or would he select such broken ground as the enemy would deem suitable for the cover it offered them? And if Lord Roberts, nay, even a layman of average intelligence, would make it his business to balk the calculations of the foe, what can be thought of a scheme of attack based upon the absence of such rudimentary common sense? What, for instance, would be said of a chess-player whose scheme to mate the king took no account of the defence which his adversary must necessarily make? I am endeavouring to put the point clearly for the reader who has made no special study of matters military, and the great difficulty I foresee is that of getting people to believe that an eminent specialist like Lord Roberts could blink facts which powerfully impress even the mind of the unbiassed outsider. And I fancy I hear people say: "If it be true that cover is so diffi-"cult to find, surely other military celebrities would already have dis-"covered and pointed this out, and the British Commander-in-chief—"who is, doubtless, familiar with all that a professional man should "know—would have taken due note of it." To this I reply, that military celebrities did find out the difficulty, and emphasise it, too. Shrewd, experienced professional men have underlined the present state of things already. For instance, General Pellet-Narbonne, whose name needs no introduction, wrote, in his report on military progress during the past 25 years: "If great extension of the field "of fire be the first condition of its efficacy, we fail to see why the

" party attacked should forego the advantages of this first condition,
" unless, indeed, it were in order to please the attacker. It is not
" open to him to select ground offering natural cover, and he will
" (be forced to march across a country exactly determined before-
" hand and of a nature to strengthen the defenders' fire." That is
logic, it is common sense, it is matter of observation. And in military science, as in English law, common sense can never run counter
to fundamental principles. What it really comes to in simple words
is this: Lord Roberts says in effect: "The assailants are, above all
" things, in need of cover. On that they must rely for whatever
" success is attainable. Therefore, the men must be trained to run
" forward, fire, and drop behind shelter again. On the other hand,
" it is the enemy's interest that there should be no cover for the
" attack. Moreover, he can choose his own position, and as the area
" in question is only one of 150 yards, nothing is easier than for
" him to select such ground as will give no screen to the attacking
" party. None the less, we base our calculations on the assumption
" that he will neglect his vital interest and that cover will be always
" obtainable." That, in brief, is the pith of the argument. And
the masses listen and applaud, because, forsooth, these are questions
for competent military men, which do not fall within the purview of
the uninitiated!

Now it is permissible to ask, why was Lord Roberts' ingenious
system not tested in the South African War? The British forces
there have been for over two years in the best possible school of
practice. They have had an unprecedented opportunity for assimi-
lating the principles of this infallible system, which is to serve as
the corner-stone of the future military organisation of Great
Britain. Two years of incessant fighting ought surely to have
afforded them ample training. The conditions for success are more
propitious than they can ever be again, for the Imperial troops
outnumber the Boers in the proportion of from 7 or even 10 to 1. If
only 3 per cent. of the British forces are capable of learning and
carrying out Lord Roberts' method—and if not the outlook is truly
hopeless—then the war ought to have been over long since. For
how many decisive victories should they not have already scored?
Yet what do we behold? The open Sesame to success has had no
effect whatever. The spirits having been duly called from the
vasty deep, have not come when summoned. And if the
system could not be applied when the conditions were exceptionally favourable, is it likely to work miracles when the obstacles
increase a hundred-fold? In none but a Colonial or quasi-Colonial
war can the English Army oppose ten men to one of the enemy;
in no struggle with a Great Power can England reckon upon the
blunders which undisciplined Boers have been committing week
after week; in no other trial of strength will the economic machinery

of the nation be so little affected as in that between two farmer Republics and the mightiest Empire of the world. Why, then, put off till to-morrow what could, and should, be accomplished to-day?

If Lord Roberts' recipe for attacks as decisive as the historic bayonet charge were what it professes to be, how came it that 6,000 Boers managed to improvise a position 20 miles long—with only about 200 men per mile defending it—with success, and to repel 12,000 trained British soldiers, as at Magersfontein? Where was the magic of the Field-Marshal's formula, when 20,000 British troops failed to drive out 5,000 Boers at Colenso? What broke the spell when a force 300 per cent. greater than that of the peasant soldiers, not only gained no decisive victory, but were driven back with a loss of nearly 2,000 men, as at Spion Kop? Why was no brilliant dash made, similar to that of the bayonet charge, when at Paardeberg 4,000 Boers were surrounded at first by 20,000 and then by 40,000 trained men, and yet held their own, until famine slowly effected what Lord Roberts' system should have accomplished by a brilliant onslaught? How came it that even then the British lost 1,400 men, while the casualty list of the enemy amounted but to 179? What enabled "four Boers posted in a good position to hold at bay for two "days nearly 100 men, while the commando to which they belonged "were getting away with their waggons?"* Such are the results obtained in exceptionally propitious conditions. Is it unfair to ask: "If they do these things in a green tree, what shall be done in "the dry?"

The truth is that those reverses were the effects of causes with which the initiative of the men engaged had absolutely nothing to do. Whether the soldiers are pushing, resourceful and self-reliant, or mere units in a machine worked by the officers, the position of an entrenched enemy will be equally strong, his invisibility will not be one whit less or more, the danger of advancing against him will be no wise lessened. Whether men be shifty or the reverse makes no difference to the bullet or to the man who aims it. To hope to cope with the effects of quick-firing rifles, smokeless powder, trenches and barbed wire entanglements by enjoining soldiers to be resourceful and self-reliant is as efficacious as it would be to wear an amulet in the hope of escaping death. And yet it is on such a delusion that the re-organisation of the British Army would seem to be based. The dilemma for present and future commanders is this: the enemy must be crushed by mighty masses impetuously dashing against him, or else starved out of his positions by dint of hunger. The former plan is impossible, owing to the murderous fire with which the strongly-entrenched and invisible foe can sweep the field; the latter is unfeasible, because it presupposes a numerical superiority such as a British army can never have over a non-Colonial adversary.

* *Daily Mail*, 20th November, 1901.

The only way of escaping this dilemma is by frankly recognising the changed conditions of warfare, and by aiming at such ends as are still possible in spite of them.

It is obvious therefore that the aim which Lord Roberts desires to obtain cannot be compassed, and that the money and labour employed in its pursuit are thrown away. The British nation stands in no need of a substitute for the old bayonet charge, or of a means of putting a speedy end to war by a brilliant onslaught on the enemy. For she can easily put down colonial troubles without rivalling the military establishments of Continental Europe, and in a war with a Great Power her land forces would be as fine dust in the balance. The time has gone by for ever when they could turn the scale. What are a few thousand men—who must be well fed and well cared for—in the shock of millions of soldiers, who can live for weeks on hard black bread and for days on the reminiscences of it? A cheap efficient system somewhat on the lines of that which obtains in Switzerland seems far more suited to the needs of the British Empire. For the difference between the professional soldier and the amateur has dwindled almost to nothing in consequence of the new methods of warfare. Not that training has become superfluous, although the old system of training is certainly obsolete—but long service undoubtedly has. A glance at the experiences which the struggle still raging affords, demonstrates the truth of the proposition.

The barrier between the regular trained soldier and the quickly trained civilian has been broken down for good. "The professional soldier," Colonel May declares,[*] "cannot longer claim that pre-"eminence over the amateur which was once his. Modern improve-"ments in firearms," he goes on to say, "have given yet a further "impetus to the levelling tendency of our age, which does away "with class distinctions, and makes every man as good as his "neighbour. The civilian-soldier took cover more skilfully, and "displayed a higher degree of individual intelligence." They showed themselves as independent as their officers, never panic-stricken as the regulars were at Stormberg, Magersfontein, and elsewhere. Kimberley and Mafeking were defended chiefly by civilians against forces proportionately much greater than those that attacked Ladysmith. Moreover, when the worst came to the worst, the citizen soldiers were less willing to surrender than their better trained comrades. Thus they defended Wepener most brilliantly under conditions very similar to those which led to surrender else-where. At Paardeberg, where the regulars had been driven back with severe losses from Cronje's trenches, it was the Canadians who delivered the final attack, which led to the Boers' surrender. In a word, the chronicles of the war abound in proofs that the civilian element was endowed with all the best qualities of the professional

* "Retrospect of the African War."

troops, their courage, their discipline, and with a higher degree of intelligence. The explanation of this phenomenon lies on the surface. On the contemporary battlefield the men must be scattered widely apart, and are very much left to their own resources. The tactics now taught at manœuvres are useless in war. The regulars, therefore, who know no others, and who are trained to trust their officers instead of their own judgment, are turned into a mere crowd. The intelligent citizen, on the contrary, whose capacity for action has been sharpened by his habits as a sportsman, a farmer, an artisan, uses his faculties and fights without orders from above. The superiority of the Boers to the British regulars is to be accounted for in the same way.

It naturally goes against the grain of professional military men to draw the practical consequences from this breakdown of their own class-prestige. They can hardly be expected to proclaim from the house-tops that the human war material, which they are turning out in limited quantities at fancy prices, can be produced of a much better quality, in large numbers and at far cheaper rates. Hence there is no attempt on their part to draw up a scheme adapted to the new state of things. But the Government and the people, who have to organise an efficient National defence, will probably hesitate before sacrificing Imperial interests to caste privileges.

In no country in the twentieth century should the question of modifying the National Army in accordance with latter-day needs be referred to the military alone. In bygone times this was a necessity, and not a very dangerous one. Wars seldom affected the entire population, and never to the degree by which peoples will be hurt by it to-day. The economic wheels of a nation's machinery are now connected with those of its military section, and the one will act and react on the other with surprising results. On this ground, even were it the only one, it would seem desirable to admit other factors to the Council Chamber. Military training loses in breadth what it gains in depth, and so much attention is absorbed by special branches of the service that the officer rarely has any to spare for the study of other currents of the National life than that in which he himself is carried along. My own experience, which I give for what it is worth, tells me that the number of officers who know the new conditions of warfare, and realise their effects on tactics and strategy, their economic bearings, their political trend, are surprisingly few. In Great Britain, where militarism has never been rampant, professional narrow-mindedness is indeed less marked than abroad. Here there is a wholesome tendency to view current changes in correct perspective and at least to listen to non-professional views. In no other country, for instance, would it be possible for an outsider to receive an invitation to lecture before naval and military officers such as I had the honour to receive from the United Service Institution. I recognise all this with alacrity and pleasure. But, none the less, the fact remains, that while some of the essential aspects of the matter are necessarily outside the professional purview, the tactical and strategical consequence of the recent changes in warfare seem to be very imperfectly gauged by the most. Otherwise, it would hae been impossible for the General Staff to have been so hopelessly wrong in their forecasts of the present war, to have put such obviously incorrect interpretations upon the events that belied their estimates, and now to set about making provision for the future as if these facts had no existence outside the brains of dreamy Utopists.

JEAN DE BLOCH.

L'armée est-elle, doit-elle être la nation?
by
Jules Bourelly

L'ARMÉE EST-ELLE,

DOIT-ELLE ÊTRE LA NATION?

« *L'armée, c'est la nation* ». Cet aphorisme, à chaque instant répété, a été emprunté par la démocratie à une époque qu'elle se plaît souvent à rappeler. On ne saurait le discuter sérieusement, sans en préciser d'abord la signification.

Il ne s'agit ni d'une allusion à l'union intime qui doit ou devrait régner entre l'armée et la nation, ni de la simple constatation de ce fait que tous les citoyens sont soldats.

Ce qu'on veut dire, c'est que l'armée est ou doit être la nation elle-même, *la nation en armes, la nation armée.*

La conception de la nation armée est née de l'application du service militaire obligatoire universel.

La première pénétration régulière, ordonnée, légale, de la nation par l'armée, remonte, pour notre siècle, à l'année 1818.

La loi de recrutement portant cette date est l'œuvre du maréchal Gouvion Saint-Cyr. Elle posait le principe de l'appel par tirage au sort, c'est-à-dire du recrutement forcé, du service personnel. L'ancienne conscription, avec son odieux arbitraire, avait fait son temps. Néanmoins, l'enrôlement sans prime était, en principe, le moyen principal de recrutement; le contingent annuel désigné par le sort s'élevait à 40,000 hommes. Le service actif était de six ans dans l'infanterie, de huit ans dans les autres armes. Les rengagements et le remplacement, homme pour homme, faisaient partie du système. Les hommes de troupe libérés composaient une sorte de réserve soumise à des exercices et pouvant être appelée en temps de guerre[1].

Les idées, puisées dans les leçons du passé, qui inspiraient la législation nouvelle, ne furent pas, à beaucoup près, acceptées unanimement; quelques députés les jugèrent attentatoires à la liberté individuelle. A la Chambre des pairs, Chateaubriand s'écria,

---

[1] Cette réserve fut supprimée en 1824.

en style d'oracle : « C'est une de ces lois qui peuvent perdre ou sauver les empires. » Deux ans plus tard, le général Foy caractérisait ainsi, dans un éloquent discours, la haute portée de l'institution nouvelle :

« Nous n'avions avant lui que des lambeaux de cadres parsemés de soldats mécontents; *il a commencé une armée nationale*[1]... Si son ouvrage est continué suivant les principes dans lesquels il est entrepris, notre France, riche de la pureté et de la facilité de son mode de recrutement, de la discipline de son armée active et de ses magnifiques réserves de gardes nationales et de vétérans organisés, notre France pourvoira désormais à sa défense par le déploiement méthodique et progressif de ses forces, et jamais plus elle ne sera réduite à pousser, à l'approche de l'étranger, ce cri d'alarme au retentissement duquel les nations se lèvent et le monde est bouleversé. »

L'organisation due à Gouvion Saint-Cyr permit de faire face, sans révéler de défauts sérieux, aux exigences créées par la guerre d'Espagne en 1823, par l'expédition de Morée en 1828 et par la conquête d'Alger en 1830.

La loi de recrutement de 1832, œuvre du maréchal Soult, fut le prolongement de celle de 1818, avec quelques modifications. La durée du service était portée à sept ans. Le contingent annuel, élevé à 80,000 hommes, et désigné par voie de tirage au sort, était divisé en deux parties égales, dont l'une était incorporée, et dont l'autre restait dans ses foyers disponible pour le cas de guerre. Les ressources données par les engagements volontaires et les rengagements s'ajoutaient à l'effectif de la portion du contingent appelée sous les drapeaux.

L'effectif correspondant aux besoins de la défense nationale pouvait s'élever ainsi à environ 500,000 hommes, c'est-à-dire au double de ce qu'il avait été de 1818 à 1824[2]. On maintenait le remplacement. Ce système de recrutement marquait un pas de plus dans la voie du service obligatoire.

Tandis que la constitution militaire de 1818 était surtout, — ainsi que l'a fait remarquer le général Trochu, — « une constitution de paix », née de la lassitude de la lutte armée, arrivée à son paroxysme dans la nation, la loi de 1832, complétée par des ordonnances de 1833 et de 1841, inaugura le système de prépa-

[1] Quand on dit *armée nationale* pour *nation armée*, ce qui arrive souvent, aujourd'hui, on détourne assez sensiblement cette dernière appellation de son véritable sens.

[2] En 1824, le contingent annuel avait été porté de 40,000 à 60,000 hommes.

ration à la guerre; seule, la politique mit alors obstacle à la formation d'une puissante réserve sans accroissement de dépenses sensible.

Fortifiée par d'excellentes lois organiques dont quelques-unes sont encore en vigueur aujourd'hui, l'armée du maréchal Soult subit, sans en être ébranlée ou affaiblie, l'épreuve de l'expédition d'Anvers et des campagnes d'Afrique jusqu'à la reddition d'Abd-el-Kader. Elle put échapper à la désorganisation qui la menaça un instant en 1848 et les années suivantes, et, en 1853, au moment de la guerre de Crimée, elle était encore debout et intacte.

Elle venait d'affronter, sans se laisser entamer, l'hiver terrible qui suivit les batailles de l'Alma et d'Inkermann, quand M. de Montalembert, du haut de la tribune législative, rendit un éclatant hommage à ses qualités de résistance et à son merveilleux esprit. Il attribuait sa vertu supérieure à l'esprit public de la France, à l'esprit civil qui avait empêché l'idée militaire d'être abusive et oppressive, « *tout en lui laissant sa fécondité et sa popularité* », à la sollicitude éclairée et infatigable de ses chefs aidés par le contrôle des assemblées politiques, et enfin, à la loi même de Gouvion Saint-Cyr qui avait basé l'organisation de l'armée française « sur le principe tant de fois déjà cité du service personnel, gratuit et obligatoire ».

Le discours que nous venons de résumer fut prononcé à l'occasion de la dotation de l'armée. Ce nom de *dotation* et celui d'*exonération* suffisent, à eux seuls, à fixer le caractère de l'époque où le recrutement de l'armée française fut détourné de la voie où l'avaient engagé Gouvion Saint-Cyr et Soult. A partir de 1855, le déclin de notre organisation s'accentua rapidement.

Comme l'a fait observer avec infiniment de raison le général Trochu, le remplacement, tout « en tempérant largement la rigueur du principe du service personnel, consacrait en même temps le principe lui-même ». Au contraire, l'exonération allait droit à l'encontre du même principe. Selon l'expression d'un jurisconsulte éminent, les dépôts de recrutement furent métamorphosés par la loi d'exonération « en autant de succursales de la grande banque de recrutement placée au ministère de la guerre ». Quant à la loi de dotation, son plus grand inconvénient fut peut-être d'éterniser dans les cadres les sous-officiers rengagés.

Le système financier imaginé pour suppléer aux principes inaugurés en 1818 et en 1832 altéra gravement l'esprit militaire. On vit se manifester pendant la guerre de 1859, en Italie, les premiers symptômes de cette désorganisation. Ce fut, alors, d'autant plus un prodige de vaincre que l'on combattait sans tactique; l'adversaire n'en ayant pas davantage, il nous resta, du moins, la supériorité de l'élan des officiers et des soldats pour décider du sort des rencontres.

Mais ce n'était là qu'un choc de peu d'importance. Autrement formidable fut celui que l'armée impériale essuya onze années plus tard. Et, pourtant, elle s'était relevée, un peu auparavant, de son état de déchéance, grâce à un essai de reconstitution provoqué par les événements d'Allemagne de 1866. L'opposition démocratique d'alors, avec des arguments à peu près semblables à ceux dont on se sert aujourd'hui pour discréditer et affaiblir l'armée, ne permit pas au maréchal Niel de mener à bonne fin l'œuvre qu'il avait en vue. La loi de 1868 ne revint pas aux principes qui avaient soutenu l'édifice militaire de Gouvion Saint-Cyr et de Soult, mais donna satisfaction, dans une assez large mesure, aux exigences de la défensive en créant une réserve à côté de 400,000 professionnels, et en établissant la garde nationale mobile. Le service actif était réduit à cinq ans. Le remplacement et l'exonération subsistaient. Nous étions donc en voie de réorganisation quand éclata la guerre de 1870. Trois semaines après l'ouverture des hostilités, l'armée ne comptait encore qu'un peu plus de 300,000 hommes de troupes actives.

Quand s'apaisa l'ouragan de feu qui avait fondu sur la France, quand l'expiation fut complète, alors on chercha le remède aux erreurs et aux fautes passées. Les officiers eux-mêmes donnèrent, les premiers, le signal de la rénovation militaire. Décidés à ne pas s'attarder dans d'énervantes récriminations contre le passé, et tenant pour un devoir d'indiquer aux législateurs la voie du salut, des généraux d'expérience et de savoir, quelques-uns illustres par leurs services, des officiers supérieurs à l'esprit éclairé et de jeunes officiers ardents à interroger l'avenir abordèrent résolument l'étude des questions militaires, et prouvèrent qu'une véritable élite, héritière des qualités d'autrefois, avait survécu à la catastrophe. Tous croyaient à la revanche, même à une revanche prochaine. C'est à eux surtout, et aux membres de la commission de réorganisation de l'armée, que le général Chareton rendait hommage, quand, dans son rapport sur l'organisation générale, il déclarait à l'Assemblée nationale que le projet de loi soumis à ses délibérations était comme « le résumé de la grande enquête militaire » à laquelle tous les hommes qui n'avaient pas désespéré de la patrie et se montraient encore « jaloux de sa puissance et de sa grandeur, avaient apporté le concours désintéressé de leur expérience et de leur dévouement ».

*
* *

De ces efforts communs sortit la loi de recrutement de 1872.

L'éventualité d'une nouvelle guerre avec l'Allemagne semblait commander d'avoir au plus tôt une armée d'un effectif à peu près égal à celui de nos voisins. On ne vit rien de mieux pour atteindre ce résultat que de recourir, comme eux, au service obligatoire universel qui assurait le nombre, mais, en même temps, on institua le service de cinq ans qui garantissait la qualité. C'était une sorte de compromis entre le système prussien et la loi de 1832 défendue éperdûment par M. Thiers.

Aux termes de cette loi qui fournissait une armée de premier choc de 740,000 hommes, une armée de campagne de 1,090,000 hommes et une force totale de 2,420,000 hommes, il n'y avait ni primes en argent, ni prix quelconque d'engagement, et le remplacement était supprimé. Les dispenses de service spécifiées n'étaient pas accordées à titre de libération définitive. La même loi instituait l'engagement conditionnel d'un an qui était payé.

Comme dans l'organisation des maréchaux Gouvion Saint-Cyr et Soult, les nécessités budgétaires firent reconnaître l'impossibilité pratique d'imposer à tous le service personnel d'une manière égale. La loi, d'ailleurs, ne posait que le principe de l'obligation générale du service, ce qui permit, dans l'application, de diviser le contingent en deux portions : la première, la plus nombreuse, servant cinq ans (dans la réalité quatre ans), et la seconde, un an seulement.

Malgré ses imperfections, la loi de 1872 répondait à un double but : elle assurait la formation du plus grand nombre de soldats par une durée suffisante du service dans l'armée active, et fournissait l'effectif de paix permanent jugé indispensable pour les besoins de la défense du territoire; un pur patriotisme en avait dicté le vote. Bien que cette application nouvelle du service personnel réalisât le nombre, il n'était pas question alors de la *nation armée*, mais on était convaincu que la France s'était refaite une *armée nationale* vraiment digne d'elle. Tout en aspirant à la paix pour rétablir ses forces, la nation repoussait l'idée de la paix à outrance, et ne trouvait pas trop lourd pour elle un sacrifice qui, à un moment donné, la préserverait d'une nouvelle invasion toujours à prévoir; les rêves de désarmement cessaient d'avoir cours, et nul, dans cette Assemblée qui représentait réellement le pays, n'aurait osé réveiller l'écho des attaques prodiguées aux institutions militaires fondamentales dans les dernières années de l'Empire.

La loi de 1872 a duré dix-sept ans, pendant lesquels elle a été l'objet d'attaques plus ou moins ouvertes. Après l'invasion des Allemands, nous avons eu celle de la politique dans nos affaires militaires. L'allègement des charges de la nation est devenu le mot d'ordre de la démocratie qui n'a pas eu de peine à persuader aux masses crédules la nécessité d'obtenir ce résultat. Depuis, on a appelé ce changement survenu dans l'opinion des électeurs « l'évolution sociale », alors que la politique a, presque toute seule, opéré la transformation.

L'allègement en question n'allait pas sans une répartition nouvelle des charges entre les citoyens, car une diminution du temps de service actif ne permettait d'atteindre l'effectif répondant aux exigences de la défense du pays que si l'on imposait à tous, ou *à peu près*, la même durée de service. C'est dans ces conditions que vint au monde, l'année du centenaire de la Révolution française, la nouvelle loi du recrutement.

Cette loi maintenait le principe de l'obligation du service militaire, et déclarait cette *obligation égale pour tous*; elle abaissait à trois ans la durée du service. Une de ses dispositions donnait un démenti au principe d'égalité de la durée du service, en autorisant le ministre à former dans le contingent annuel deux portions dont l'une serait envoyée en disponibilité après un an de service, et dont l'autre accomplirait trois ans de service intégralement.

Le principe du service obligatoire se trouvait renforcé par la suppression du volontariat d'un an; il l'était également par les dispositions qui astreignaient au service en temps de paix la catégorie des dispensés de droit, mais, sous ce rapport, il n'y avait pas allègement pour la nation; le même principe était, d'autre part, singulièrement affaibli par l'excès des dispenses.

Nous ne nous expliquons pas les raisons pour lesquelles cette loi fut saluée, dès son apparition, par d'excellents esprits, comme un événement appelé à inaugurer un nouvel état social, à apaiser les dissidences politiques et à faire germer toutes les vertus militaires...

Tous les changements qui s'opèrent dans le sens de la réduction du temps de service nous rapprochent incontestablement de l'armée idéale de la démocratie, de la *nation armée*, en rendant nécessaire une application plus étendue, plus rigoureuse, du service personnel, mais la loi de 1889 ne réalisait, sous ce rapport, qu'un progrès peu sensible sur celle de 1872.

Sous le régime de la loi de 1872, la moitié seulement du contingent avait fini par ne servir que trois ans et demi à quatre ans, et l'autre moitié n'était instruite que quelques mois en moyenne, tandis qu'avec la loi de 1889, la majeure partie du contingent devait servir trois ans et la plus faible [1] un an. Cette nouvelle répartition des charges était-elle suffisante pour justifier l'influence que quelques-uns prêtaient à la loi de 1889 sur notre reconstitution sociale ?

Dans tous les cas, le fondement donné à cette opinion, en 1889, existait déjà en 1872 pour la loi portant cette date. En 1879, le général Trochu attribuait à la loi votée par l'Assemblée nationale, des « effets de redressement social », et appelait l'armée qui en faisait l'épreuve « l'école régénératrice de l'esprit public ». Mais il est particulièrement intéressant de constater que cet officier général changea de langage quand fut votée la loi de 1889 qui répondait, cependant, avec le service de trois ans au desideratum exprimé par lui dès 1872. Il écrivait en 1890 : « Cette loi de recrutement qui aurait pu être une grande institution sociale et politique, faite pour asseoir l'organisme militaire français sur une base solide et définitive, est moins libérale que la loi prussienne, *bien que ses auteurs aient prétendu en faire une loi d'égalité.* Comme celle qui l'a précédée, elle devra être rectifiée dans l'avenir en vertu de la dure condamnation « au faire, au défaire et au refaire » qui pèse sur les destinées de notre pays. »

L'opinion du général Trochu n'est arrivée jusqu'à nous qu'en 1896, par la publication de ses œuvres posthumes. Dès 1891, un officier des plus distingués de l'ancien corps d'état-major, le capitaine Lyautey, aujourd'hui colonel et second du général Galliéni dans l'œuvre de la colonisation malgache, publiait, sous le voile de l'anonymat [2], une étude fort remarquable, dont l'idée maîtresse lui avait été suggérée par la loi de 1889. Dans l'impossibilité de multiplier ici les citations qui feraient saisir la pensée de l'auteur dans toute son ampleur, nous n'en reproduirons que quelques passages saillants pris à la suite : « Depuis l'application intégrale [?] du service obligatoire, c'est-à-dire depuis hier, c'est de vingt à vingt-trois ans, toute la nation qui passe entre ses mains [entre les mains du corps d'officiers]; nul n'y échappe... A ce fait nouveau, ce fait révolutionnaire au sens propre du terme, doit répondre forcément un développement du rôle de l'officier, dont lui-même n'a, croyons-nous, pas encore pris conscience... A ce soldat nouveau, il faut, logiquement, un officier nouveau...

... « Nul n'est mieux placé que l'officier pour exercer sur ses

---

[1] Cette deuxième partie était évaluée alors à un dixième du contingent.
[2] *Revue des Deux Mondes,* 15 mars 1891. La presse a divulgué, depuis longtemps, le nom de l'auteur.

subordonnés une action efficace. Quel intérêt n'y aurait-il pas à ce qu'avant tout autre, il fût animé de l'amour personnel des humbles, pénétré des devoirs nouveaux qui s'imposent à tous les dirigeants sociaux, convaincu de son rôle d'éducateur, résolu sans rien modifier à la lettre des fonctions qu'il exerce, à les vivifier par l'esprit de sa mission...

... « Cette action sociale de l'officier, quelle peut-elle être? représente-t-elle autre chose qu'une utopie généreuse, une illusion séduisante?... Une telle action ne s'exerce pas par des discours et des conférences; elle résulte simplement, mais fatalement, d'un état d'esprit : que les officiers soient convaincus de leur devoir social, qu'ils en portent constamment la préoccupation dans l'exercice de leur profession... Nous ne prétendons pas, d'ailleurs, que ce soit là une notion nouvelle, leur rôle, bien des officiers déjà l'ont ainsi compris...

... « Indiquons seulement les conséquences, qui, à notre sens, résulteraient de l'action de l'officier ainsi comprise et exercée. Chez le soldat : au *point de vue social*, pacification des esprits soumis au régime, rendus plus réfractaires aux excitations de la haine de classes; au *point de vue militaire*, il nous semble ressortir suffisamment de ce qui précède que cette prise morale de la troupe est devenue une nécessité moderne. Chez l'officier, c'est, dès la paix..., l'introduction dans sa vie d'un élément du plus haut, du plus passionnant intérêt... »

S'adressant ensuite aux hommes éminents « qui ont l'oreille de la jeunesse », le colonel Lyautey ajoutait : « Notre vœu, c'est que dans toute éducation vous introduisiez le facteur de cette idée nouvelle qu'à l'obligation légale du service militaire correspond l'obligation morale de lui faire produire les conséquences les plus salutaires au point de vue social...

... « Nous voudrions, dès maintenant, en toutes les circonstances où l'on parle de haut à la jeunesse assemblée..., recueillir l'écho de ses idées, entendre proclamer la portée, jusqu'ici insuffisamment comprise, du grand fait nouveau qui étend son ombre inquiétante sur la jeunesse de vingt ans : le service universel... En ce temps et en ce pays divisé, n'y a-t-il pas là, du moins, un vaste terrain où peuvent s'effacer en commun, sans acception de confessions religieuses, d'écoles philosophiques, ni de partis politiques, tous ceux qui ont le même amour de la patrie, le même souci de ses destinées, la même lassitude des formules, le même sentiment des devoirs sociaux imposés par une culture privilégiée. »

A aucun moment, nous n'avons partagé ces idées généreuses. Nous n'étions pas, cependant, sans reconnaître, dès 1872, que le service universel créait pour l'officier des devoirs plus étendus et plus sérieux ; nous ne doutions pas, d'ailleurs, que cette tâche moralisatrice ne fût à hauteur de son abnégation, de sa prudence et de son savoir. Si nous avions nourri alors quelques illusions sur les conséquences heureuses, au point de vue social, du principe de recrutement introduit dans la loi, nous n'aurions pas tardé à les perdre, en constatant que l'idée patriotique s'affaiblissait de jour en jour, et que l'esprit de sacrifice était loin de se dessiner dans les mœurs publiques.

Bien avant 1889, la démocratie avait faussé les ressorts de l'institution du service universel. La loi de cette époque, en accentuant un peu l'obligation générale, — ce qui ne constituait pas précisément un *fait nouveau*, — était sans doute de nature à faire participer l'armée d'un peu plus près à l'état de la société, mais toute autre prévision semblait aventurée. Rien n'annonçait que la nation prenait ou prendrait conscience de la haute portée de son rôle, et que l'idée du devoir social à remplir trouverait une jeunesse fortement groupée pour une action commune. Comment le service universel aurait-il eu la vertu de faire fleurir l'union de tous les citoyens dans le champ où l'on semait à pleines mains l'égoïsme, l'amour immodéré du bien-être, le mépris de l'autorité et la haine des classes ? Comment la nation, en se prêtant aveuglément aux dangereuses fantaisies de l'empirisme démocratique, aurait-elle pu avoir part à une rénovation sociale ?

L'autre ouvrier de cette rénovation, si elle avait été possible, l'officier, était le seul qui nous aurait inspiré confiance : nos institutions conservatrices des véritables traditions militaires l'avaient sauvegardé contre les influences malsaines, et son dévouement au pays était non seulement sans alliage impur, mais encore sans bornes.

Tout en nous faisant entrevoir les bons effets qu'il attendait de la loi de 1889, le colonel Lyautey n'a pu s'empêcher de se poser à lui-même un point d'interrogation qui reflétait de sa part quelque souci de l'avenir. « Comme une barre à l'embouchure d'un grand fleuve, a-t-il écrit, le service militaire se dresse désormais devant toute la jeunesse à l'entrée de la vie ; sera-t-il un péril où risqueront de sombrer son corps, son cœur et son esprit, ou sera-t-il l'épreuve fortifiante d'où elle sortira mieux trempée ? »

Les treize années qui nous séparent de la loi de 1889 ne justifient que trop la préoccupation qui troublait le beau rêve du colonel Lyautey. Le *rapprochement de l'armée et de la nation*, tel que cette loi l'a voulu, n'a stimulé le zèle de personne et a compliqué la tâche de l'officier, sans profit sensible pour l'éducation et le dres-

sage du soldat ; la communauté de travaux et de fatigues n'a resserré
aucun lien ; ce qui séparera toujours, plus ou moins, les hommes,
c'est-à-dire la supériorité de l'intelligence et de l'éducation, le rang
social et la fortune, les sépare encore à la même distance ; chacun
garde son état d'esprit et ses habitudes, et la solidarité sociale, ce
résumé de toutes les aspirations modernes, n'a pas fait un pas.
Qu'on ne dise pas que ce tableau est chargé en noir : nous aurions
pu l'assombrir, — nous ne l'avons point fait, — en y ajoutant celui
de la révolte contre la patrie, organisée impunément au grand
jour par ceux qui accusent l'armée de corrompre et d'avilir le soldat.

*
* *

Le parti politique auquel nous devons la loi de 1889 est aujour-
d'hui, chose étrange, le plus acharné à la discréditer ; tous ses
efforts tendent à la remplacer. Il n'est côté faible que l'on n'épie
pour le relever. On va jusqu'à déclarer que cette loi a aggravé, à
certains égards, les dispositions que l'on condamnait dans celle de
1872 ; on se révolte à la pensée que presque les deux tiers du contingent annuel sont astreints à trois ans de service, alors que le
restant ne sert qu'un an ou plutôt dix mois. C'est la répétition des
arguments grâce auxquels on est venu à bout de la loi de 1872. Et
l'on recommence, bien entendu, à mettre l'opinion publique en
avant : c'est elle qui, en présence des exceptions, des contradic-
tions et des inégalités de la loi en usage « réclame une plus équi-
table répartition de l'impôt du sang ; elle veut *l'égalité absolue du
service pour tous les citoyens*. Elle demande une solution qui, tout
en assurant, mieux qu'aujourd'hui, la solidité de l'armée et la
sécurité des frontières, réalise une réduction des charges qui pèsent
sur les travailleurs et qui entravent d'une façon si regrettable le
développement agricole, industriel et économique du pays[1]. »
    La question ainsi posée est celle qui a fait l'objet, pendant trois
séances récentes de la Chambre des députés, d'une des discussions
militaires les plus touffues et les plus incohérentes dont le parle-
mentarisme démocratique nous ait donné le spectacle. On sait
qu'elle a été résolue sous la forme d'une « adhésion au principe du
service de deux ans, réalisé par la suppression de toutes les dispenses », adhésion platonique à laquelle ont participé malheureu-
sement quelques hommes que l'on pouvait croire plus clairvoyants
dans leur dévouement aux véritables intérêts de l'armée. « La
France est, de tous les pays, a dit un publiciste célèbre, celui où,

[1] Rapport sur le budget de la guerre de 1902.

avec le plus d'indépendance dans le caractère, il y a le moins d'indépendance dans la conduite et les opinions. »

La démocratie descend sa pente ordinaire. Son essence est de pousser tout à l'extrême. Ce n'était pas assez de l'obligation générale de servir, il lui faut l'absolue égalité du temps de service pour donner à la *nation armée* sa signification complète. La conséquence immédiate de ce nivellement est l'abaissement de la durée du service à une limite qu'on n'a pas encore atteinte. Les débats de la Chambre sur ce sujet n'ont mis en lumière aucun des grands principes conservateurs des armées, les défenseurs du service de deux ans se bornant, à peu de chose près, à faire montre de chiffres, et leurs rares adversaires se contentant de leur en opposer d'autres.

La logique a été représentée, au milieu de cette triste confusion où l'ignorance le disputait à l'inexpérience, par cette déclaration catégorique d'un député socialiste : « Quand je propose une réduction, toute la réduction possible du service militaire, c'est pour préparer la transformation de notre politique offensive en une politique défensive... Il s'agit, non pas d'obtenir des rengagements pour maintenir et fortifier l'institution de l'armée permanente, mais de transformer progressivement, et le plus rapidement possible, l'armée permanente en une milice nationale sédentaire... Nous croyons que la réduction du service militaire est un moyen de transformation par lequel il nous faut passer..., en attendant que l'opinion publique nous oblige à créer le service d'un an, qui sera un nouveau pas dans les étapes successives que nous devons parcourir pour conjurer le danger du militarisme. » Ce qui revient à dire : « Choisissez le parti qui vous convient, quel qu'il soit, il aboutira à notre objectif : la destruction de l'armée. »

Tel est le dernier terme des compromis successifs par lesquels les représentants de la France ont abandonné le véritable terrain de la défense nationale pour se mettre à la remorque des ennemis de l'armée. Nous ne dirons pas quel châtiment, mais quelle angoisse, pour quelques-uns d'entre eux, d'être réduits à choisir entre le service de deux ans sans dispenses et celui d'un an avec 200,000 rengagés, entre la solution de la nation armée, qu'on offre en appât au peuple, et une autre qui repose sur des prévisions sans fondement sérieux ! Qu'est-ce donc si ce n'est — qu'on nous permette l'expression — la carte forcée ?

Ce qu'il aurait fallu répondre aux tristes calculateurs qui tiennent entre les mains les destinées de l'armée, c'est que l'égalité absolue dans le temps de service actif n'est pas nécessairement un facteur de la puissance militaire. L'obligation générale du service, dont les masses ont le sentiment et qui se résume par ces mots :

« il faut que tout le monde serve », n'a point pour corollaire indispensable que chacun doit servir exactement le même temps. Pour constituer sa force armée avec l'aide de tous les citoyens valides, un gouvernement tire parti des éléments qui s'offrent à lui, le mieux qu'il peut, c'est-à-dire en cherchant à égaliser les charges autant que possible, mais c'est tout. S'il lui convient, par exemple, de libérer avant l'expiration du temps de service régulier les jeunes gens qui, grâce à leur culture intellectuelle et à leurs aptitudes physiques, peuvent acquérir de bonne heure l'instruction militaire requise pour faire un soldat, négligera-t-il le moyen de les rendre à la vie civile et aux carrières libérales qui les attendent, dans le but de ne pas choquer le sentiment égalitaire?

Tromperait-on quelqu'un en inscrivant cette disposition dans la loi? A qui ferait-on tort en l'appliquant?

Qui donc ignore que l'égalité n'est nulle part? Elle n'existe pas plus dans l'armée qu'ailleurs. Tel soldat est fantassin, tel autre cavalier, tel autre secrétaire; l'un vit en garnison près de son foyer natal, l'autre sert en campagne au loin. Tout récemment, les sénateurs, — s'en sont-ils doutés? — ont introduit dans la loi sur l'avancement, du maréchal Soult, une modification dont l'effet est de violer l'égalité qui leur est chère; ils ont voté, en effet, que les militaires ayant justifié avoir acquis avant leur incorporation la pratique de certains exercices susceptibles de faciliter l'instruction militaire, pourront être nommés caporaux ou brigadiers après quatre mois de service. En vain, M. le général Billot et M. le vicomte de Montfort ont fait ressortir, en soldats expérimentés et convaincus, que ce changement établissait, dès le jour de l'incorporation, deux catégories de soldats, dont l'une privilégiée : les sénateurs n'ont rien voulu entendre; leur siège était fait [1].

Si, aujourd'hui, on songe à introduire l'égalité du temps de service, non seulement dans le texte de la loi, mais dans son application, en alléguant qu'elle répond aux aspirations des masses de la démocratie, ce n'est donc point pour fortifier l'armée, comme on ne cesse de le répéter, mais pour avoir le moyen, — il n'y en a point d'autres, au point où nous en sommes, — de réduire la durée du service. Mais, quoi qu'on fasse, l'égalité que l'on poursuit restera à l'état d'inscription au fronton de l'édifice nouveau de la *nation armée*.

---

[1] Aucun doute n'est possible sur le but de ce changement; il a été indiqué en ces termes par le ministre de la guerre lui-même : « J'estime qu'il est indispensable d'encourager *par tous les moyens à votre disposition* l'existence et le développement de ces *sociétés de gymnastique et de tir qui contribuent à la grandeur du pays.* » Que de réflexions appelle cette explication!

Bien que le plus souvent, rien n'arrête nos législateurs dans la voie des réformes, ils se heurteront malgré eux à des difficultés qui mettront en évidence l'oubli des principes auquel ils se laissent aller. On verra ainsi jusqu'à quel point se présente, dangereusement compliquée, la solution à donner aux questions, entre autres, de la suppression des dispenses et de l'emploi d'hommes du service auxiliaire, mesures auxquelles on propose de recourir pour assurer l'équilibre d'effectif du régime de deux ans.

Sait-on comment on a envisagé jusqu'ici cette question de la suppression des dispenses, pour la faire servir à réaliser le service de deux ans? On déclare que les dispenses, dites de droit, sont plutôt fondées sur des traditions et des raisons de sentiment que sur une véritable nécessité. Or, quels sont les dispensés de droit? Citons-en quelques-uns : l'orphelin de père et de mère, le fils unique d'une veuve ou d'un père aveugle ou septuagénaire, le fils unique d'une famille de sept enfants, le frère d'un soldat retraité pour blessures, etc. Cette catégorie, que la loi de 1872 dispensait du service d'activité en temps de paix, que la loi de 1889 astreignait à un an seulement, serait soumise à deux ans de service. La mesure intransigeante qui supprimerait les autres dispenses (dispenses conditionnelles) serait encore plus grave; elle compromettrait les intérêts économiques et l'essor intellectuel de la France. En résulterait-il quelque avantage pour l'armée? Aucun, si ce n'est celui de l'augmenter de quelques milliers de soldats, car ce ne sont pas les jeunes gens dont on interromprait aussi intempestivement la carrière libérale qui feraient de bons sous-officiers. Voilà où mène la rage d'égalité des sectaires.

Quant à l'expédient qui consiste à prendre sur les hommes du service auxiliaire les 40,000 à 50,000 hommes nécessaires pour parfaire l'effectif de la défense nationale, il en a été fait justice en règle, dans une des séances de la discussion du budget, mais on est bien capable d'y revenir.

Si on ne comble pas le déficit avec des hommes du service auxiliaire, il faudra recourir à des engagements et rengagements; or, lors de la discussion du budget, un député a affirmé que, pour appliquer la loi de deux ans, le ministre de la guerre avait demandé au Sénat 34,000 de ces engagements et rengagements et en outre 14,000 sous-officiers rengagés. Mais y songe-t-on? On revient à une véritable armée de métier, comme noyau de l'armée de la France, conception aussi éloignée que possible des vues de la démocratie.

Jamais le service militaire à court terme ne résoudra la question du recrutement des sous-officiers en son entier et conformément aux

intérêts de l'armée, même au prix des plus grands sacrifices. Les
statistiques les plus scrupuleuses et toute l'arithmétique que les
membres du Parlement mettent au service de leurs convictions, ne
prévaudront pas contre la force des choses : on n'obtiendra pas
de sous-officiers en nombre suffisant à beaucoup près, ou bien si on
réalise le nombre, la qualité moyenne sera médiocre, ce qui est
très grave.

C'est au moment où les sous-officiers nous font défaut (le déficit
actuel dépasse 5,000) que la commission du budget fait allusion à
la possibilité de revenir — dans une très faible mesure, il est vrai,
— à l'ancien recrutement direct des officiers par le rang[1]. Rien de
mieux... avec le service à long terme, et après avoir supprimé
Saint-Maixent. C'est avec une réelle satisfaction que nous rever-
rions parmi nous ces bons serviteurs dont nous avons apprécié
souvent la forte trempe et l'esprit militaire. Mais nous ne croyons
pas à ce retour vers le passé : il ne s'agit que d'une démonstration
platonique.

Un dernier emprunt au rapport sur le budget de la guerre. Pour
nous rassurer sur les effets de la réduction du temps de service,
on déclare que le soldat de deux ans « ne sera *jamais* distrait de
l'instruction ». Quel sort auront donc, avec la loi de deux ans, les
nombreuses permissions accordées tous les ans aux soldats au
moment de la moisson et des vendanges? C'est un moyen incontes-
table de mettre en contact le soldat et le citoyen, de rapprocher le
soldat de son foyer. Nous sommes curieux de savoir si on renon-
cera à une pratique à laquelle on a paru tenir beaucoup jusqu'à
présent...

Nous n'irons pas plus loin dans nos remarques sur la loi de
deux ans. Bien qu'elle n'existe encore qu'à l'état d'affiche électorale, nous avons tenu à relever quelques-unes de ses dispositions
essentielles, telles qu'elles ressortent des récents débats parlementaires; elle ne pouvait manquer, en effet, à cet exposé, si rapide
qu'il soit, des régimes de recrutement qui se sont succédé en
France depuis 1818; si elle n'est pas elle-même le couronnement
de l'édifice démocratique, il est probable qu'elle le préparera.

Dans cette période de quatre-vingt-quatre ans, le principe du
service obligatoire, universel, a subi une éclipse de dix-sept années

---

[1] « Pour ouvrir aussi largement que possible l'accès à l'épaulette, pour
rester dans la formule traditionnelle : « Tout soldat a dans sa giberne le
« bâton de maréchal », nous ne verrions que des avantages à ce qu'on
admit, sous certaines réserves, et en exigeant certaines conditions d'ancien-
neté ou de campagne, la possibilité pour un sous-officier d'être nommé
sous-lieutenant directement, sans passer par une école. »

(1855-1872), et a reçu des applications de plus en plus étendues, dont les noms de Gouvion Saint-Cyr, Soult, de Cissey et de Freycinet marquent les étapes. La loi de demain, caractérisée par l'égalité du temps de service, tendra-t-elle les ressorts du principe jusqu'à les rompre? C'est ce que l'avenir nous dira; mais, dès à présent, notre patriotisme nous fait un devoir de mettre en lumière, jusqu'au bout, tout ce que cache l'aphorisme : « L'armée, c'est la nation. »

*
* *

Faire de la nation l'armée, tel est donc le but que la démocratie poursuit sans relâche.

Les principales institutions militaires qui ont soutenu l'armée jusque dans ces dernières années, et dont quelques-unes remontent au maréchal Soult, lui ont laissé une forte empreinte, très gênante pour cette entreprise.

L'officier est, naturellement, le bouc émissaire des réformateurs; c'est sur lui qu'ils font porter leurs principaux efforts de changement.

Voici quelques traits de l'officier nouveau, tels que nous les trouvons indiqués dans le rapport sur le budget de la guerre de 1902 : « Le corps d'officiers doit se pénétrer des sentiments mêmes du pays, vivre de sa vie et s'adapter à son organisation politique et sociale. » Il faut que dans les Écoles les officiers reçoivent « des notions philosophiques et sociales suffisantes pour les obliger à réfléchir, à comprendre l'évolution de l'humanité ». L'enseignement scientifique et l'enseignement théorique et pratique doivent être complétés par « un enseignement humain ».

On se fera une idée encore plus exacte de ce que l'on attend des officiers par l'extrait suivant du rapport fait à la commission de l'armée sur les retraites anticipées. La vie de l'officier d'aujourd'hui y est opposée à celle de l'officier de demain. Le tableau de ces existences dissemblables vient à la suite de considérations sur les inconvénients pour l'armée et la nation, de la « contrainte morale » dont souffrent les officiers qui, ayant des motifs personnels, très sérieux, de quitter l'armée, y restent pour ainsi dire malgré eux, afin qu'on ne les suspecte pas d'être de mauvais citoyens, ce qui aurait pour effet de les empêcher de trouver une situation dans la vie civile :

« En retenant à l'armée des hommes qui, à un instant déterminé, veulent reprendre leur indépendance pour porter ailleurs leur activité individuelle et leur action personnelle, on désoriente

les forces utiles et on ne garde que des valeurs amoindries, des
caractères chagrins, des esprits amertumés.

« L'officier reste ainsi lié pour toute sa vie à une obligation
unique, irréductible, vivant dans un état particulier et se cristalli-
sant dans une fonction qui sera, quoi qu'il veuille et quoi qu'il
puisse souhaiter, celle qu'il devra toujours remplir. De là, d'abord,
un certain désintéressement de la chose publique, puis une irrita-
tion agressive et bientôt une hostilité qui, sans servir les intérêts
de l'armée, nuisent au bien de la nation. Il faut supprimer ce
fakirisme dangereux, faire entrer dans le grand courant de l'activité humaine ces forces immobilisées. Il faut relâcher ce lien qui
bride trop étroitement les initiatives et les intelligences et leur
donner la disposition de leur force librement utilisée. Il y a là,
évidemment, une dernière barrière dressée entre l'armée et la
démocratie, qu'il faut faire tomber.

« Il faut transformer la vie de l'officier. Jusqu'ici, son existence
est exclusivement *professionnelle ;* elle se développe presque sans
aucune pénétration avec la vie sociale, généralement ignorante des
manifestations civiles. Le résultat est une espèce de corps fermé
qui vit en lui-même et par lui-même, dans un état permanent et
définitif qui ne prend fin pour l'officier qu'à l'expiration de sa vie
active, par cette sorte de « vœu » qui l'attache à la vie militaire.
En maintenant dans cette forme le commandement, on consolide
l'ancien esprit particulariste, alors qu'il faut, au contraire, faire
disparaître tout ce qui peut singulariser l'armée dans la démocratie.
Ce sont, en effet, deux forces qu'il faut aujourd'hui étroitement
associer ; elles le sont déjà par le service général personnel et
obligatoire ; elles le seront de façon plus complète quand l'état
d'officier aura été modifié, dans son intérêt, d'ailleurs, de façon à
le rapprocher de la démocratie. »

Un bien petit nombre d'officiers, croyons-nous, parmi ceux qui
subissent « la contrainte morale » dont il s'agit, pourraient se
retrouver dans ce portrait de l'officier d'aujourd'hui. Tant pis pour
ceux qui s'y reconnaîtraient, surtout pour ceux dont les regrets
iraient jusqu'à l'hostilité contre la chose publique. Mais qu'est-ce
que le fakirisme et l'état actuel des officiers peuvent bien avoir de
commun ? Pourquoi mêler à une peinture de l'état moral des
officiers une figure de cet hyperbolisme ? Laissons le fakirisme aux
fakirs et restons dans la question. La considération relative à la
vie de l'officier « jusqu'ici professionnelle », et qu' « il faut
transformer » mérite sérieusement notre attention.

La guerre, à la fois art et métier, est devenue très complexe ;
l'officier, c'est-à-dire l'instrument qu'on emploie pour la faire, ne

peut donc être qu'un *professionnel*. L'éducation et l'instruction
militaires que l'officier reçoit dans les écoles en font un homme
spécial, propre non seulement à former pour la guerre les contin-
gents successifs, mais aussi à participer à l'action du commandement et de l'administration des troupes, aux divers échelons. A
chaque échelon, le supérieur instruit l'inférieur. Par son travail
journalier, l'officier étend sans cesse l'acquis militaire qu'il doit à
l'école. Il a le loisir de s'occuper d'autres études, s'il lui convient
de s'y livrer. A quelques-uns, l'École supérieure de guerre permet
d'élever le niveau de leurs connaissances. L'officier n'exerce pas
ses droits politiques. Par ses fonctions, il peut avoir des rapports
avec les représentants de l'autorité civile; ses relations privées
avec les membres de la société civile sont constantes.

Telle est, — en raccourci, — telle doit être la vie de l'officier
sous tous les régimes. Il n'en est peut-être pas de plus intéressante,
grâce aux devoirs qui y tiennent une large place. Les reproches de
manque de pénétration de l'officier par la vie sociale, d'ignorance
des manifestations civiles, d'esprit particulariste, de singularisation
dans la démocratie, témoignent surabondamment qu'elle a résisté
à l'invasion de la politique, qu'elle est restée, — heureusement, —
professionnelle.

C'est à ce caractère professionnel que l'armée doit d'être une
école d'ordre, de moralité, de discipline, de respect de l'autorité;
l'*esprit militaire* ne vivifie pas les armées qui en sont dépourvues.

Dégagé de tout ce que la passion révolutionnaire y met du sien
avec une insigne perfidie pour l'obscurcir et en faire un épouvan-
tail, l'esprit militaire est, par rapport aux personnes, le sentiment
intime et raisonné des devoirs qu'impose une respectueuse sou-
mission à ses supérieurs, une franche camaraderie vis-à-vis de ses
égaux, une bienveillance pleine de sollicitude à l'égard de ses
subordonnés. Envisagé au point de vue de la destination de
l'armée, c'est-à-dire de la raison d'être de son existence, l'esprit
militaire est caractérisé par un dévouement absolu au drapeau, qui
est l'emblème, non de telle ou telle forme de gouvernement, mais
celui de la patrie commune, de la France. Sous ce rapport, il
personnifie le sentiment national.

Pour le soldat, l'esprit militaire est dans l'obéissance aux ordres
du supérieur, dans la confiance que celui-ci inspire, dans le culte
du drapeau poussé jusqu'au sacrifice suprême.

L'esprit militaire, qu'il ne faut pas confondre avec l'esprit de
corps ni avec l'esprit guerrier, est dans le tempérament français;
c'est à la fois un pacte avec l'honneur, un stimulant du courage
personnel et un sûr garant de la discipline. Lorsque les mœurs de

la nation s'en accommodent ou se l'assimilent, c'est un signe certain que l'armée est forte. L'esprit militaire trouve dans l'armée les éléments qui lui conviennent pour se développer; il ne se communique pas de la nation à l'armée; aussi s'affaiblit-il quand la nation devient l'armée, ou même disparaît-il tout à fait. Sur ce point, les témoignages de l'histoire sont irrécusables; mais comme ils prêtent, malgré tout, à des interprétations variées, l'opinion des ennemis de l'armée est peut-être encore plus décisive. Voici celle d'un des hommes qui ont sincèrement détesté le professionnel militaire, d'un rhéteur consommé dans l'art de parer de fleurs la coupe empoisonnée des doctrines révolutionnaires, mais qui à l'occasion, pour les besoins de la cause politique qu'il plaidait, savait rejeter les artifices de langage; au lendemain de Sadowa, à la tribune du Corps législatif, il appuyait ainsi la présentation d'un projet d'organisation militaire opposé à celui du gouvernement : « Quand je dis que l'armée que nous voulons faire serait une armée de citoyens et qu'elle n'aurait à aucun degré l'esprit militaire, ce n'est pas une concession que je fais, c'est une déclaration, et une déclaration dont je suis heureux, car *c'est pour qu'il n'y ait pas en France d'esprit militaire que nous voulons avoir une armée de citoyens* qui soit invincible chez elle et hors d'état de porter la guerre au dehors. » Un député s'étant écrié : « Il n'y a pas d'armée sans esprit militaire, » il lui répondit : « Vous me faites l'honneur de me dire qu'il n'y a pas d'armée sans esprit militaire. Je comprends parfaitement votre interruption. S'il n'y a pas d'armée sans esprit militaire, je *demande que nous ayons une armée qui n'en soit pas une.* » Après un incident de séance, il acheva, en ces termes, de formuler son opinion : « C'est précisément pour ne pas avoir une armée dans le sens qu'on attache à ce mot, c'est-à-dire une armée ayant l'esprit militaire, que nous demandons, sans ambages, de *supprimer l'armée permanente et d'armer la nation entière.* » Jamais définition plus lumineuse n'a été et ne sera donnée de la *nation armée :* nous la devons à M. Jules Simon[1].

On confond souvent, volontairement ou non, les erreurs, les préjugés et les abus inhérents aux institutions militaires et aux mœurs de la nation, avec l'esprit militaire lui-même. Pour ne citer que deux exemples : l'esprit de caste chez les officiers, avant la Révolution, et l'esprit particulier résultant du remplacement dans

---

[1] Quoique l'on puisse assez facilement citer Jules Simon contre lui-même, il n'en reste pas moins à nos yeux un des plus dangereux ennemis de l'armée.

la loi de Gouvion Saint-Cyr, étaient indépendants de l'esprit militaire, mais ils ont réagi sur cet esprit.

Il existe donc un esprit militaire qui est de tous les temps et régit toutes les armées, aussi bien celles que l'on appelle armées de métier que celles dont le service universel est la base. Qu'il soit sujet à excès, nul ne le conteste. Ses qualités mêmes, en pareil cas, sont la source d'inconvénients ou de dangers. Il peut devenir alors, comme le disait, en 1855, M. de Montalembert, exclusif et oppressif. Nous ne développerons pas davantage ce thème; c'est une besogne dont ceux qui professent la haine de l'armée se chargent tous les jours, en recourant, il est vrai, le plus souvent, à de pitoyables sophismes ou en dénaturant l'histoire, ou encore en s'abritant derrière quelque penseur que son exécration pour la guerre entraîne à condamner jusqu'aux nobles vertus qui croissent à l'ombre du drapeau.

Mais un espion jaloux, que nous connaissons bien, est là, côte à côte, pour ainsi dire, avec l'esprit militaire, toujours prêt à entrer en rivalité avec lui, à lui faire contrepoids, à l'empêcher de déborder : c'est l'esprit que nous infuse la société civile; en un mot, *l'esprit civil*. Suivant les régimes politiques et sous un même régime, suivant les hommes qui le représentent, suivant, aussi, les passions du moment, la prédominance de l'un ou de l'autre de ces esprits se fait plus ou moins sentir. Il est triste d'être obligé d'ajouter que leur pondération raisonnable est presque une chimère. Cependant, l'armée organisée par le maréchal Soult, telle qu'elle existait encore au moment de la campagne de Crimée, a vu se réaliser, jusqu'à un certain point, cet équilibre. La loi de 1872 qui inaugura une application plus sérieuse du principe du service personnel nous a valu aussi quelques années pendant lesquelles l'esprit militaire reprit un peu de vie. Quoi qu'il en soit, jusqu'ici, les Etats forts, et par là nous entendons ceux qui ont donné des preuves effectives de leur force, font la part large à l'esprit militaire.

Si l'on est autorisé à dire que le développement exagéré de l'esprit militaire conduit au régime du sabre, on n'est pas moins fondé à prétendre que les exigences despotiques de l'esprit civil peuvent aller jusqu'à ruiner, sinon à ébranler l'armée dans son principal soutien qui est l'esprit militaire. N'est-ce pas à cette extrémité que nous marchons à pas rapides?

Un instant contenu, après nos grands désastres, par le réveil du sentiment patriotique, l'esprit civil s'est bientôt donné libre cours; il n'a pas tardé à s'imprégner d'un esprit encore plus avancé, *l'esprit démocratique*. Cet adjuvant puissant de l'esprit

civil a pour essence, nous l'avons dit, la passion égalitaire d'où
naît la manie outrée, la folie du changement; on lui est redevable
de l'acharnement avec lequel se poursuit l'identification de l'armée
et de la société civile, en un mot, la mise en pratique aussi rigoureuse que possible de l'aphorisme : « L'armée, c'est la nation. »

Faute de pouvoir, dans cette étude, passer en revue tous les
actes ministériels et parlementaires qui portent la marque de ce
dessein prémédité, nous nous bornerons à relever quelques
réformes déjà réalisées et certains changements projetés décelant
ce caractère.

*
* *

Un des premiers traits d'union établis entre l'armée et la nation
a été le recrutement régional qui, en maintenant les soldats du
contingent annuel à portée de leur sol natal, leur a imprimé,
jusqu'à un certain point, le caractère *milicien*. Les exigences de
la mobilisation n'auraient jamais dû l'emporter sur la nécessité
d'éloigner, au moins un peu, le soldat de la sphère de ses intérêts
civils et de ses habitudes. Ce système énerve le commandement
et affaiblit l'esprit militaire, en rendant inévitables les absences
répétées des soldats et en favorisant l'intrusion des hommes politiques dans les affaires militaires.

Non seulement les militaires sous les drapeaux restent soumis à
l'attraction du milieu où ils sont nés, mais par suite de la per-
manence à peu près générale des garnisons, ils sont en rapport
constant avec les mêmes éléments de la population. Le service à
court terme atténue l'action dissolvante de ce contact pour le
le soldat, non pour les officiers et les sous-officiers.

Il s'en faut de peu que la nouvelle réglementation du mariage
des officiers[1] ne les place dans des conditions analogues à celles
des membres de la société civile. La dernière barrière qui les
sépare maintenant est l'obligation, pour les officiers, de solliciter
l'autorisation de se marier; mais, déjà, ainsi que nous l'avions
prévu, un député, pendant les débats sur le dernier budget, a
demandé instamment au ministre de la guerre de la faire tomber.
Dans tous les cas, on ne prétendra pas que les nouvelles facilités
accordées aux officiers, en matière de mariage, aient pour effet
d'introduire dans l'armée des éléments de la société civile plus
relevés que par le passé.

L'empiètement de la société civile sur l'armée se manifeste jusque

---

[1] Cette question a fait, de notre part, l'objet d'une étude publiée dans le
numéro du 25 janvier 1902 du *Correspondant.*

dans les conseils de révision départementaux. Le maréchal Bugeaud trouvait illogique de faire choisir par des civils les soldats qui doivent composer l'armée [1]. Que dirait-il de la disposition introduite dans l'instruction (de 1902) sur le fonctionnement des conseils de révision? Dorénavant, le président de ce conseil (qui est le préfet) pourra autoriser à assister à la visite d'un conscrit son père ou son tuteur, les sénateurs et les députés représentant la circonscription électorale à laquelle il appartient, enfin le conseiller général et le conseiller d'arrondissement du canton dans lequel la révision a lieu. Comme il est difficile d'admettre que ces témoins intéressés ne soient présents que pour rester toujours muets, on peut inférer de cette mesure que l'aréopage auquel est dévolue la mission capitale d'assurer la bonne composition de l'armée, a perdu son indépendance.

En voulant faire du régiment le prolongement de l'école, c'est encore l'élément civil qu'on cherche à insinuer dans l'armée. Des hommes distingués, appartenant à l'élite intellectuelle de la nation, incapables de se laisser diriger par une arrière-pensée politique, enfin n'obéissant qu'à leurs idées généreuses, ont quelquefois, peut-être sans le savoir ou sans le vouloir, secondé indirectement, sous ce rapport, les efforts de la démocratie, en encourageant le développement des conférences dans l'armée sur des sujets étrangers aux matières purement militaires.

Le passage suivant du rapport sur le budget de la guerre de 1902 précise, on ne peut mieux, les bases d'un nouvel enseignement démocratique :

« *Quelques officiers* commencent à comprendre qu'il ne suffit pas d'avoir parcouru chaque jour le programme des manœuvres réglant l'emploi du temps, depuis le réveil jusqu'à la soupe, qu'il y a mieux à faire que de se désintéresser de ce que devient l'homme après cinq heures du soir. *Un courant nouveau s'établit* à ce sujet, bien lentement, il est vrai, mais il existe, et c'est l'essentiel. Il s'accentuera, s'il est encouragé : nous devons l'encourager.

« En dehors des heures d'exercices et d'instruction, il faut occuper l'homme et le distraire, orienter ses vues vers des choses qu'il n'a pas eu occasion d'apprendre et qu'il sera heureux de connaître, parce qu'elles lui seront utiles, une fois rentré dans ses foyers.

« L'autorité militaire doit profiter, à cet égard, de tout ce qui est à sa portée et demander à *l'élément civil* qui l'entoure un concours qui ne fera pas défaut.

---

[1] On sait que sur cinq membres, le conseil de révision n'en compte qu'un, officier général ou supérieur.

« Les Conférences populaires, la Ligue de l'enseignement, les membres de l'Université, les professeurs d'agriculture, tous ceux, et ils sont nombreux, qui se prodiguent pour faire pénétrer l'instruction partout et, avec elle, les progrès qu'elle entraîne, ne marchanderont pas leur concours aux chefs de corps qui le demanderont [1].

« Si, le soir, après la soupe, au lieu de laisser les hommes livrés à eux-mêmes à la merci d'une mauvaise rencontre, d'un entraînement irréfléchi, on leur fournit l'occasion de se réunir et on leur explique, dans des causeries familières, les questions touchant à l'agriculture, aux diverses industries, à l'hygiène, à l'histoire et aux institutions du pays, au *culte qu'ils doivent avoir pour la République*, est-il douteux qu'on les préparera mieux, comme citoyens et comme travailleurs, à l'existence qui les attend à la sortie du régiment?

« ... Ce tribut apporté ainsi à l'instruction de l'armée *mettra davantage en contact les éléments civil et militaire;* l'un et l'autre apprendront ainsi à se mieux connaître et, par suite, à s'apprécier, et de cet échange de relations courtoises naîtra une force nouvelle d'essence essentiellement (sic) démocratique qui fonctionnera, au maximum de rendement, pour la patrie et la République. »

Les véritables intentions de la démocratie sont faciles à démêler sous la trame de ce programme d'emploi des loisirs du soldat. Sincère ou non, la sollicitude qu'on y manifeste pour nos bons troupiers ne nous fait point illusion : l'intérêt qui s'attache à leur instruction générale n'est qu'un prétexte. Dès la caserne, on voudrait initier la jeunesse française à la vie politique, *dans l'ordre d'idées ayant cours.* L'histoire, l'hygiène, les notions agricoles et industrielles sont là pour faire passer le reste..., qui est l'essentiel. Si l'on osait, on demanderait au ministre de la guerre l'entrée libre de la caserne pour ces ligues, ces conférences et ces professeurs dont le concours n'est encore sollicité qu'indirectement.

Depuis la guerre de 1870, ce qu'on appelle généralement la *théorie morale* a pris une extension sérieuse dans les corps de troupe. Comme toutes les parties de l'instruction théorique, la théorie morale est faite aux jeunes soldats d'après des questionnaires établis par le commandant de l'unité (le capitaine dans

---

[1] Une de ces Sociétés organise à ses frais, pour les soldats, des soirées récréatives avec conférences, vues et projections, et envoie même aux corps de troupe le matériel nécessaire. En soi, rien de mieux, en apparence, si les conférences sont libres, les sujets traités instructifs, à la portée des soldats et étrangers à la politique. Mais, dans la pratique, que d'abus à craindre, sans parler des inconvénients du précédent établi!

l'infanterie). Elle embrasse les devoirs généraux du soldat, ses devoirs envers la patrie dont le drapeau du régiment est l'emblème, envers ses chefs, envers ses camarades, enfin envers la population civile. Dans les prescriptions réglementaires relatives à la marche annuelle de l'instruction, on lit ce qui suit :

« En parlant aux jeunes soldats des obligations du service militaire, on saisit les occasions de faire ressortir à leurs yeux la dignité de la profession des armes. On s'efforce de leur inspirer le respect de l'uniforme. On frappe leur imagination en leur citant souvent les hauts faits auxquels les officiers et les soldats de leur corps ont pris part, en leur rappelant des exemples remarquables de bravoure, de discipline et d'abnégation militaires. »

Si on ajoute, à cette théorie morale qui entraîne des interrogations, un cours d'enseignement primaire par unité pour les illettrés, et des cours spéciaux de deux degrés destinés aux gradés susceptibles de concourir pour l'école d'infanterie de Saint-Maixent, on aura une idée de la tâche incombant aux officiers en dehors de l'enseignement technique, théorique et pratique, qui exige un entraînement de tous les instants de la journée depuis l'adoption du service à court terme. On conviendra que le moment est mal choisi pour surcharger à la fois l'officier et le soldat d'un enseignement nouveau dont on n'arrivera pas à démontrer l'utilité. Quant aux soirées, il faut en laisser le plus possible l'emploi à la disposition de ces jeunes gens auxquels on demande, dans la journée, le maximum d'efforts dont ils sont capables.

Quel que soit, d'ailleurs, l'enseignement qu'on juge à propos d'introduire dans les programmes d'instruction en dehors des matières techniques et des théories morales, on n'a qu'à lui chercher une place avant ou après celui qu'on reçoit à la caserne. Il ne faut pas oublier que l'obligation générale du service amenant, — ou étant censé amener, — sous les drapeaux à la fois des hommes instruits, d'autres d'une demi-culture, enfin des illettrés, l'enseignement militaire est le seul qui soit approprié à tous.

Parmi les tentatives de fusion de l'armée avec la nation, une des plus dangereuses pour l'avenir de l'armée est, sans contredit, celle dont l'effet serait de substituer en partie la justice civile à la justice militaire. Depuis la publication de notre étude sur la justice militaire[1], le ministre de la guerre a déposé sur le bureau de la Chambre des députés un projet de loi élaboré par une commission extra-parlementaire, portant réforme du code de justice militaire. De ce projet, nous ne voulons retenir, en ce moment, que les

[1] Voy. le *Correspondant* des 10 et 25 mai 1899.

dispositions qui rattachent, en temps de paix, à la juridiction civile les crimes et délits de droit commun commis par des militaires en dehors de l'exécution du service, à l'exception de ceux qui concernent les voies de fait, outrages et menaces entre militaires présents sous les drapeaux. L'exposé des motifs du projet de loi gouvernemental déposé en 1899, qui a été le point de départ du projet actuel, justifiait cette modification par la considération suivante : « *Alors que l'armée se confond de plus en plus avec la nation elle-même*, ce serait une étrange illusion que de prétendre élever entre la législation civile et la législation militaire une cloison impénétrable. »

En ne faisant pas tomber immédiatement cette « cloison », au cours de la récente discussion du budget, la Chambre a déféré au vœu du gouvernement; elle ne s'est occupée que d'amendements tendant à la suppression des conseils de guerre. Les attaques violentes dirigées contre ces conseils ont révélé une fois de plus la haine farouche de certains hommes pour l'armée. « Nous demandons, — a dit l'un, — la suppression des conseils de guerre parce que leur objet est d'opposer la *société militaire* à la *société civile*, pour dominer et gouverner la société civile... Les tribunaux militaires sont un moyen de faire prédominer l'*autorité militaire* sur l'*autorité civile*, et malgré des déclarations gouvernementales, nous voyons, par le fait des conseils de guerre, la suprématie du *pouvoir militaire* sur le *pouvoir civil* se développer dans *notre République* et la mettre en danger. » Un autre, aussi radical dans le fond, mais plus avisé dans la forme, réclame pour le soldat « les garanties de la justice ordinaire », quoique « insuffisantes même pour les citoyens restés dans la vie civile ». Un troisième prétend qu'après le vote de la loi de 1889, les conseils de guerre sont un anachronisme : « Depuis cette date, les armes ont cessé d'être un métier pour devenir une *fonction sociale* que doivent remplir tous les citoyens. » Le même a demandé à mettre notre législation militaire en harmonie avec l'*évolution sociale*. Oh ! la phraséologie démocratique ! Nous voilà loin, décidément, de recueillir les fruits précieux du régime du service universel, loin d'assister à la réconciliation des partis au sein de l'armée transformée en éducatrice nationale !

Nous avons déjà exposé dans cette Revue les considérations qui motivent une justice spéciale pour l'armée. Nous n'y reviendrons pas. Signalons seulement, parmi les motifs invoqués dans le projet gouvernemental pour soumettre, dans des cas déterminés, les militaires à la loi commune, ceux d'après lesquels ils ne cessent pas, sous l'uniforme, d'être des citoyens. La meilleure preuve que sous les drapeaux ils perdent cette qualité, c'est qu'ils n'y jouissent pas de leurs droits politiques, et ne participent pas à toutes les obligations imposées aux autres membres de la société civile.

La tendance à distinguer l'homme de l'officier, afin de resserrer le lien qui rattache le premier à la société civile, se révèle, plus ou moins ouvertement, dans un certain nombre de propositions inscrites au rapport du budget de la guerre de 1902, dans celle, entre autres, qui concerne les congés de longue durée sans solde, destinés à faciliter les retraites anticipées. Tout le monde est à peu près d'accord sur l'utilité de ces retraites qui fournissent à un certain nombre d'officiers les moyens de se créer, en temps opportun, une situation honorable dans la vie civile[1]. Mais ce n'était pas encore assez, paraît-il, pour réaliser « *l'association étroite de l'officier et de la démocratie* ». Le rapport du budget de la guerre demande encore, en faveur des officiers aspirant à la retraite anticipée, des congés de trois ans au plus sans solde, afin de leur permettre de « *s'essayer dans la vie civile* » avant de prendre une détermination définitive. Ces congés ne s'obtiendraient qu'après huit ans de service, la retraite anticipée à partir de douze ans; les titulaires seraient remplacés dans les cadres où ils pourraient, d'ailleurs, reprendre leur place avant l'expiration des trois ans. Il est peu probable que tous les officiers appelés à jouir de ces congés renonceraient à rentrer dans l'armée; un certain nombre d'entre eux seraient réintégrés dans les cadres, ce qui suffirait pour entretenir un va-et-vient continuel entre le régiment et la vie civile. Les officiers et ceux qu'ils ont mission d'instruire et de former en souffriraient également, et l'esprit militaire n'aurait qu'à y perdre.

Parmi les propositions déposées en germe dans le rapport sur le budget de la guerre et dont on peut toujours redouter l'adoption à bref délai, parce qu'elles cadrent avec les conceptions démocratiques déjà arrivées à éclosion, celle qui vise la suppression du Prytanée militaire de la Flèche et des écoles d'enfants de troupe, est bien faite pour nous alarmer. Tous les groupements d'enfants et de jeunes gens recevant dans ces écoles l'éducation militaire professionnelle et soustraits, jusqu'ici, dans une large mesure, à l'influence de l'esprit civil, seraient noyés désormais dans la masse de la nation. Aux élèves du Prytanée, on accorderait la gratuité des frais d'étude ou des bourses ou demi-bourses dans les lycées

---

[1] On peut objecter que ces retraites constituent un encouragement aux démissions, mais cet inconvénient ne serait sérieux que si on les multipliait à l'excès.

et les collèges; aux élèves des écoles d'enfants de troupe, on
assurerait, de différentes manières, la gratuité de l'enseignement
primaire supérieur ou de l'enseignement dans les écoles professionnelles pratiques, ou même de l'enseignement secondaire.

Pour demander la suppression des écoles d'enfants de troupe,
le rapport s'appuie sur ce qu'on ne s'y « spécialise » plus pour le
métier militaire. S'il en est ainsi, que ne cherche-t-on à revenir à
la spécialisation? Ne serait-ce pas plutôt que là, comme ailleurs,
on vise à l'éviter?

Cette opinion se fait jour dans le rapport par la considération
suivante, tristement significative : « La démocratie ne saurait être
dans son rôle, quand elle cantonne les enfants dans la carrière
suivie par leur père. »

Ainsi, on cherche à atteindre, du même coup perfide, les parents
et leurs enfants. Les familles militaires sont gênantes; elles donnent
à la profession des armes, des recrues précieuses qui ont, selon
l'expression du général Trochu, « la vocation transmise, la seule
ordinairement qui ait la fixité et la durée, la seule qui résiste aux
déceptions, aux dégoûts, aux épreuves qu'il faut, à certaines heures,
subir dans toutes les professions ». Les bonnes traditions d'esprit
militaire dont ces jeunes gens héritent de leurs parents se main-
tiennent, même se fortifient au Prytanée : on voudrait les remplacer
par la camaraderie du lycée [1].

Dans sa répugnance pour la spécialisation militaire, la commission du budget de 1902 va jusqu'à combattre la création d'écoles
professionnelles de sous-officiers que réclamait la commission de
1901. La raison qu'elle en donne, à savoir que le régiment est la
seule et vraie école de sous-officiers, n'a rien de décisif [2]. La composition des deux commissions, au point de vue des opinions
politiques explique, d'ailleurs, la dissemblance de leurs vues sur
ce sujet. Celle de 1902 est la plus avancée qu'on ait eue jusqu'ici;
aucune de ses devancières n'a recherché d'aussi près l'association
de l'armée et de la nation.

---

[1] « *Faites des familles militaires,* en les honorant, en soutenant celles qui
ont besoin d'assistance, en rendant facile à toutes l'accès de vos écoles
qui, vous ne tarderez pas à le reconnaître, sont absolument insuffisantes
pour répondre aux besoins de l'énorme organisme militaire dont vous
cherchez à condenser les éléments. » (Général Trochu, *Œuvres posthumes.*)

[2] Soit dit en passant, une école de sous-officiers, organisée à Saint-
Maixent, aurait beaucoup mieux servi les intérêts de l'armée qu'une
école d'officiers, de niveau inférieur, que la démocratie, pour ce motif,
devait fatalement, un jour ou l'autre, opposer à Saint-Cyr avec le secret
espoir de les fondre en une école unique.

*
* *

Le dernier terme du fusionnement de l'armée et de la nation auquel tendent les efforts de la démocratie est fatalement la *milice* provinciale de l'ancien régime. Aussi, de toutes parts, entend-on ce cri d'alarme : « Nous retournons aux milices ! » Criminels ceux qui s'obstinent dans la voie qui nous y conduit. Si l'on pouvait douter du résultat définitif, on n'a qu'à recueillir, à cet égard, les témoignages des ennemis ouverts de l'armée. L'un d'eux, dont nous avons déjà reproduit quelques déclarations dépouillées d'artifice, a étalé récemment son jeu tout franc sous les yeux de ceux qui rusent : « Nous ne concevons pas, a-t-il dit à ses collègues de la Chambre, la réduction du service comme vous; nous la concevons comme une préparation, rendue par nos mœurs inévitable, à la transformation nécessaire de l'armée permanente en milice nationale sédentaire... Le but que nous nous proposons, c'est d'armer la nation entière... *Nous voulons que toute distinction entre les citoyens et le soldat, entre l'armée et la nation, disparaisse*, qu'il n'y ait plus que des citoyens armés, instruits et organisés par cette transformation de l'armée permanente en une armée civique et sédentaire, organe non plus du militarisme et d'une politique agressive et belliqueuse, mais organe d'une démocratie républicaine et de sa politique défensive et pacifique. »

Voilà comment les parties d'extrême avant-garde continuent à remplir, vis-à-vis du gros des troupes réglées de la démocratie, l'office d'enfants perdus.

Et la manœuvre réussit et, tandis que nous restons désarmés devant ce débordement d'esprit démocratique trop souvent favorisé par la complicité du pouvoir et par des actes ministériels, non seulement on continue à répéter avec emphase : « L'armée, c'est la nation », mais on s'efforce, avec une ardeur croissante, de parachever leur union.

Eh bien ! non, *l'armée n'est pas, ne doit pas être la nation.* Plus elles se confondront, et plus l'armée, nous l'avons montré, s'éloignera du type à réaliser pour le salut du pays. Saint-Just, sectaire plein de fiel, ombrageux s'il en fut vis-à-vis du « militaire », disait, lui aussi : « On ne saurait trop identifier les gens de guerre au peuple et à la nation. »

La vérité est que l'on considère la nation comme l'obstacle par excellence à opposer au développement de l'esprit militaire et aux desseins qu'on le soupçonne d'inspirer. Une telle défiance est dans l'esprit du gouvernement démocratique. Billaud-Varennes l'a traduite sans périphrase dans un de ses rapports rédigés au nom du Comité de Salut public : « Cette masse imposante et compacte du peuple sera, *dans tous les temps*, l'unique contrepoids propre à balancer les dangers de l'ascendant que donne le commandement militaire. »

En transportant l'armée dans la nation, la démocratie sert donc avant tout son ambition politique ; à force de vouloir l'armée aussi peu gênante que possible, elle perd de vue les intérêts de la défense nationale et finira par nous démontrer elle-même qu'elle est impuissante à organiser l'Etat militairement.

Il devient de plus en plus manifeste que le service universel, à court terme, appliqué intégralement et aggravé par une chimérique et dangereuse égalité, ne peut que conduire à une concentration intensive de toutes les forces vives de la nation, non seulement hors de proportion avec les besoins de la défense nationale, mais nuisible à ses véritables intérêts.

C'est plus qu'un sacrifice, c'est un vaste système d'oppression que l'on a réussi à faire accepter de la nation, en l'égarant sur le but que l'on se propose ; il se justifierait peut-être par la guerre, par la grande guerre, mais on ne la fait pas et on ne veut pas la faire. Il n'est que temps, pour les représentants de la France, d'arrêter les progrès de cette audacieuse mainmise d'un parti politique sur notre patrimoine militaire.

Général Bourelly.

Working Men
and War
by
Thomas Burt

WORKING MEN AND WAR.

IT is clear that a great increase of political power will ere long be vested in the hands of the working men of the country. The Reform Bill of 1832 was a middle-class measure ; that of 1867 enfranchised large numbers of the artisans and labourers of the towns; and the coming Reform Bill, for which the country is ripe, and which the present Government will probably pass into law, will give votes to vast numbers of the agricultural labourers, miners, and other classes of working men in the counties. When that is accomplished, the " giant democracy "—to use a phrase of Cobden's—will have well-nigh reached his full stature, and the masses of our countrymen may, if they choose to use their power, make their wills supreme in the government of our wide empire. Many of the persons who will then be entitled to an effective voice and vote will be almost new to the duties and responsibilities of political life. Their circumstances and training, their habits and traditions, will be very different from those of the majority who have heretofore possessed the franchise. This prospective change—vast enough to be termed a revolution—excites the hopes of many and the fears and forebodings of not a few. What effect will this influx of new voters have upon political affairs, and especially upon the foreign policy of the future? Will the newly enfranchised electors vote in crowds? will they think alike, or will they think at all, on questions of foreign policy? Or, regarding foreign questions as too complex and intricate, too remote and abstract, for their comprehension and decision, and caring only for their material interests— their wages and conditions of labour—will they leave the conduct of our foreign relations entirely in the hands of sovereigns and states-men, of diplomatists and plenipotentiaries? In a word, will the old lines of our traditional foreign policy be strictly followed, or will that policy be reversed or profoundly modified, when the new heirs come into possession of their inheritance?

In attempting to answer such questions it may be well to re-member how seldom either the hopes of the friends, or the fears of the enemies, of great reforms are realised. Viewed in the light of history, how ridiculous now appear the vaticinations of Lord Eldon, Sir Robert Inglis, and other anti-reformers during the debates on the first Reform Bill! That Bill was declared to be utterly revolutionary in its provisions and its tendencies. The prerogatives of the Crown and the privileges of the nobility would be, it was said, swept away at once by the reforming zeal of the new House of Commons. The whole framework of society would be unhinged, and the monarchy and the British Constitution itself would be overthrown and destroyed by this extreme and dangerous measure. Scarcely less extravagant were the predictions of the opponents of the last Reform Bill. Henceforth, it was contended, the House of Commons would be crowded with delegates and demagogues; the artisans of the towns would use their newly acquired power to pass measures in their own interests without regard to the rights and liberties of the rest of the community. Yet we find that every well-founded right and liberty is just as sacred and secure as in any previous period of our history; the monarchy and the peerage still survive, though Gatton and Old Sarum long ago ceased to send representatives to the House of Commons. This ought to reassure our modern Cassandras and teach a wholesome lesson of caution to the evil prophets of our own day. Warned by these examples I shall not venture, on a question which is essentially speculative, either to dogmatise or to prophesy. I shall rest satisfied with giving the best forecast I can of the probable foreign policy of the future, together with the reasons upon which my opinions and conjectures are based.

I may say at once that I do not myself anticipate any very immediate or decided change in our foreign policy as a result of an extended franchise. The future Democracy will not, I think, be absolute non-interventionists; I feel sure they will not be brawling Jingoes or aggressive Imperialists. But, though they will not be utterly opposed to war in every case, they will, I believe, demand much stronger and clearer reasons for armed intervention in the internal affairs of other countries than have sufficed in the past. It will hardly be denied that our foreign policy is already undergoing considerable modifications. To have strictly carried out our traditional practice we should, under the late Government, have been embroiled in a great European war. A vigorous attempt was made by great scenic exhibitions and in other ways to kindle the war spirit. But to appeals and taunts alike the nation turned a deaf ear. The general tendency of the age, indeed, is towards juster and more humane views of the relationship between man and man, and between one nation and another. The forces and tendencies that make for peace and justice are constantly increasing, and with these forces and tendencies the Democracy—which is indeed itself probably the very fount and source of the new spirit—will certainly sympathize and co-operate.

Industrialism and Militarism are essentially antagonistic. The working class of this country have no great liking for the huge armaments of the Continent. Though fully recognising the need of maintaining order as a prime necessity of civilisation and of society itself, they know that the military spirit is ever anti-liberal, and that its supremacy is utterly inconsistent with true progress and enlightenment. Large standing armies are not only costly and burdensome, but they have been the potent engines which have battered down popular liberties in all countries and in every age.

A peasant population, as a rule, is peaceful and non-aggressive. It has generally been in the large towns, rather than in the provinces, that the people have been smitten with the love of military glory, and that the war-cry has awakened a response. It would seem as if any leadership possessed by the great capitals of the world was fast passing away. Paris is no longer France. London never was England. The great metropolis of the world has not taken the lead in the movements which have given a character to our recent history. It has been repeatedly pointed out how little the ablest London journalists know of the feelings and thoughts which stir the hearts of the masses of their countrymen.

If we look at France under the present Republic, while we may see with regret much that is of doubtful omen in the interest of stable government, the conduct of the peasantry has been in every way admirable. They have been strong exactly where it was supposed they would be weak. The two characteristics which stand out prominently, and which augur well for the future, are these : the peasantry have been determined to attend to their own affairs, and to discountenance foreign entanglements ; and they have been loyal to the principle of representative government instead of accepting the leadership of a popular individual, however eminent his services or however commanding his intellect and ability.

The political action of the English peasantry remains to be tested, but we are not altogether without evidence of their views and feelings on questions of peace and war. When the next Reform Bill is passed the great majority of the newly enfranchised voters will be miners and agricultural labourers. The miners are very public-spirited, and are, in the North of England, at any rate, Radical almost to a man. They have plenty of vitality and they therefore love action ; but they are strongly and nearly unanimously opposed to aggressive war and to a so-called spirited foreign policy. Though I have no claim to speak with authority of the agricultural labourers, I have had some means of forming an opinion concerning them. I have carefully watched their movements ; I have attended and addressed some of their mass meetings, and have associated and held correspondence with their leaders. In common with thousands of their countrymen I rejoiced that, after long ages of disorganization, stagnation, and silence, they at length felt the healthy throb of collective life, and learned to give articulate expression to their wants and their aspirations. From the beginning of their Union there has been the utmost sympathy between the agricultural labourers, the miners, and the artisans of the towns. There is not the slightest evidence that the democrat of the field will differ essentially from his brother of the factory and the mine. At Trades-Union Congresses and other meetings of the kind there has always been the most complete harmony and co-operation. In the subject of peace, the agricultural labourers have ever taken the keenest interest. During the excitement on the Eastern Question, when conferences were held to protest against war, they were always largely represented, and some of the most earnest and stirring addresses were delivered by their delegates. They, indeed, held a conference of their own, which was attended by several hundred representatives, and from which strong resolutions against war emanated. Many of their leaders are members of the Workmen's Peace Society. Mr. Arch, from the commencement of his public career, has been one of the most eloquent and pronounced of the advocates of peace and international arbitration, and there can be no doubt that on this, as on other subjects, he fairly represents the views of his constituents.

The causes of war change from age to age. In earlier times nearly every great war had its origin in religious differences. That cause has now almost wholly passed away. But many of our modern conflicts have been inspired by much meaner and less worthy motives. The great wars of the last hundred years may nearly all be ranged under two or three heads. They have been dynastic; they have been promoted to serve the ambition of sovereigns and privileged orders; or, worse still, they have been prompted by the greed of traders and commercial speculators. Dynastic, like religious wars, will speedily disappear; aristocracies and oligarchies will be less potent in the future; and Mammon,

"The least erected spirit that fell from Heaven,"

wide as his empire is, and many as are his devotees, does not yet, and I trust never will, reckon among his worshippers the working men of Britain. Whatever their faults and failings—and they have both in abundance—the Democracy are never likely to be unduly influenced by mercenary considerations. They may fight for an idea, but they will not fight for territorial aggrandisement or commercial advantages. These causes of war, therefore, are likely to altogether cease to operate, or to operate with constantly diminishing power in the future.

How few of the popular wars within the period mentioned have met with the approval of posterity! John Stuart Mill long ago remarked, "that the time had come when the Democracy of one country would join hands with the Democracy of another rather than back their own ruling authorities in putting it down." A war like the invasion of France to suppress the first French

Republic would be now an impossibility. The Democracy would take their stand by the side of Fox and Grey rather than by the side of Pitt and Burke. That perhaps is not saying much for Democracy, since the very generation that commenced the war, and with whom it was popular, saw on reflection that they had committed a blunder and a crime.

The calm verdict of history has declared that the war then prosecuted was unjust and unnecessary. Almost the only tangible legacy we have from that war and from others which sprang out of it, is an enormous increase of our huge national debt—the " fiscal monster "—which has swallowed up more than two thousand million sterling during the present century.

Our secret diplomacy and the absolute power of the Crown to declare war are viewed with suspicion and disfavour by the radical masses. They will be likely to demand that Parliament shall have a more direct control, so that no aggressive war may be possible without the previous sanction of the representatives of the people. It will not be deemed to be enough for the House of Commons to be asked to vote supplies, or even to have the power to dismiss a Government after the mischief and the wrong have been committed ; but the opportunity of preventing trouble by an effective veto will be demanded by those on whom the burdens and the miseries of war are chiefly thrown. There are, no doubt, great practical difficulties in the way of such a reform. Secrecy and promptness may at times be of vital importance. A country which had to await parliamentary deliberation before any active steps were taken, would, as compared with more despotic countries, be placed at a disadvantage, which might be dangerous, if not fatal. In the United States of America foreign affairs are largely managed by a committee elected by the representatives of the people. The Americans have a yet further guarantee for peace in the fact that a vote of the Senate is necessary before war can be declared. The system has, I believe, worked well in America ; and it might be possible, by adopting something similar in this country, to meet the demand for more popular control, without increasing risk or impairing efficiency.

That subordination of politics to morals, of which Comte speaks, as a fundamental doctrine of modern social life, will become more and more effective in moulding and directing the foreign policy of the future. When we are engaged in war, questions seldom heard before, will be asked with ever-increasing frequency and emphasis— Are we in the right ? Is the war just and necessary ? " What right have we to be there ? " Lord Hartington asked of our occupation of Candahar. Professional politicians were not a little amazed to hear such a question from the lips of a statesman who occupies a position in the very front rank of our public men. But questions of the kind will be more common in the future. The Democracy will never accept it as a sufficient justification that it is our own country which is engaged in war, and that patriotism—which is too often but another name for collective selfishness—demands either silent acquiescence or enthusiastic approval. Whatever the inconvenience to governments or to parties, the right or wrong, the justice or injustice, of the conflict, will be freely canvassed and discussed.

The question put by Lord Hartington is a far-reaching one, and will be applied to other places besides Candahar. What of our Indian Empire? Seeing that the greater part of our difficulties and complications in the East, that nearly all our panics and excitements spring directly or indirectly from our possessions in India, very searching questions will be asked with regard to those possessions. The Democracy will not, probably, at this time of day care to inquire too curiously into the motives which inspired the original conquest of the country, or into the methods by which dominion was achieved. Some ugly revelations may thus be avoided. But, accepting established facts, they will ask whether the advantages of possession are equal to the drawbacks. It will not be enough to show that the official and ruling classes are benefited, but it will be asked whether Great Britain as a whole is repaid for its expenditure and its sacrifices, and, still further and more important, whether the masses of India are themselves the better for our rule. Perhaps to all these questions satisfactory answers can be given, though there is by no means unanimity among persons who are supposed to be well informed.

I do not think the Democracy will approach the subject in a narrow, selfish, or peddling spirit. They will recognise the obligations imposed upon us by our wealth and our resources; they will see that we have contracted or inherited liabilities and accepted duties which it would be dishonourable, if not criminal, for us to ignore or relinquish. I believe the Radical working men—alike the artisans of the towns, the miners, and the agricultural labourers—are anxious that we should use our power justly and unselfishly. They applaud every step in the direction of employing natives in the management of Indian affairs. They look with extreme jealousy on every attempt to throw upon the natives the burdens of military expeditions, even though such expeditions may be undertaken in the supposed interest of India itself. This watchful jealousy will continue so long as the masses of that country have no voice or vote in the matters that concern them, no control, direct or indirect, over the origin and management of the wars for which they are taxed. The Democracy will demand not only that our power and position shall be used for the present good of India, but that we shall be constantly preparing the way for the future self-government of the country.

For many years past it has been a common assumption of anti-reformers that Democracies were peculiarly liable to be seized with the war spirit. The working class, it has again and again been urged, whatever their virtues may be, are the least informed on foreign questions, the least competent to anticipate the future; unrestrained as they now are in this country by the pressure of direct taxation, the most liable to be swayed by sudden and violent gusts of passion, the most likely to clamour for war.

It may be at once admitted that from the nature of things the majority of working men can never be thoroughly well informed on foreign affairs. Nevertheless, in future, their opportunities will be much better than they have been in the past. When we have an adult generation who have passed through our elementary schools, who have had their sympathies quickened and broadened by correspondence with their kindred abroad, and by acquainting themselves with the condition of other countries, more thought and attention will certainly be given to foreign policy than heretofore. Still those who are dependent—as the great majority of men ever must be—upon their daily labour for their daily bread, will always have so much of their time and their energies absorbed in the exhausting struggle for existence that they will have small opportunity of fully mastering the often complex and difficult details of our international politics. They cannot pore over blue books or con ministerial dispatches, and therefore, even with all the advantages of improved education, there will never be very minute and thorough knowledge on such questions among the great masses of the people.

It may be well to remember, however, that while acquaintance with the facts can never be too complete, knowledge is not the only or the chief factor requisite for a correct judgment. With improved education there will be better general information, and the instincts and sympathies of the masses, "free healthy children of the God of heaven," uncorrupted by interests, unwarped by prejudice, will be likely, in our international relations, to make them true to great principles of justice and humanity.

These instincts and sympathies, which may be sneered at but which cannot be ignored, kept the working men of Britain right on a memorable occasion when almost everybody else went wrong. In the great American struggle nearly all our journalists and newspapers—many of the most eminent of our politicians and statesmen, those who could speak and write, who could appeal to and mould public opinion, the aristocracy almost to a man, the great majority of the educated and professional classes—ranged themselves on the side of the South. They saw nothing in the conflict but a noble, chivalrous people, fighting for their independence. But the working men, in spite of the suffering that the war brought them, in spite of the cotton famine, of short work and starvation wages, remained unshaken in their adherence to the cause of the North. Through all disguises and pretexts they saw that it was really a battle for national unity, a battle between slavery and freedom, a battle for the rights and dignity of labour all the world over.

Persons who allege the workman's exemption from income-tax as a reason why he should favour a policy of adventure know nothing of the working man. He is not at all likely, perhaps not likely enough, to be influenced by economic considerations. If a war is really popular, the last question the working man will ask will be its probable cost, or who will have to pay for it.

Where is the evidence of the violent gusts of passion by which the Democracy are swayed? We have seen nothing of the kind in France; we have seen the very opposite of it in America. In our own country is there a single war of recent years that has been forced upon the Government by popular clamour, or that has elicited the enthusiasm of the masses? On the contrary, was it not precisely among the Radical working men that the Alabama arbitration had its warmest supporters and its strongest advocates? Though they deemed the amount of the award excessive they refused to listen to the bitter taunts about the decadence of our power, the loss of our prestige, and our national humiliation in submitting to such a decision. They rejoiced that the two great nations of the Anglo-Saxon race—nations whose power and resources were unparalleled, whose valour could not be questioned—had referred their differences to the tribunal of reason rather than to the arbitrament of the sword. Every attempt to follow that bright example will meet with the warm and general approval of the Democracy.

Again, coming to more recent days: Did the working men act as a propelling or a restraining force during the panics and the war crises of the late Conservative Government? It is certain that the Jingo fever which raged so violently in many quarters scarcely touched the working population of the country. Jingoism was loud-mouthed, vulgar, and swaggering, but it did not spread widely or penetrate deeply among the masses. It was the light and frivolous frequenters of the London music-halls, and not the sturdy and hard-headed workers in our factories, fields, and mines, who hailed with enthusiasm the invasion of Afghanistan and the aggressions in Zululand and in the Transvaal. The working men did not believe in the justice or necessity of those expeditions, and they scorned the chicanery, the deceit, and the false pretences in which some of them originated. Nowhere was the anti-Jingo feeling more general and conspicuous than amongst the agricultural labourers and the miners.

When the present Government reversed the policy of their predecessors, when they withdrew our troops from Candahar after all opposition had been quelled, when they gave the Boers their independence even in the face of temporary disaster and after British blood had been shed on Majuba Hill, and yet later when they decided to restore Cetewayo to his dominions—all these acts, though done amid the jeers and hoots of the Jingoes, received the approval and acclamation of the working people, alike in town and country.

The war in Egypt seems an exception to this rule; but the exception is more apparent than real. Mr. Goschen, in his speech on the Vote of Credit, strongly urged that it should be made clear to the world that it was one England, and not two Englands, that was acting. "There was a time," he said, "not so many years ago, when the Parliamentary controversies of this country did not extend beyond Westminster; but things are much changed at the present time." Mr. Goschen was doubtless referring to the party differences which divide the House of Commons, and to the mischievous effect which our system of party warfare has upon the minds of foreign peoples. But our controversies go beyond Westminster in another sense besides that mentioned by the Member for Ripon. Leading statesmen on both sides now appeal to the constituencies, and, how acute soever the crisis may be, the voice of criticism is never hushed. In our future wars we are, for a time at any rate, less likely to be one England than we have been in the past. Though the great majority of the people have no doubt supported the Government policy in Egypt, the support has been neither unanimous nor enthusiastic. Large numbers of working men—including some of the most thoughtful and intelligent in the ranks of the Radical party—were from the first strongly averse to armed intervention. In London several conferences were held, to which many of the Democratic and working-men's clubs sent delegates, and at these meetings resolutions were unanimously adopted in favour of peace. A large sprinkling of the leading trades-unionists of the country were opposed to the war. Sir Stafford Northcote lately declared that the Government will be compelled to pass some extremely strong measures to recover the popularity with the Radicals which they have lost by the expedition to Egypt. In speaking thus the right honourable baronet no doubt exaggerates the strength of the party opposed to the war, and he totally misunderstands the motives which inspired their opposition. But the sentiment is so far sound that it recognises the fact that a large and not an uninfluential section of the usual supporters of the Government looked with great disfavour upon the war in Egypt. Even among those of the working classes who entirely approve of the policy of the Government, there has been no enthusiasm, no vulgar bravado, no throwing up of hats and singing of "Rule Britannia," as if we had been engaged in some really great and heroic enterprise. Moreover, great numbers who approved or acquiesced would have been determined opponents but for two things : they did not know how far Arabi was accepted as the leader of a real national movement to secure self-government in Egypt, or how far he was a mere adventurer aiming to establish a military despotism. On the other hand, they had great faith in Mr. Gladstone and his colleagues. They knew that the Liberal Government had made extraordinary efforts to do right and to maintain peace in other parts of the world, and they could not believe that a Ministry which had given such unequivocal evidence that it was peaceful and unaggressive on one Continent, would be likely to rush into a needless and avoidable war on another.

Now that our military mission has been so speedily and so successfully accomplished ; now that the troops have been welcomed home with general and loud acclaims, the Radical masses are anxious that we should withdraw from Egypt as soon as possible. They want no aggrandisement, they will strongly and resolutely oppose annexation ; they think that the best evidence the Government can give of the goodness of the motives which prompted them to embark in the war, will be for them to accept the sacrifices without any of the gains of the campaign ; to foster and encourage any national life that may show itself, and so to prepare the way for the ultimate independence and self-government of the country.

I have thus indicated what seem to me to be some of the sentiments and principles which will govern the conduct of the Democracy in our foreign relations. They will be non-aggressive ; they will be opposed to large armaments ; they will endeavour, whenever practicable, to substitute international arbitration for war ; they will be unwilling to accept new responsibilities by adding to our already wide, scattered, and almost unwieldy empire ; but they will resist every attempt by external force to lessen the extent or to weaken the power of that empire. The most serious thoughts and the deepest energies of the Democracy will, however, be devoted to social amelioration. They will aim, by peaceful and lawful means, to accomplish nothing less than a reconstitution of society. Basing our national greatness upon industrial rather than upon military enterprise, regarding the good of the whole people as the supreme law of political life, they will call upon the statesmen of the future to strive to educate, in all manliness and truthfulness, the masses of our population, and thus enable the workers, in a larger measure than heretofore, to become partakers in the wealth which they do so much to produce and in the higher benefits of that civilisation of which their skill, their energy, and their industry are the very foundation.

Thomas Burt.

Der Militarismus.

Social-philosophische Untersuchungen

in gemeinverständlicher Form

von

Dr. F. Wiede.

Zürich.

Verlags-Magazin.

1877.

Der Militarismus.

Social-philosophische Untersuchungen

in gemeinverständlicher Form

von

Dr. F. Wiede.

Zürich.
Verlags-Magazin.
1877.

Zur vorläufigen Anzeige.

Demnächst wird diese Schrift in französischer und italienischer Uebersetzung erscheinen.

———

Inhalt.

———

Vorwort.

Mit dieser Schrift beabsichtige ich ein Scherflein zur Lösung der socialen Frage beizutragen. Von der ersten bis zur letzten Zeile bin ich streng meiner Ueberzeugung gefolgt, unbekümmert um die Vorurtheile der von einzelnen Individuen fabricirten „öffentlichen Meinung". Ob sich mein Wunsch, daß dieses Werkchen Leser finde, welche sich mit den in ihm niedergelegten Ideen befreunden können, erfüllen wird, weiß ich nicht. Doch fühle ich mich in jedem Falle für meine Mühen einigermaßen entschädigt durch das Bewußtsein meines redlichen Strebens für das Wohl der Menschheit.

F. Wiede.

Einleitung.

Nichts ist vollkommen, aber Alles der Verbesserung fähig. Auch unsere Gesellschaftszustände sind unvollkommen, und wenn wir sie vielleicht auch nie vollkommen machen können, so vermögen wir sie doch zu verbessern. — — —

Wenige Güter erhalten wir Menschen ohne das Zuthun unserer Arbeit (wie unter gewöhnlichen Umständen Luft, Licht und Wasser), und diese genügen nicht zur Existenz unseres Lebens und zur Fristung desselben. Die Güter dienen uns zur Befriedigung unserer Bedürfnisse, und die meisten müssen wir mittelst Aufwand unserer Arbeit herstellen. Je mehr Güter — materielle und sogenannte geistige — zu unserer Verfügung stehen, je gerechter sie unter Diejenigen, welche sie verdienen, vertheilt werden, desto glücklicher sind unsere Gesellschaftszustände.

Es gibt nun gewisse Mächte, welche uns wesentlich an der Erreichung eines glücklicheren Gesellschaftszustandes hindern, weil sie uns die Arbeit unmöglich machen oder stören oder auch die Früchte derselben vernichten. Diese Mächte fügen also der Gesellschaft Schäden zu. Letztere kann man nun hinsichtlich ihrer Urheberschaft in zwei große Hauptgruppen eintheilen:

Erstens in Schäden, welche der Gesellschaft durch die (äußere) Natur, und zweitens in solche, welche der Gesellschaft durch eigene Theile derselben, die Menschen,*) zugefügt werden.

---

*) Die Menschen gehören allerdings auch zur Natur, sie sind Glieder derselben; aber die Schäden, welche die Gesellschaft durch die Menschen erleidet, werden hier als besondere Gruppe erwähnt, weil sie — so viel wir von der

1

Wesentliche von der Natur hervorgebrachte Schäden, welche die Gesellschaft treffen, sind z. B. Verheerungen durch Erdbeben, Stürme, Wasser, Regen, Hagel, Blitz, Lavinen u. f. w.

Die Schäden, welche die Gesellschaft durch die Menschen erleidet, sind sehr zahlreich, und wir können sie daher nicht alle anführen. Zum Glück sind auch die meisten nicht von so weittragender Bedeutung, da sie meistens nur verhältnißmäßig Wenige betreffen und auf den gesammten socialen Körper nicht wesentlich rückwirken. Es gehören hieher z. B. die im täglichen Leben vorkommenden Betrügereien, Mißhandlungen, Morde u. f. w. Solche Mißstände sind natürlich sehr bedauerlich, und es muß wünschenswerth erscheinen, immer mehr Mittel und Wege zu deren Vermeidung zu finden; allein sie gewinnen, wie angedeutet, in der Regel verhältnißmäßig keine allzu große Ausdehnung.

Dagegen bestehen die hauptsächlichsten, die gesammte menschliche Gesellschaft auf das Empfindlichste berührenden Schäden in der Priester- und Militärherrschaft. —

Wir müssen noch erwähnen, daß gleichsam zwischen den angeführten beiden Hauptgruppen eine Mittelgruppe von Schäden existirt, nämlich von solchen, deren Ursache Natur und Menschen (durch Nachlässigkeit ꝛc.) zusammen sind. Solche Schäden können z. B. sein: Insectenfraß, Pflanzen- und Thierkrankheiten u. f. w.

Es ist nun die Pflicht der Gesellschaft, soweit es in ihren Kräften steht, die sie störenden Schäden abzuwenden, zu mildern oder wo möglich zunichte zu machen, zum Mindesten aber darüber zu wachen, daß sie sich nicht vergrößern. So weiß sich auch die Gesellschaft in mannigfacher Weise gegen die Natur zu schützen: sie baut Dämme gegen Ueberschwemmungen, sie wendet den Blitzableiter an u. f. w.*)

Menschheitsgeschichte kennen — von mindestens ebenso großer Bedeutung sind und vielleicht auch in Zukunft sein werden, als die Schäden, welche die Natur erzeugt.

*) Wir sehen ab von den eigentlichen Versicherungsinstituten, wie Hagel- und Feuerassecuranzen ꝛc., weil diese Anstalten den Schaden an sich nicht ver-

Auch gegen Schäden, deren Ursache Natur und Menschen zusammen sein können, wie Insectenfraß, Seuchen u. s. w., kämpft die Gesellschaft mit Hülfe der Wissenschaft erfolgreich an. —

Wir haben als hauptsächlichste Schäden, welche der Gesellschaft durch die Menschen verursacht werden, die Priester= und die Militär=herrschaft genannt. Auf erstere wollen wir nicht näher eingehen, weil der Gegenstand nicht in den Bereich unserer Schrift gehört; aber das möchten wir doch an dieser Stelle betonen, daß wir die Pfaffenherrschaft für weniger gemeinschädlich halten als die Militär=herrschaft oder den Militarismus. Dies geht schon daraus hervor, daß die Macht der Priester die unverkennbarsten Spuren ihres nicht mehr entfernt liegenden Unterganges an der Stirne trägt.*)

Die fortschreitende Wissenschaft, insbesondere die Natur=wissenschaft, welche die Mutter der materialistischen oder monisti=schen Auffassungen ist, die sich fast täglich mehrenden Entdeckungen und Erfindungen beschleunigen den Verfaulungsprozeß. Die Flamme des religiösen Fanatismus mag hie und da noch auflodern und vielleicht auch mit lautem Geräusche prasseln, einen großen, um sich greifenden Brand vermag sie nicht mehr zu erzeugen. Nebenbei bemerkt hat sich das Priesterthum der vorwärts strebenden Ent=wickelung nie so schroff in den Weg gestellt als der Militarismus, dazu war das Pfaffenthum eben zu schlau, während der Militaris=mus überall roh und plump auftritt. Man muß sogar zugestehen, daß ersteres in vielen Zeiten der Entwickelung überhaupt nicht entgegen gearbeitet hat, sondern diese vielmehr in die Hände nahm, wenn sie vielleicht auf diese Weise auch nicht gerade in die rechten Hände kam.

Ganz im Gegensatz zur untergehenden Priesterherrschaft befestigt

---

mindern, sondern nur den aus ihm entstehenden Verlust auf eine größere Anzahl Köpfe vertheilen, so daß ihn der Einzelne also nicht mehr allein zu tragen hat.

*) Wir haben hier vorzüglich die Priester der christlichen Religion im Auge; die anderen Religionen werden später das Schicksal ihrer Schwester theilen, um so mehr als sich die europäische Civilisation immer mehr über die anderen Theile der Erde ausdehnt.

sich der Militarismus immer mehr und nimmt täglich eine drohen=
dere Gestalt an. Er ist auf dem Wege, die Culturarbeit von
Jahrtausenden zu vernichten und wird sein Ziel auch sicher nicht
verfehlen, wenn sich nicht zur rechten Zeit die rechte Hülfe einstellt.

Der Militarismus gehört, wie schon angedeutet, zu den Mächten
(und ist vielleicht die stärkste unter denselben), welche die gesellschaft=
liche Production hemmen, gesellschaftliche Producte — ohne welche
zu schaffen — consumiren und zerstören. So sind jetzt, vor=
herrschend in Folge des werthzerstörenden Militarismus, zu wenige
Güter vorhanden, um eine günstige, allgemeine, gesellschaftliche
Participation zu erreichen. Wir müssen also unsere Production
noch um Bedeutendes vermehren, um zu diesem Ziele zu gelangen.
Wenn wir z. B. heute in gleicher Weise an den Gütern der Ge=
sellschaft Theil nehmen wollten, kämen wir zu dem Resultate, daß wir
Alle gleich arm werden würden. Es ist daher zunächst nothwendig,
daß wir den Weg einschlagen, welcher uns zur möglichst
großen gesellschaftlichen Wohlhabenheit führt.

Fördert die Capitalherrschaft möglichst viele und gute
Producte zu Tage, so ist das eben für die Gesellschaft nur ein
Vortheil; denn dadurch entsteht doch die Möglichkeit, eine gute
Vertheilung zu erzielen. Und ist die Gesellschaft an diesem Punkte
angelangt, so wird die Möglichkeit auch zur Wirklichkeit werden.

Verkennen wir es nicht: die Capitalherrschaft — wir
meinen das im engern Sinne, d. h. die Privatcapitalherrschaft
oder Capitalistenherrschaft — war und ist zum Theil noch
unbedingt nothwendig. Hat sie ihre historische Aufgabe erfüllt, so
wird sie vom Schauplatz abtreten, und der Uebergang zum Gesell=
schaftseigenthum — sei es nun früher oder später, sei es mit dieser
oder jener Modification — wird sicher nicht ausbleiben. Wer vor=
urtheilsfrei und aufmerksam die Geschichte der Entwickelung des
Eigenthums von den rohesten bis zu den complicirtesten Formen
studirt, kann schwerlich zu einem anderen Schlusse gelangen.

Die capitalistische Production erleichtert uns den
Uebergang zur collectivistischen; denn sie schafft den Groß=

betrieb und nur mittelst Großbetriebs kann die collec-
tivistische Gesellschaft floriren.

Wir verdanken der capitalistischen Production ferner die moderne
Socialwissenschaft; denn diese ist ein Kind der durch
die capitalistische Production erzeugten, total ungleichen Gütervertheilung. — —

Sind Güter in genügender Menge im Gesellschafts-
besitz, so kommt es also, wie schon bemerkt, auf eine gerechte
Gütervertheilung unter die einzelnen Gesellschaftsmitglieder an, und
zwar auf eine gerechte Gütervertheilung in socialistischem,
nicht in communistischem Sinne. Der Socialismus
fordert, daß jedes Gesellschaftsmitglied das volle
Aequivalent für seine Arbeit nach Maßgabe seiner
Leistung erhält, und in diesem Momente liegt der himmel-
weite Unterschied zwischen Socialismus und Communismus; denn
der Communismus will die rohe Gütergleichheit, er
will, daß ein Mensch genau soviel empfängt, als der andere, ohne
Berücksichtigung der Verschiedenheit der Arbeitsthätigkeit, der Verschiedenheit des Alters, des Geschlechtes, der persönlichen physischen
Umstände u. s. w. —

Abgesehen davon, daß eine vollständige gesellschaftliche Gleichheit im communistischen Sinne des Wortes sowol für die Gesammtheit als auch wiederum für jedes einzelne Individuum gar
nicht ersprießlich sein würde, ist sie vor allen Dingen thatsächlich so unmöglich, als die Gleichheit zweier oder
mehrerer Dinge überhaupt unmöglich ist. Es gibt
factisch in der Welt nicht zwei gleiche Dinge. Die Gleichheit zweier
Dinge oder Größen existirt nur als mathematische Abstraction. Selbst mit Hülfe der „genauesten" Wage oder des besten
Maßes lassen sich zwei Quantitäten nicht vollständig gleich
machen. — — —

Nun ist es durch alle wissenschaftlichen Urtheile der
Jetztzeit bestätigt, daß eine solche gerechte Gütervertheilung, wie
wir sie definirt haben, nicht existirt. Die Wissenschaft hat constatirt, daß das Arbeitseinkommen des größten Theiles der

menschlichen Gesellschaft kein Aequivalent bildet für dessen Arbeitsleistungen. Diesem Uebelstande abzuhelfen ist die Aufgabe
der Wissenschaft und der gesammten Menschheit. Es
ist keine geringere Aufgabe als die Lösung des socialen Problems. Den ersten und wichtigsten Schritt, um
diesem großen und schönen Ziele näher zu rücken,
thun wir, wenn wir der modernen Militärherrschaft,
diesem Hemmschuh der vorwärtsstrebenden Civilisation, dieser größten Geißel des neunzehnten Jahrhunderts, diesem Todfeinde aller menschlichen Cultur, diesem unersättlichen, Blut und Gut aufsaugenden Vampyr an dem Riesenleibe der menschlichen
Gesellschaft, mit allen uns zu Gebote stehenden,
anständigen Mitteln und Kräften entgegenarbeiten. — —

Beleuchten wir nun zunächst die schädlichen Einwirkungen des Militari?mus auf die Soldaten und ihre
Angehörigen.

Erſter Abſchnitt.

Die ſchädlichen Einwirkungen des Militarismus auf die Soldaten und ihre Angehörigen.

In erſter Linie leiden durch den Militarismus der Soldat ſelbſt und ſeine Angehörigen in wirthſchaftlicher, geſundheitlicher, politiſcher, geiſtiger und ſittlicher Beziehung. Als Civiliſt arbeitete er für ſich und in vielen Fällen auch für ſeine Angehörigen, als Soldat muß er für Andere thätig ſein, und oft müſſen ſeine Angehörigen noch obendrein für ihn arbeiten. Aber in doppelt ſchmerzlicher Weiſe macht ſich dies fühlbar, da er ſeine Kräfte gerade in den beſten und jüngſten Jahren dem Erwerb für ſich ſelbſt und für ſeine Angehörigen entziehen und ſie unproductiven Zwecken opfern muß, alſo gerade in den Jahren, in welchen ſeine Arbeitskräfte für ihn den größten Werth haben.

Die Entſchädigung, welche der Soldat für ſeine Dienſte empfängt, iſt faſt ſtets niedriger als der Lohn, welchen er als Civiliſt für ſeine Arbeit erhielt. Beſonders hart trifft dieſer Nachtheil den Beſitzloſen, weil er eben nur auf den geringen Sold allein angewieſen iſt, während der beſſer Situirte zwar auch durch ſeine militäriſche Thätigleit kein ſo hohes Eintommen erzielen tann, als durch ſeine Arbeit im Civilleben, aber doch immerhin vor dem Unbemittelten den bedeutenden Vortheil voraus hat, daß ihm während ſeiner Dienſtzeit noch ein Extraeintommen durch ſeinen oder ſeiner Angehörigen Beſitz zufließt. —

Wir halten es nicht für schwierig, die Richtigkeit unserer obigen Behauptung, daß nämlich die Löhnung der Soldaten (wir haben natürlich im allgemeinen die gemeinen Soldaten im Auge, obgleich das, was wir sagen, auch oft für die höheren Grade zutreffen dürfte) durchaus geringer sei als der Verdienst, welchen sie in ihrer bürgerlichen Beschäftigung zu erlangen im Stande sind, nachzuweisen. Es erklärt sich dies schon daher, daß der Lohn nicht nach freier Uebereinkunft zweier contrahirender Theile festgesetzt wird (wenigstens nicht bei den Conscriptionsheeren), sondern daß der eine Theil von dem anderen Dienstleistungen erpreßt und die Bezahlung derselben nach Willkür fixirt. Nun sind wir zwar weit davon entfernt zuzugeben, daß heut zu Tage in den meisten Fällen der durch den sogenannten freien Arbeitsvertrag oder mit anderen Worten: der durch Angebot und Nachfrage sich regelnde Arbeitslohn dem reellen Werth der Arbeitsleistung entspricht; aber immerhin können wir nicht leugnen, daß man bei diesem Modus der Lohnvereinbarung eine der Arbeitsleistung entsprechendere Bezahlung erzielen wird als in jenem Falle, in welchem der Staat ganz einseitigerweise die Höhe des Lohnes bestimmt und den Soldaten gar nicht einmal nach seinen Forderungen frägt, sondern ihm einfach die Dienstleistung aufzwingt. Sehr richtig sagt daher Kolb („Die Nachtheile des stehenden Heerwesens"): „Alle unsere Verfassungsurkunden verheißen: „„Niemand darf zu einer Abtretung oder persönlichen Leistung gezwungen werden, ohne volle Entschädigung."" Nun wird der junge Mann gezwungen, die Verfügung über seine Kräfte während der besten Jahre an den Staat abzutreten. Ist es eine wahre Entschädigung, wenn ihm zu dem Kommißbrod täglich sechs oder acht Kreuzer, zwei oder drei Silbergroschen gegeben werden?" Ebenso richtig bemerkt Kolb an anderer Stelle: „Glaubt der Staat eines stehenden Heeres nicht entbehren zu können, so ist er dem Einzelnen wenigstens ökonomisch volle Entschädigung schuldig!" — *)

---

*) Kolb fährt fort: „Dies schließt freilich die Unmöglichkeit der Erhaltung so maßlos zahlreicher Friedensheere in sich."

Wir müssen hinzufügen, daß Kolb seine Schrift 1862 ver=
öffentlicht hat, und daß seit dieser Zeit die Besoldungen allerdings
etwa um ½—1 Silbergroschen gestiegen sind. Indeß wäre es
verkehrt, daraus den Schluß zu ziehen, daß sich die Soldaten heute
besser stünden als damals. Nein, es ist ganz das Gegentheil der
Fall, was auch sofort einleuchtet, wenn man in Betracht zieht,
daß in dem letzten Decennium die Lebensmittel in weit größerem
Verhältniß gestiegen sind als die Löhne der Soldaten. —

Aber dadurch, daß der Staat dem Soldaten die volle Ent=
schädigung für seine Leistung vorenthält, wird er factisch zu seinem
Schuldner. Wilhelm Schulz=Bodmer berechnet in seinem schon
1859 erschienenen Werk: „Die Rettung der Gesellschaft aus den
Gefahren der Militärherrschaft", indem er nur die Zeit des Friedens
in's Auge faßt, die Summe, um welche der Soldat an der ge=
rechten Vergütung für die ihm abgenöthigten Militärdienste ver=
kürzt wird, auf jährlich 200 Franken. Dies macht bei drei
Millionen „Zwangssoldaten" des europäischen Continents 600
Millionen Franken. Daher konnte Schulz schon 1859 schreiben
(S. 198): „ . . . so ergibt sich zugleich, daß die Staaten des
europäischen Festlandes ihren eigenen Armeen jährlich 600 Millionen
Francs schuldig werden und seit einer geraumen Reihe von Jahren
schuldig geblieben sind."

Könnte der citirte Schriftsteller heute wieder unter die Le=
benden zurückkehren, könnte er mit eigenen Augen sehen, in welcher
rapiden Weise sich die Armeen der meisten sogenannten civilisirten
Länder durch die Einführung der ebenfalls sogenannten a l l g e =
m e i n e n Wehrpflicht vermehrt haben, so würde er die ihm schon
damals ungeheuer dünkende und die auch thatsächlich enorme Summe
von 600 Millionen Francs jährlich, im Vergleich zu den heutigen
Verhältnissen, gewiß für äußerst bescheiden halten. Wie wahr bemerkt
Schulz doch (S. 198/199): „Das ist also das Facit des bewaff=
neten Friedens in Europa, daß an Abgaben jährlich den Völkern
einige Milliarden zu viel abgepreßt werden müssen, damit jährlich
den 3 Millionen Soldaten (Stand der continentalen Heere im Jahre
1859) 600 Millionen Francs zu wenig gegeben werden können."

Wohlverstanden! Der citirte Autor hat immer nur den Frieden im Auge! — Jene Schmälerungen des täglichen Soldes nennt Schulz sehr treffend „ein in die Form des Gesetzes gekleidetes System des täglichen Raubes."

Durch die geringen Einkünfte der Soldaten wird aber auch deren Consumtion herabgedrückt, wodurch nebenbei bemerkt rück= wirkend die Production wieder geschädigt wird; denn je weniger "''ter verbraucht werden, desto weniger werden natürlich hervor= gebracht. Durch die geringe Consumtion wird die Bedürfnißlosig= keit befördert. Dies hat nicht nur auf die Gesundheit der Sol= daten schädlichen Einfluß, sondern mithin auch auf ihre Arbeits= fähigkeit. So wird der Soldat oft für seinen eigentlichen Beruf, d. h. für seinen Beruf im Civilleben, weniger leistungsfähig oder gar untauglich, welcher Umstand noch befördert wird durch den anstrengenden Dienst und dadurch, daß die ursprüngliche Beschäf= tigung in der langen Dienstzeit leicht vergessen, verlernt wird.

Dazu gesellt sich der weitere Uebelstand, daß der vom Mili= tär Entlassene mit dem Suchen nach neuer Beschäftigung oft er= heblichen Zeitverlust erleidet, wofür ihn der Staat nicht ent= schädigt. Hat er nun endlich Arbeit gefunden, so muß er ge= wärtig sein, jeden Augenblick wieder zu den Waffen gerufen zu werden. Wie nachtheilig und hart dies z. B. den kleinen Ge= werbetreibenden, der vielleicht soeben erst ein Geschäft errichtet hat, oder den Landmann, welcher eben mit der Ernte beschäftigt ist, betreffen muß, kann man sich leicht vorstellen.

Die ökonomischen und gesundheitlichen Verhältnisse hängen immer eng zusammen und bedingen einander, ja sie fallen eigentlich zusammen. Dieser allgemeine Satz läßt sich ganz besonders auch auf das Militär anwenden. Bei einem zu geringen Ein= kommen, bei ungenügender Nahrung und schlechter Wohnung, bei hartem Dienste muß natürlich auch die Gesundheit der Soldaten leiden. Diese Uebelstände verursachen körperliche Schwäche und viele Krankheiten. Es ist klar, daß dies nicht alle Soldaten be= rührt, weil sie ja fast alle von Haus aus gesunde Leute sind, und ihre Jugend manche Entbehrung und Anstrengung ohne Nachtheil

an der Gesundheit überwindet, und doch ist es eine statistisch nach=
gewiesene Thatsache, daß sich trotzdem beim Militär die Gesund=
heits= und Sterblichkeitsverhältnisse weit ungünstiger
stellen als bei fast allen, anderen Beschäftigungen angehörenden Ge=
sellschaftsclassen.

Viele Krankheiten werden namentlich durch das dichte Zu=
sammenleben in den Casernen erzeugt und befördert. So nament=
lich alle Epidemien, besonders Hautkrankheiten, ferner
Uebel, welche halb Krankheit, halb Unsitte sind, wie Onanie
und Sodomie.

Daß die Casernen wahre Brutstätten der Syphilis sind, ist
ebenfalls eine bekannte Thatsache.

Die militärischen Strafen, wie namentlich der langdauernde
Arrest, haben meist einen äußerst nachtheiligen Einfluß auf die Ge=
sundheit. Dieser Arrest verursacht sehr oft körperliche Schwäche,
Typhus und Wahnsinn. Namentlich die letzte Krankheit ge=
hört nicht zu den Seltenheiten, und man wird dies begreifen,
wenn man bedenkt, daß die unglücklichen Bestraften oft wochen=
lang ohne Licht und frische Luft, ohne warme Kleidung auf harter
Lagerstätte bei Wasser und Brod zubringen müssen. Die Folge von
allen diesen Uebelständen ist die bereits erwähnte große Sterb=
lichkeit beim Militär.

Diese Krankheiten des Militärs werden in der Regel auf
das Civilleben übertragen, und selbst auf die künftigen Gene=
rationen äußern sich noch ihre nachtheiligen Folgen.

Besonders zu erwähnen ist noch, daß beim Militär die Fälle
von Selbstmord viel zahlreicher sind als in anderen
Ständen. Ebenso sind Selbstverstümmelungen sehr
häufig, um der Aushebung oder Wiedereinberufung zu entgehen.

Viele werden aus denselben Gründen auch zur Auswan=
derung getrieben, auf welchen Punkt wir später an betreffender
Stelle wieder zurückkommen.

Zum Beleg für unsere Ansichten über die Krankheits= und
Sterblichkeitsverhältnisse des Militärs lassen wir weiter unten einen
Abschnitt aus Kolb's ausgezeichnetem Werke: „Handbuch der ver=

gleichenden Statistik" folgen. So wenig unfehlbar nun allerdings die Statistik sowol, als auch die aus ihr gezogenen Schlüsse sein mögen, so bietet uns doch selbst eine nur annähernd gute Statistik sehr viele Merkmale und Anhaltspunkte, um Thatsachen richtig zu beurtheilen, von ihnen die richtigen Consequenzen abzuleiten und in allen Hauptfragen uns ein klares Bild von gewissen Zuständen zu verschaffen. Jedenfalls gebührt Kolb, der eine anerkannte Autorität in seinem Gebiete ist, das Verdienst, die Dinge, wie sie sind, ruhig und leidenschaftslos darzulegen und zu beurtheilen. Lassen wir also Kolb sprechen (S. 843 ff.):

„**Sterblichkeit im Militärstande.** Man war lange geneigt anzunehmen, die Sterblichkeit beim Militär müsse in Friedenszeiten weit geringer sein als beim Civil, weil die Leute gesunde Nahrung, gute Kleidung und Wohnung erhielten, von schwerer Arbeit befreit, aller Sorgen enthoben und zu einer geregelten Lebensweise angehalten seien. Indeß beweisen die Thatsachen gerade das Gegentheil. Die Veränderungen in der Lebensweise und der Nahrung, welche Letzte mitunter eine kärgliche ist und überdies eine dem Körper zusagende Abwechslung nicht gewährt; dann die Verlockungen zu einem in gewissen Beziehungen viel weniger geordneten Leben*), das Zusammengedrängtsein in Schlafsälen, wol auch der Mangel an jeder Arbeit gewöhnter Art, tragen unverkennbar mächtig zu den ungünstigen Resultaten bei. Selbstverständlich bleiben hier Kriegsstrapazen und Dienst in entfernten Ländern außer Berücksichtigung. — Ein verstorbener Freund des Verfassers, der ausgezeichnete französische Medicinalstatistiker, Oberarzt Dr. Boudin, lieferte eine treffliche Erörterung in der gekrönten Preisschrift: ‹Statistique de l'état sanitaire et de la mortalité des armées de terre et de mer› (Paris. 1846). Hier zunächst einige der von Boudin festgestellten älteren Resultate.

Französische Armee. Während die Sterblichkeit bei der 20 —30jährigen Civilbevölkerung je 10,3 auf 1,000 betrug, war dieselbe auf 1,000 Soldaten (zur Zeit der älteren Bourbonen):

---

*) „Bei einer in England eingesetzten Commission zur Untersuchung der sanitären Verhältnisse des Militärs, unter dem Vorsitze des Earl of Dalhousie, ward namentlich festzustellen gesucht: „„Sind es nicht die eigenen Ausschweifungen der Leute, welche die Mehrzahl von ihnen in das Spital bringen?"" und die Antworten, selbst der vernommenen Officiere, wie des Majors Lewis Jones, gingen mit aller Bestimmtheit dahin: „„Dies ist unzweifelhaft!"" So kam es, daß, während auf dem Continent die Orte ohne Garnison um solche petitioniren, in England viele Gemeinden, denen solche zu Theil werden sollten, eigens Vorstellungen einreichten, man möge sie aus Sittlichkeitsrücksichten damit verschonen. (Eine Menge solcher Actenstücke finden sich im **Herald of Peace**, namentlich vom Jahre 1872 abgedruckt.)"

Ganze Armee, Durchschnitt 19,0
Gemeine von der Linien-Infanterie . 22,3
    "   "   Garde-Infanterie . 16,7
Unterofficiere von der Linien-Infanterie 10,8
    "   "   Garde-Infanterie 9,0

Die Gesammtsterblichkeit war also fast noch einmal so groß wie im gleichen Alter beim Civil. Das Verhältniß besserte sich in dem Maße, in welchem äußerlich die Mannschaft besser gestellt ward.[*)

Englische Armee. Der Aufwand für dieselbe ist größer, die Verpflegung vielfach besser, aber die Uniformirung unzweckmäßiger als im französischen Heere, und auch die Kasernirung erweist sich vielfach als sehr übel. Die Ergebnisse sind: Von der 19jährigen Bevölkerung starben in England durchschnittlich 9,2 (in den Ackerbaubezirken nur 7,7) von 1,000; selbst in den ungesundesten Fabrikstädten blos 11,9 bis 12,4. Zu den Truppen nimmt man nur kräftige Jünglinge, besonders zur Garde. Die Sterblichkeit war aber:

Gardereiterei 11   Linieninfanterie 18,7
Linienreiterei 13,3   Fußgarde . . 20,4!
Dagegen: Polizei (trotz des Nachtdienstes) 8,92!

Die Fußgarde ist besonders eng casernirt, was genügendes Lüften unmöglich macht. Die größere Sterblichkeit der Garden, gegenüber den Linientruppen, pflegt selbst nach der Entlassung noch längere Zeit fortzudauern.

Britische Auxiliartruppen hatten in ihrer Heimath:
Die Fencibles (Malteser, auf Malta dienend) 9,0 Sterbfälle von 1,000.
  " Hottentotten auf dem Cap 12,6   "   "   "
  " Hindus in der Armee von Bengalen 13,0   "   "   "
  "   "   "   "   Madras 15,0   "   "   "
  " Lascoreyns auf Ceylon 25,8   "   "   "

Piemontesische Armee. In den Jahren 1834—43 betrug die Sterblichkeit der Truppen in Piemont und Savoyen 15,8 vom Tausend (auf Sardinien sogar 23,6), bei der entsprechenden Civilbevölkerung nur 9,2.

So weit die Berechnungen Boudin's.

Oesterreichische Armee. Nach Dr. G. A. Schimmer („Biotik

<hr>

[*) „Dr. Bertillon, Hospitalarzt von Montmorency, hebt in seiner Schrift „Statistique de Causes de Décès" hervor: Er habe nachgewiesen, daß die Sterblichkeit im Allgemeinen seit dem vorigen Jahrhundert für alle Altersklassen geringer geworden; Vergleichungen der beiden Perioden 1817—31 u. 1840 - 49, nach den verschiedenen Methoden der Wissenschaft versucht, ließen aber keinen Zweifel, daß in der letzten dieser Perioden die Mortalität unter den Jünglingen erschreckend zugenommen, besonders zwischen dem 20. und 25. Altersjahre; dabei sei es bezeichnend, daß das weibliche Geschlecht der gedachten Verschlimmerung entging. Bekanntlich war die Truppenzahl von 1817—30 geringer als in der Folge."

der k. k. österreichischen Armee im Frieden") betrug die Mortalität vor den letzten Umgestaltungen im Heerwesen jährlich 12,037 Mann, wonach sich, den Armeestand zu 653,000 Mann angenommen, 18,6 Todesfälle auf je 1,000 Mann ergaben. 96% des österreichischen Heeres standen zwischen 20—24 Jahren. Die Sterblichkeit beim Civil war in diesem Alter 1 : 74,6, in der Armee aber 1 : 57,3.

Spanische Armee. Es wurden in den Spitälern Militäre verpflegt:

	1860.		1861.	
	Officiere.	Soldaten.	Officiere.	Soldaten.
in den Militärspitälern	792	119,907	112	64,514
in den Civilspitälern	1,328	312,929	1,138	219,398
Zusammen:	2,120	432,836	1,250	283,912.

Blos in den Militärspitälern sind gestorben:

  1860   56 Officiere und 4,515 Soldaten,
  1861   11   „   1,862   „

1860 fand allerdings der Marokkanische Krieg statt.

Unter den Todten des Jahres 1860 befanden sich 7 Officiere und 675 Soldaten zu Tetuan. (Auch Spanien erlangte seinen milit. Ruhm nicht gerade wohlfeil.) Im Jahre 1865 kamen auf 61,847 in den Militärspitälern Verpflegte 2,127 Todesfälle; 1866 auf 55,999 : 1,551; 1867 auf 59,426 : 1,710 (den durchschnittlichen Bestand der Mannschaft, auf den diese Todesfälle kamen, finden wir nicht angegeben).

Russische Armee. Bei der schlechten Verpflegung, der großen Entfernung der Truppen aus der Heimath und überhaupt ihrem Herausreißen aus allen gewohnten Verhältnissen, stieg die Sterblichkeit in diesem Heere sogar auf 38 vom Tausend.

Ermittlungen aus neuerer Zeit. Die Leistungen der Statistik, — die offenen Darlegungen der wirklichen Verhältnisse — konnten nicht ohne praktische Beachtung bleiben. Es erfolgten mancherlei Verbesserungen, man bemühte sich, jene gräulichen Zahlenergebnisse zu mildern. So gab der französische Kriegsminister in einer Erklärung vom Januar 1868 an: die Sterblichkeit sei von 9,58%ₒₒ im J. 1862 nun auf 8,8 herab gegangen und betrage nur noch 0,69 mehr als im Civilstande. — Die Sterblichkeit im britischen Heere in der Heimath war in den beiden Jahren 1867 und 1868: Officiere in England und Schottland 12,55 und 11,42 pr. 1000; in Irland 6,82 und 2,74. Unterofficiere und Gemeine: in England und Schottland 12,06 und 13,28, in Irland 7,84 und 9,14. Als Durchschnittszahl für die ganze Armee ergab sich im letzten Jahre: 9,45 Officiere und 12,29 Soldaten auf 1000.

In dem Annual Report of the Registrar General finden sich in Betreff des Jahres 1872 folgende Angaben: Stärke des Heeres im vereinigten Königreiche 105,757, auswärts 86,908, zusammen 192,665 Mann. Todesfälle 2,327, wovon 1,005 im Inlande, 1,322

auswärts. Auf je 1,000 — einerseits Officiere, andererseits Unter=
officiere und Soldaten — kamen
    im Inland 11,₀ Officiere, 9,₄ Unterofficiere und Soldaten,
    auswärts 11,₄ „ 15,₄ „ „ „ „
    Die 6 Jahre 1866—71 zusammengefaßt, ergab sich eine Sterb=
lichkeit bei den
    Officieren von 10,₆ ‰ zu Hause, 12,₀ ‰ auswärts,
    Soldaten von 11,₂ ‰ „ „ 18,₃ ‰ „
    Dabei war die Sterblichkeit in Irland entschieden geringer als
in Großbritannien, nemlich bei der Mannschaft 8,₆ ‰ in Irland,
gegen 9,₇ in Großbritannien. Aehnlich bei den Officieren.

In der österreichischen Armee wurden im Jahre 1865, bei
einem Stande von 551,863 Mann, 5,261 Sterbfälle angegeben, also
9,₆₃ auf 1,000. Das österr. statistische Jahrbuch für 1865 enthält
im Uebrigen noch folgende Notizen bezüglich des Militärs, wobei zu
bedauern, daß der Effectivstand von 1863 und 64 nicht bemerkt ist:

	1863	1864	1865
Erkrankt im Jahre . . .	301,626	336,069	255,902
Davon gestorben	5,811	6,928	5,261
Ungeheilt (entlassen?) . .	7,929	8,080	6,931
Selbstverstümmelungen . .	32	33	31
Selbstmordversuche	94	90	74
Selbstmorde	256	317	293
Erkrankungen an Wahnsinn	——	—	244

Bezüglich späterer Jahre finden wir u. a. folgende Notizen:

	erkrankt.	geheilt.	gestorben.	
1866	501,845	351,121	11,942	Die Uebrigen in
1867	223,691	191,948	4,432	Behandlung verblieben,
1868	190,481	163,616	3,422	entlassen ꝛc.

Da der Effectivstand am 31. Dec. 1868 zu 355,608 Mann an=
gegeben wurde, so betrugen die Sterbfälle, einen gleichen Mannschafts=
stand für das ganze Jahr angenommen, 9,₆₂ ‰. Es wurde bemerkt,
wenn die Sterblichkeitsziffer in der österreichischen Armee höher sei
als in der preußischen, so rühre dies wesentlich daher, daß auch die
gestorbenen Urlauber und Patentalinvaliden eingerechnet würden.
    Im Jahre 1871 war der Grundbuchstand der Armee 794,794;
davon starben 8,141, und es fanden 229 Selbstmorde statt. Dies
ergibt eine Mortalität von 10,₂₄ ‰, wobei zudem nicht zu ersehen,
welcher Antheil auf die Linie (282,859 Mann) und welcher auf die
Reserve, die Invaliden ꝛc. (511,935) kam. — Eine andere, blos die
Activarmee umfassende Notiz lautet jedoch dahin: Gesammtzahl der
1871 Erkrankten 169,155; davon gestorben 4,033 (somit 14,₂₃ ‰ von
282,859 Activstand); Selbstmorde 210, Selbstmordversuche 39, Selbst=
verstümmelungen 54.
    Die Sterblichkeit in der preußischen Armee betrug im Durch=

schnitt der 18 Jahre 1846—63 9,₆₉ auf 1,000 Mann. Für das Jahr 1867 wurden nur 6,₁₉₆ oder, wenn man der gestorbenen Mannschaft von 1,570 noch 87 Invaliden beizählt, 6,₅₄₄ °/₀₀ berechnet (ohne Officiere). Im 12. deutschen Armeecorps (Sachsen) stellten sich die Verhältnisse im Jahre 1872 folgendermaßen (Zeitschrift des kgl. sächsischen statistischen Büreau): Von 100 Soldaten waren im Durchschnitt täglich krank 3,₇₅; als dienstuntauglich wurden 420 Mann entlassen; außerdem kamen 159 Halb- und 1,229 Ganzinvaliden zur Entlassung; Todesfälle zählte man 103, Selbstmorde 22.

Es ist nun anzuerkennen, daß sich die Verhältnisse so ziemlich in allen Staaten gebessert haben. Die Größe der Besserung, welche in den Ziffern hervortritt, erscheint jedoch theilweise als Illusion. Man ist nicht nur sorgsamer in der Auswahl der Recruten geworden, sondern pflegt die von schweren Krankheiten befallenen Soldaten weit häufiger als sonst aus der Armee zu entlassen, wodurch sie einerseits aus den Sterblisten des Militärs entfernt werden, andererseits aber auch noch die Todtenzahl der Civilpersonen vergrößern. — Während sich beim preußischen Heere im Jahre 1846 auf je 1,000 Mann 2,₃ Entlassungen als Invaliden ergaben, steigerte sich die letzte Zahl im Jahre 1863 auf nicht weniger als 15,₀! Das Ergebniß war natürlich sehr bemerkbar: 1846 zählte man auf 1000 Mann 2,₃ Invaliden und 10,₇ Todte, 1863 dagegen zwar nur 6,₇ Todte, aber 15 Invaliden. — Ebenso lassen die furchtbar zahlreichen Erkrankungen keinen Zweifel, daß die Sanitätsverhältnisse unter den Truppen nichts weniger als günstig sind. Wir wissen z. B., daß im preußischen Heere im Jahre 1846 bei einer Präsenz ("Ist-Stärke" der Mannschaft ohne Officiere) von 121,649 Mann, 146,575 Erkrankungen vorkamen; im Jahre 1863 dagegen auf eine "Ist-Stärke" von 207,287 Mann nicht weniger als 258,235 Erkrankungen. Auch 1867 kamen auf eine Ist-Stärke von 253,230 Mann nicht weniger als 285,037 Erkrankungen; jeder dieser ausgesuchten kräftigen Jünglinge war somit während des Jahres mehr als ein Mal, durchschnittlich 1¹/₈ Mal krank. Officiell wird dies als Zeichen einer großen Besserung angesehen, in Wirklichkeit scheint uns das Ergebniß absolut genommen um so weniger befriedigend, wenn wir die zahlreichen Entlassungen aus dem Heere mit berücksichtigen. (Mit den weiteren Aenderungen im deutschen Heerwesen scheinen sich die Verhältnisse in hohem Grade weiter verschlimmert zu haben; jedenfalls war dies im k. sächsischen Armeecorps der Fall, wie dies die obigen Zahlen darthun.) Unter den einzelnen Krankheiten nimmt der Typhus so sehr die erste Stelle ein, daß man ihn mit vollem Grunde als eine specifische Kasernen- und Kasemattenkrankheit bezeichnet.

Ueber die einschlägigen Verhältnisse in der russischen Armee schrieb Dr. Seeland in Warschau ("Zur Aetiologie der Sterblichkeit des Soldaten" in der von Dr. Varrentrapp redigirten „Vierteljahrschrift für öffentliche Gesundheitspflege" 1871): „„Die Sterbeziffer in unsern Regimentern dreht sich gewöhnlich um 10 pro mille jährlich, die

Unfähigen aber, von denen die Hälfte tuberkulös, machen über 40 pr. mille aus. Unter Unfähigen werden diejenigen verstanden, welche ganz oder auf eine gewisse Zeit aus dem Dienst entlassen werden.""*)

Der französische Sanitätsrath (Conseil de Santé) hat 1866 Vergleichungen über den Gesundheitszustand in der französischen, englischen und preußischen Armee auf Grundlage der Ergebnisse von 1863, und in der russischen nach den Resultaten von 1861 angestellt. Die Zahl der Kranken war auf 1,000 Mann im Durchschnitt täglich: bei den Engländern (wo man nur eine Kategorie annimmt, verpflegt im gewöhnlichen Spitale) 49 Mann; im französischen Heere: 19 in den Spitälern, 7 in den Regimentskrankenstuben, 11 in den gewöhnlichen Casernenräumen, zusammen 37; in Preußen 42. — Todesfälle auf 1000 Mann: in Preußen 6,70, Großbritannien 8,86, Frankreich 9,22, Rußland 15,50.

Damit stimmen die Berechnungen der Medicinalabtheilung des kgl. preußischen Kriegsministeriums nicht ganz überein. Diese entziffern zunächst, was die Erkrankungen betrifft, je auf 1000 Mann: in Frankreich täglich 50, in England 42,47, in Preußen 40,5; Krankheitsdauer: in England 17,81 Tage, in Frankreich 8,6, in Preußen 12,7 Tage; — Sterbfälle: Preußische Armee 1846—63 9,49, 1867 dagegen 6,19; französische Armee 1867 11,71, englische 1867 9,10, österreichische 1867 12,0 %/00.

Auf diese Zahlen wirkt (wie schon oben bemerkt) die Menge der wegen Krankheit Entlassenen ganz wesentlich ein. Solcher Entlassungen kamen auf 1,000 Mann: bei den Franzosen 7,0, den Preußen 15,00, den Engländern 32,6. Obwol nicht alle Entlassene sofort sterben, so ergibt sich doch für das Heer folgender Abgang auf 1,000 Mann:

	Franzosen.	Preußen.	Engländer.
Todte	9,22	6,70	8,86
Entlassene	7,00	15,00	32,60
Zusammen	16,22	21,70	41,46

*) „Dr. Seeland — der allerdings zunächst die Verhältnisse der in Polen ausgehobenen russischen Soldaten vor Augen hatte — sagt u. a. bei: „„Daß ein getrübter Gemüthszustand durch die Nerven einen großen Einfluß auf Blutumlauf und Ernährung auszuüben vermag, ist für den Arzt eine alte Erfahrung. Wie also sollte man erwarten, beim Soldaten, dessen Beruf ein erzwungener ist, etwas Anderes zu finden? Je länger seine Dienstzeit, mit desto größerem Recht ist seine Lage ein Mittelding zwischen der des Bürgers und Sträflings zu nennen. Im Allgemeinen hält jeder Soldat seine Dienstjahre für sich und seine Familie verloren. Schließlich muß nun die anormale Stimmung, in welcher sich der Soldat befindet, auf diese oder jene Weise zum Vorschein kommen. Hiezu stimmen die Zahlen unserer Criminalstatistik, derzufolge sich die von Soldaten verübten Verbrechen zu denen der Bauern wie 2,88 zu 1 verhalten."" — Feldmarschall Graf Moltke scheint an ein solches Verhältniß (wenn auch nicht an dessen Grund) gedacht zu haben, als er einen, ihm so sehr verübelten Ausspruch that."

2

Bei Preußen sind die Verhältnißzahlen von 1863 der Berechnung zu Grunde gelegt. Noch viel übler gestaltete sich das Verhältniß 1867. Allerdings erscheinen in dem letzten, wie angegeben, bei einer „Ist-Stärke" von 253,230 nur 1,657 Todesfälle $= 6{,}511$ °/oo; allein daneben fanden 13,607 Entlassungen statt, nemlich von 6,425 Dienstuntauglichen, 1,211 Halb- und 5,971 Ganz-Invaliden. Fassen wir nur die beiden letzten Kategorien ins Auge, so haben wir einen weiteren Abgang von $28{,}38$ °/oo, und mit Dazurechnung der Verstorbenen sogar von $34{,}82$. Es ist dabei allerdings zu erwähnen, daß die Nachwirkungen des Krieges von 1866 sich mit fühlbar machen mochten; immerhin aber kann von einem wirklich günstigen Verhältnisse schwerlich die Rede sein.

Eine ganz besondere Beachtung verdient die erschreckende Menge der Selbstmorde im Militär. In der preußischen Armee kamen im Jahre 1861 103 vor, 1867 sogar 155; 1868 160, 1869 182; in Oesterreich gegen 300 jährlich. Nach den Berechnungen der preuß. Militär-Medicinalabtheilung kamen in Preußen 1846—63 auf 1,000 Soldaten $0{,}46$ Selbstmorde, 1867 dagegen $0{,}61$ (1868 $0{,}63$), in der französischen Armee 1867 $0{,}46$, in der englischen 1860—65 $0{,}28$ °/oo. Nach Schimmer befinden sich in Oesterreich unter 1,000 auf gewaltsame Weise umgekommenen Personen im Civil $120{,}9$ Selbstmörder, im Militär dagegen nicht weniger als $558{,}3$. Die Zusammenstellungen Adolph Wagner's ergeben, daß auf je 100 Selbstmorde männlicher Civilpersonen, im Militär kommen:

in Sachsen (1847—58)	177	Selbstmorde.
„ Württemberg (1846—50) . .	192	„
„ Frankreich (1856—60) . . .	253	„
„ Preußen (1849)	293	„
„ Schweden (1851—55) . . .	423	„
„ Oesterreich (1851—57) . . .	643!	„

Dieses Verhältniß hat sich namentlich in Sachsen in wahrhaft erschreckender Weise verschlimmert. Im Jahre 1868 (in welchem die Umgestaltung der sächsischen in die preußischen Militäreinrichtungen sich besonders fühlbar gemacht zu haben scheint) wurden sogar nicht weniger als 30 Selbstmorde constatirt, und zwar bei einem einzigen Regimente (Schützen) nicht weniger als 5."

So weit Kolb. — — —

Wir gelangen nun zur Besprechung der **schädlichen Einwirkungen des Militarismus auf die Soldaten in politischer, geistiger und sittlicher Beziehung.** Diese politischen, geistigen und sittlichen Nachtheile sind vielfach wieder die Folgen der bereits geschilderten ökonomischen und physischen Schäden. Auch lassen erstere sich nicht streng auseinander halten, weil sie in vielfacher Beziehung in einander laufen und sich gegen-

seitig bedingen. Trotzdem glauben wir im Folgenden eine gewisse Scheidung der Begriffe, soweit uns dies eben möglich war
und angezeigt erschien, beibehalten zu haben.

Betrachten wir zunächst die politische Seite der Sache.

An der Ausübung der politischen Pflichten und dem Genusse
der politischen Rechte wird der Soldat mehr oder weniger, direct
oder indirect in allen Staaten gehindert. Wir müssen von vorn
herein bemerken: Man möge überhaupt nicht etwa glauben, daß
das Militär allein für den Krieg existirt. Nein, eine seiner
Hauptaufgaben hat es im Frieden zu erfüllen. Sie besteht in der
Untergrabung oder Niederhaltung aller politischen Freiheit, in der
systematischen Unterdrückung des bürgerlichen Selbstgefühles, überhaupt in der Knechtung der Geister. So genießen die Soldaten
in den echten Militärstaaten kein Wahlrecht, kein freies Versamm-
lungsrecht; oft ist ihnen sogar politische Lectüre ganz oder theilweise verboten. Wo sie aber das politische Wahlrecht genießen,
wird es doch rein illusorisch; den Vorgesetzten ist es alsdann in
die Hand gegeben, jene Rechte ihrer Untergebenen für ihre eigenen
Interessen und Zwecke auszubeuten, und zwar in bedeutend höherem
Grade, als dies beispielsweise ein größerer Fabriks= oder Guts=
besitzer kann, da das Abhängigkeitsverhältniß beim Militär weit
schroffer zu Tage tritt als im Civilleben. Man ist sogar so weit
gegangen, in der Zeit der Wahlen die im Reserve= oder Land=
wehrverhältniß stehenden Mannschaften schnell einzuberufen, um sie
auf diese Weise ihrer politischen Thätigkeit zu entziehen. So hat
man es auch in der Hand, politisch Mißliebige — um uns des
gegnerischen Ausdruckes zu bedienen: „unschädlich" zu machen.
Diese Erfahrung kann z. B. ein politischer Schriftsteller, ein
Zeitungsredacteur oder ein Candidat für die Volksvertretung an
sich machen.

Aber ganz abgesehen von diesen Umwegen und Kniffen, viel
directer noch wirkt man auf die politische Unterdrückung. Man
erzieht bei den Soldaten mit Hülfe des Drillsystems und der
„herrlichen Disciplin" den Servilismus und pflegt den
blinden Gehorsam. „Drücken nach unten" und „kriechen nach oben"

ist der militärische Wahlspruch. „Nicht rechts und nicht links geschaut, still gestanden und nicht gemuckst" . . . so dressirte Leute werden nicht verfehlen, ihren „beschränkten Unterthanenverstand" auch im Civilleben zu bethätigen; sie werden allerdings brauchbare und „ruhige Bürger" abgeben und sich bei den Wahlen recht fromm benehmen. —

Ein Gutes müssen wir dem beim Militär cultivirten blinden Gehorsam allerdings lassen, nämlich daß durch ihn brave Lackeien, Kutscher, Hausknechte und Stiefelputzer erzogen werden, und wenn es auch nur Preßlackeien und literarische Stiefelputzer wären!

Wenn die sogenannten Liberalen mitleidig über das Verdummungssystem der katholischen Geistlichkeit lächeln, so sollten diese guten Leute doch bedenken, daß das Verdummungssystem beim Militär noch viel mehr im Schwunge ist, und noch dazu in viel roh=plumperer, in die Augen fallenderer Weise betrieben wird, während die katholischen Priester ihre Sache doch wenigstens geschickt und mit einer gewissen Liebenswürdigkeit anstellen. Wenn Tausende von Soldaten vor einem Lappen auf ein Kommando= wort ihres Vorgesetzten die Gewehre präsentiren, so erscheint uns das doch wahrhaftig als größerer Götzendienst, als wenn Jemand vor einem Heiligenbild niederkniet und betet.

Die Soldatenknechtschaft ist streng genommen ärger als Sklaverei. Einmal vom volkswirthschaftlichen Standpunkte betrachtet ist die Sklavenarbeit productiv, die Thätigkeit (denn Arbeit kann man es nicht nennen) des Militärs jedoch unproductiv oder vielmehr destructiv. Der Sklave ist daher immerhin ein arbeitender, der Gesellschaft nützender Mensch, was ihm einen gewissen mora= lischen Halt zu geben vermag, während der denkende Soldat wissen muß, daß er sich und der gesammten Menschheit zum Schaden existirt; und dieses Bewußtsein ist eben demoralisirend.

Allerdings hat der Soldat allenfalls einen nicht unwesent= lichen Vortheil vor dem Sklaven, nämlich daß er in der Regel nicht wie dieser in lebenslänglicher Knechtschaft verbleibt; aber die Nachtheile sind durchaus überwiegend. Erstens empfindet der Sol= dat die Knechtschaft härter, weil er sie gewöhnlich nicht — wenigstens nicht in der schroffen Form wie der Sklave — von Jugend auf getragen hat; der Sklave hingegen ist meistens schon als Sklave geboren. Der Sklave wird mehr geschont, weil er seinem Besitzer Geld kostet. Der Soldat kostet zwar dem Staate sehr viel Geld, doch Demjenigen, welcher fast mehr Rechte über ihn hat als ein Besitzer über sein Eigenthum, kostet er nichts. Der Sklave wird in der Regel auch nicht zum Menschenschlachten dressirt und in den Krieg getrieben wie der Soldat. Außerdem ist heut zu Tage jeder civilisirte Mensch über die Unsittlichkeit der Sklaverei einig, aber leider noch nicht über die Unsittlichkeit der Militärknechtschaft. Die Sklaverei hat vermuthlich in einigen Decennien, wenn nicht noch früher, aufgehört zu existiren, während die Militärherrschaft wenigstens nach dem vorläufigen Anschein sich immer mehr ausdehnt. Die Sklavenpeitsche wird beim Militär durch den Korporalstock oder, wo er nicht mehr besteht (und das ist allerdings jetzt in den meisten sogenannten civilisirten Ländern der Fall), durch viele andere, oft härtere, ja manchmal sogar der Gesundheit noch schädlichere Strafen ersetzt. Hierher gehören strenger Arrest, hie und da noch Lattenstrafe, Baumanbinden ꝛc., letzteres namentlich im preußisch=deutschen Kultur= und Musterstaate beliebte Strafmethode.

Wir wollen und können eine so barbarische Strafe wie die Prügelstrafe natürlich nicht vertheidigen, sondern nur mißbilligen; anderseits müssen wir es jedoch bellagen, wenn man als Ersatz dafür statt mildere, eher noch härtere Strafen einführt, die nur äußerlich und anscheinend ein humaneres Gepräge tragen, factisch aber oft noch grausamer sind. Die Leute, die nach früherem Militär= strafgesetz geprügelt wurden, werden eben jetzt im günstigsten Falle zu mehrwöchentlichem „strengen Arrest", im ungünstigen aber zu zehn=, zwanzigjähriger oder lebenslänglicher harter Gefängniß= oder Festungsstrafe verurtheilt oder gar erschossen. *)

---

*) Dabei ist eines wichtigern Umstandes zu erwähnen: die Verminderung der Leibesstrafen hat die Todesstrafen vervielfältigt. Darum beklagte sogar der Marschall und zeitweilige Kriegsminister Gouvion Saint=Cyr die Abschaffung der Leibesstrafen im französischen Heere, da man nun entweder die Mannszucht verfallen lassen, oder die Strafe des Erschießens um so öfter anwenden müsse.

Es ist nun allerdings richtig, daß zur Aufrechterhaltung der militärischen Ordnung solche harte und grausame Strafen unbedingt nothwendig sind; aber das zeigt uns ja eben das Unberechtigte des Militärs, den inneren Widerspruch, sein widernatürliches Dasein. Die Gesellschaft soll eben gegen Institute ankämpfen, die zu ihrer Existenz barbarische, bestialische Mittel bedürfen. Die Gesellschaft soll unsittliche Institutionen unter sich nicht dulden, und wenn sie letztere nicht auf einmal abschaffen kann, doch zum Mindesten nicht noch begünstigen, jedenfalls ihre Existenz nicht als gerechtfertigt darstellen. Dieses Institut basirt auf Zwang und Gewaltthat und ist somit immoralisch, verwerflich. Schulz (Seite 110) sagt u. a. über die militärischen Strafgesetze:

„Rasches, aber darum oft willkürliches Verfahren, sodann für eigentlich militärische Vergehen harte und nicht selten grausame Strafen, ist das Gepräge aller militärischen Strafsysteme. Eine Ausnahme davon macht etwa die schweizerische Strafgesetzgebung, die aber auf kein stehendes Heer berechnet ist, und neben zweckmäßigen Bestimmungen eigenthümliche Schwächen hat.

In neuerer Zeit wurden da und dort einige Milderungen versucht, wodurch aber nichts Wesentliches gebessert werden konnte. Das ganze System der ständigen Bewaffnung ist ja auf Zwang und Gewaltthat gegründet, und so bedarf es auch der Härte und Grausamkeit, um sich sein widernatürliches Dasein fristen zu können.“

Wie schon angedeutet, ist die Prügelstrafe beim Militär jetzt freilich in den meisten civilisirten Staaten abgeschafft; aber wissen wir denn auf wie lange? Gehört es denn zu den Unmöglichkeiten, daß wir es noch erleben, sie in diesem oder jenem der den Ton angebenden Staaten eines schönen Tages wieder eingeführt zu sehen? Und wenn einmal ein Staat damit den Anfang gemacht hat, so wird er sicher seine Nachahmer finden! Die Reaction feiert in Europa in den letzten Jahren bedeutende Triumphe (sie hat dies bewiesen in Bezug auf Preß- und Versammlungsbeschränkungen),

---

(Schulz-Bodmer: „Die Rettung der Gesellschaft aus den Gefahren der Militärherrschaft.“ Leipzig 1859. S. 112.)

sie könnte auch hier wieder einen Sieg erringen. Es ist übrigens
noch nicht allzulange Zeit her, als noch in den meisten Staaten
Europa's beim Militär geprügelt wurde, *) selbst in Deutschland
ist unseres Wissens die Prügelstrafe für die sogenannten „Soldaten 2. Classe" erst 1871 abgeschafft worden.

In England und Oesterreich wurde diese Strafe ebenfalls erst

---

*) „Bei dem englischen Landheere ist die Verhängung der in neuerer Zeit
seltener angewandten und auf ein geringeres Maß beschränkten Peitschenstrafe
vom kriegsgerichtlichen Erkenntniß abhängig gemacht und früherer Willkür eine
Schranke gesetzt worden. Dies wagte man aber noch nicht auf der Flotte einzuführen. Ueberhaupt ist auf den Kriegsmarinen das Strafverfahren meist sogar
noch strenger und rücksichtsloser gegen den wirklich oder scheinbar Schuldigen,
als bei Landarmeen. Und freilich kann auf einem Kriegsschiffe durch Meuterei
und Ungehorsam gegen die Befehle der Obern, noch unmittelbarer die Sicherheit
der gesammten Mannschaft gefährdet werden, als die des betreffenden Truppen-
körpers einer Landarmee durch ähnliche Vergehen. Bei allen parlamentarischen
Verhandlungen über Beibehaltung oder Abschaffung des Peitschens war es das
Hauptargument der Vertheidiger desselben, daß sich viel Gesindel anwerben lasse,
das ohne Peitsche nicht im Zaum zu halten sei. Die Erwiderung lag also
nahe, daß nach Abschaffung der Peitschenstrafe wol auch das Heer zu moralisch
bessern Bestandtheilen gelangen werde.

(Bei den eingeborenen Truppen Ostindiens war im Jahre 1835, unter Lord
Pentink, die Peitschenstrafe ganz oder beinahe ganz und mit gutem Erfolge
abgeschafft. Sie wurde 1837 durch Lord Hastings wieder eingeführt, um den
europäischen Truppen keinen Grund zur Eifersucht zu geben. — Das Ein-
brennen eines D bei Deserteuren gehört gleichfalls noch zu den harten und
auffallenden Bestimmungen des militärischen Strafrechts in England; nach einer
Verordnung von 1853 soll dies bei einer zweiten Verurtheilung nicht wiederholt geschehen, wenn das erste Brandmal noch deutlich genug ist.)

Auch in Rußland wurde zwar nicht die Grausamkeit der Militärstrafen
gemildert, aber man suchte doch die Willkür der Officiere in Ertheilung derselben etwas zu beschränken. Indessen mag die Beobachtung nicht grundlos
sein, daß zur Zeit der Russe noch so wenig an die Herrschaft des Gesetzes gewöhnt ist, um sich lieber den von Leidenschaft und Laune seiner Vorgesetzten
dictirten Strafen zu unterwerfen; die Willkür der Obern ist ihm ja noch das
personificirte Gesetz, dem er in allen Lagen seines Lebens unterworfen bleibt.
Im Widerspruche mit einer herkömmlichen Meinung soll nach neuern Ver-
sicherungen die jetzt völlig abgeschaffte (?) Knute nur als Strafe für schwere
Vergehen, womit meist Verbannung nach Sibirien verbunden war, zur An-

vor wenigen Jahren aufgehoben. In Rußland soll zwar jetzt das Gesetz die Anwendung der Knute verboten haben, jedoch wird, wie man hört, dessenungeachtet nach wie vor munter weiter geprügelt.

In England hat man sich erst vor etwa einem Jahre noch lebhaft mit der Frage beschäftigt, ob es nicht wegen der zahlreich überhand nehmenden Desertionen besser sei, wieder zur „kenn-

wendung gekommen und im Heere nie eingeführt gewesen sein. Aber da ein russischer Lieutenant oder Oberst durch einfachen Befehl seine Soldaten zu einer Stockstrafe bis 150 und 500 Prügeln verurtheilen kann; da auf Desertion vor dem Feinde dreimaliges Gassenlaufen durch das Bataillon, eine Strafe von etwa 3000 Hieben, steht, die selbst ein russischer Körper nicht immer erträgt; da mithin solche Leibesstrafen oft nichts anderes als mit raffinirter Grau- samkeit vollzogene Todesstrafen sind: so liegt wenig daran, ob es Knute oder andere Marterwerkzeuge sind, womit russische Soldaten zu Tode gepeinigt werden." (Schulz-Bodmer: „Die Rettung der Gesellschaft aus den Gefahren der Militärherrschaft." Leipzig 1859. S. 110—112.)

„Der Verfasser hat selbst erlebt, daß im Jahr 1830, nach Einnahme der aufständischen Stadt Göttingen, hannoversche Soldaten, die sich geweigert hatten vier Wochen lang Nichts wie Erbsen zu essen, wegen Meuterei nach den englischen Kriegsartikeln (weil damals England und Hannover noch den- selben Fürsten hatten!) empörender Weise zu 300 Peitschenhieben verurtheilt und wirklich — ihrer Bitte, sie zu erschießen, ungeachtet — todt gepeitscht wurden!" (Röder: „Die Kriegsknechtschaft unsrer Zeit und die Wehrverfassung der Zu- kunft." Deutsche Vierteljahrsschrift, Juli—September 1868. Nr. 123. Stutt- gart, Cotta'sche Buchhandlung.)

Röder (S. 165) sagt: „Unsere Meinung, daß in Preußen die Stockschläge bei den Truppen längst beseitigt seien, beruhte auf einem Irrthum. Mit Bedauern haben wir uns kürzlich durch die Streitverhandlungen angesehener Blätter be- lehren lassen müssen, daß bei Soldaten „zweiter Klasse" noch heute 40 Hiebe zulässig sind!"

„Eine Verfügung vom November 1859 beschränkte die körperlichen Züch- tigungen der Soldaten (mit der „neunschwänzigen Katze"); dennoch wurden 1863 518, 1864 528 und 1865 441 Mann gepeitscht, und 3001 1438 und 1592 als Deserteure oder wegen schlechter Aufführung gebrandmarkt." (Kolb: „Statistik, S. 64. 2. Abtheilung." Leipzig, 1871.)

„Gemeine Soldaten können „„wegen Immoralität, Uebelverhaltens oder Pflichtversäumung"" zu körperlicher Züchtigung bis zu höchstens 50 Streichen verurtheilt werden." (Gneist: „Das englische Verwaltungsrecht mit Einschluß des Heeres, der Gerichte und der Kirche." Zweiter Band. Berlin 1867. S. 964.)

schwänzigen Kaße" zurückzukehren, und bald darauf nahmen sich große deutsche Blätter, wahrscheinlich in höherem Auftrage, der Vertheidigung jener barbarischen Strafe auf das wärmste an.

Auch in Frankreich konnte man nach dem leßten französisch-deutschen Kriege von älteren Officieren oft die Worte hören: « Il faut retourner au bâton. » Sie glaubten wahrscheinlich, durch dieses Mittel den alten französischen „Kriegsruhm" wieder herstellen zu können.

Daß jeßt viele „Gebildete" und „Besißende" in den Armeen als gemeine Soldaten (resp. Einjährig-Freiwillige ec.) dienen, würde man höheren Ortes nicht als Grund gegen Wiedereinführung des Stockes für die anderen Soldaten gelten lassen; denn natürlich würde man diese Leute von derartigen Strafen ausschließen. Das ergibt sich schon aus der namentlich in Preußen herrschenden Theorie von der „höheren Ehre" (als ob die Ehre einer Comparation fähig wäre). Prügel verdient nur das dumme Volk mit seinem beschränkten Unterthanenverstand! —

Ganz besonders demoralisirend ist auch die beim Militär herrschende Ungleichheit vor dem Gesetz. So wird der Soldat, den man zum Militärdienst gepreßt, und der alle Beschwerden desselben in weit größerem Maße zu ertragen hat als der Officier, für das gleiche Vergehen in der Regel viel härter bestraft als dieser, der sich seinen Beruf (wenn die Sache diese Bezeichnung überhaupt verdient) gewöhnlich freiwillig gewählt hat, und dem er eine Freude ist.

Aber müßte es nicht gerade umgekehrt sein? Der Officier sollte doch seine Pflichten viel besser kennen als der Soldat. Er soll ja größere Einsicht und mehr Bildung besißen, er ist ja Soldat von Fach, er hat dieses freiwillig ergriffen und konnte zum Voraus über die Consequenzen seines Schrittes im Klaren sein, während der Soldat in der Mehrzahl der Fälle eben Zwangs-soldat ist, der von dem ihm aufgebürdeten Beruf gar nichts wissen wollte, der auch gar nicht wie der Officier für seine Leistungen volle Entschädigung erhält, und der obendrein nur eine sehr geringe

Aussicht auf Ehrenbezeugungen, Avancement, Gehaltserhöhunnge und Dotationen hat.

Das herrschende System des militärischen Gehorsams demoralisirt nicht nur nach unten, sondern auch nach oben; denn es ist dem Oberen in die Hand gegeben, seine Straf- und Zucht-befugniß in willkürlicher und ungerechter Weise zu handhaben, und es liegt daher nur allzu nahe, daß Willkür und Ungerechtigkeit factisch ausgeübt wird. Der Vorgesetzte kann dies sehr leicht thun, weil er seinen Untergebenen gegenüber dasteht, wie ein Starker gegenüber wehrlosen Geschöpfen; denn das Beschwerderecht, welches den Sol-daten bei erlittenen Ungerechtigkeiten zustehen soll, ist genau be-trachtet rein illusorisch. In den meisten Fällen wagt es der Soldat gar nicht, sich über einen Vorgesetzten zu beklagen, weil er recht gut weiß, daß er von den beiden Theilen derjenige ist, welcher stets „den Kürzeren" zieht. Er fürchtet mit Recht, von dem Ver-klagten während seiner ganzen Dienstzeit gequält und mißhandelt zu werden, und dem Vorgesetzten ist es ja ein Leichtes, seine Rache zu kühlen. Letzterer kann den betreffenden Soldaten beim Exercieren, bei den gymnastischen Uebungen und bei andern Dienstleistungen „schärfer hernehmen". Er kann z. B. geputzte Knöpfe und Ge-wehre ungeputzt finden; kurzum er vermag den Soldaten in tausend Kleinigkeiten zu drangsaliren und wegen derselben zu bestrafen. Ja mehr noch, der Vorgesetzte hat es thatsächlich in der Hand, einen Soldaten — wenn auch vielleicht nur indirect und allmälig — „auf die Festung zu bringen" oder gar zum Selbstmord zu treiben.

Wenn aber wirklich einmal ein Soldat die seltene Verwegen-heit besitzen sollte, einen Höhern, beispielsweise einen Officier, wegen von ihm erlittener grober Mißhandlungen, zum Exempel Ohrfeigen oder Püffe, anzuzeigen, welche Genugthuung erhält er dann? In den seltensten Fällen wird der Officier bestraft, weil die Anzeige in der Regel rechtzeitig „vertuscht" wird, d. h. sie gelangt meisten-theils nicht weiter als bis zum Feldwebel (resp. Wachtmeister), welcher sie, wahrscheinlich auf höhere Inspiration hin, cassirt, oder die Angelegenheit wird so gedreht und gewendet, daß der Soldat obendrein noch bestraft wird. Bekanntlich darf jede Beschwerde nur mündlich geführt werden und muß den „Dienstweg" wandern, das heißt mit andern Worten etwa Folgendes: Wenn z. B. ein Soldat gegen seinen Major klagt, so darf er sich nicht direct an dessen nächsten Vorgesetzten, den Obersten, wenden, sondern er muß die Beschwerde zunächst seinem Unterofficier mündlich vortragen. Der Unterofficier meldet sie (mündlich) weiter an den Sergeanten, dieser an den Feldwebel u. s. w., bis sie an den Hauptmann gelangt. Letzterer überspringt nun den angeklagten Major und trägt sie dem Obersten vor. — Man kann sich leicht vorstellen, wie verdreht und verzerrt bei diesem schwerfälligen Mechanismus eine Klage schließlich an competenter Stelle anlangt. In den meisten Fällen wird sie beschönigt ausfallen, weil die die Beschwerde weiter meldenden Personen sich bei dem angeklagten Vorgesetzten einschmeicheln oder wenigstens sich denselben nicht zum Feinde machen wollen. Kommt es aber wirklich dazu, daß — um mit obigem Beispiel fortzufahren — der betreffende Officier wegen körperlicher Mishandlung eines Soldaten seine volle, gesetzliche Strafe erhält, so kann dies dem Soldaten doch keine hinreichende Genugthuung bieten; denn die Strafe erstreckt sich dann meistentheils auf wenige, für den Officier manchmal gar nicht unangenehme Tage oder Wochen Stubenarrest. Dabei ist das Sonderbarste an der ganzen Sache, daß der klagende Soldat schließlich nicht einmal erfährt, ob der verklagte Officier auch factisch bestraft worden ist oder nicht. Wenn es z. B. nicht der Fall gewesen, so kann der Kläger seine Beschwerde nicht einmal wiederholen, und die Angelegenheit schläft ruhig ein. — Hätte dagegen ein Soldat seinen Vorgesetzten thätlich angegriffen, so würde er so und so viele Jahre harte Festungsstrafe erhalten haben oder unter Umständen gar erschossen worden sein!

Uebrigens gibt es auch verschiedene „Freundschaftspüsse" und „Freundschaftsschläge", gegen die der Soldat gar nicht zu klagen berechtigt ist. So kommt es vor, daß ein Unterofficier einem Soldaten bei „Gewehr über" das Gewehr, um es in die „vorschriftsmäßige Lage" zu bringen, derart an die Wange drückt oder, wie man es im Commißbrobdeutsch nennt, „einsetzt", daß der dadurch ent-

stehende Schmerz ärger sein dürfte als der durch eine kräftige Maul-
schelle erzeugte! — — — — — Wem fällt da nicht das „frisch-
fromm-fröhlich-freie" deutsche Liedchen ein: „Ha, welche Lust
Soldat zu sein!" Wir möchten uns nur erlauben, statt des
Ausrufungs- ein Fragezeichen zu setzen mit der Bemerkung: Um
gefällige Antwort wird gebeten. — Es gibt derartige Freundschafts-
torturen noch viele, allein es würde uns zu weit führen, sie alle
hier aufzuzählen, und so müssen wir es bei diesem Beispiel be-
wenden lassen. — —

Eine weitere ungerechte Bevorzugung, welche ebenfalls den
ganzen inneren Widerspruch des Militarismus documentirt, ist die in
vielen Ländern bestehende Einrichtung des einjährig-freiwilligen
Dienstes. Von den Gründen, welche man zur Rechtfertigung dieses
Institutes angibt, ist einer immer verdrehter und unsinniger als
der andere. Man sagt nämlich, Dem, der eine höhere Bildung
und ein genügendes Einkommen besitzt, um sich während seiner
Dienstzeit aus eigenen Mitteln erhalten zu können, müsse man
doch billigerweise das Vorrecht zugestehen, statt mehrerer Jahre nur
Eines zu dienen, zumal solche Leute vermöge ihrer größeren Kennt-
nisse in einem Jahre mindestens dasselbe lernen müßten, als andere
Sterbliche in 3, 4 oder 5 Jahren.

Betrachten wir aber doch die Sache ein wenig bei Licht, und
wir werden finden, daß alle diese Gründe eben Scheingründe, hohle
Phrasen und Albernheiten sind, daß sie alle die größten Unwahr-
heiten, wo nicht Widersprüche in sich bergen.

Zunächst liegt es doch auf der Hand, daß diejenigen, welche
in einer gesellschaftlichen Vereinigung mehr Vortheil genießen als
andere, — und als solchen muß man doch höhere Bildung und
größeres Einkommen ansehen — nicht geringere, nicht einmal die
gleichen, sondern sogar mehr Pflichten erfüllen sollten als die andern. Wir sehen ganz davon ab, daß es finanziell besser situirten
Leuten viel leichter wird, die Unannehmlichkeiten des Militärdienstes
zu ertragen.

Namentlich diejenigen, welche behaupten, daß das Militär zum
Schutz des Staates und des Eigenthums bestehe, müssen die Richtig-

keit des vorletzten Satzes vollends zugeben; denn die höhere Bildung wird in den meisten Fällen mit Hülfe des Staates erworben, weil der Staat, beziehungsweise die Gemeinde die Kosten für höhere Bildungsanstalten entweder ganz oder doch zum größten Theil bestreitet, während für die niederen Bildungsanstalten, für die sogenannten Volksschulen, in fast allen Staaten nichts oder sehr wenig gethan und verausgabt wird. Ergo schuldet der Gebildete dem Staate mehr als der Ungebildete, jener sollte naturgemäß auch größere Pflichten gegen den Staat erfüllen als dieser. Ebenso steht es mit dem Besitzenden. Wenn es wahr ist, daß der Staat mit Hülfe des Militärs das Eigenthum des Besitzenden schützt, so muß letzterer doch mehr Grund haben, durch seine Militärdienste den Staat zu schützen als der Arme, dem der Staat kein Eigenthum schützen kann, weil er keines hat.

Ganz unwahr ist es ferner, daß ein „Mann von höherer Bildung" das Soldatenhandwerk vermöge dieser schneller erlernen soll (so wenig auch dabei zu lernen sein mag) als ein Ungebildeter. Nein, ganz im Gegentheil, der Ungebildete, z. B. der Bauersknecht wird sich in Folge seines beschränkten Ideenkreises viel eher und leichter zum Exercierhampelmann abrichten lassen, — weil er nicht denkt und von Jugend auf schon mehr oder weniger an den unbedingten Gehorsam gewöhnt ist, — als ein Mann, der als denkendes Wesen sich bewußt werden will, aus welchem Grunde und zu welchem Zwecke er eine ihm anbefohlene Handlung ausführen soll. Wäre die militärische Disciplin nicht eine so äußerst harte, so würde es niemals ein gebildeter, sich selbst achtender und denkender Mensch dahin bringen können, sich zu einem willenlosen Werkzeug, einer Exerciermaschine, einer Draht= oder Gelenkepuppe herabzuwürdigen!

Man mache uns nicht als Grund für die größere Befähigung des Freiwilligen das Moment geltend, daß er oft schon nach einjährigem Dienste zum Officier befähigt sei, der dieselben Dienste zu verrichten vermöge, wie der Berufsofficier des gleichen Grades, der „Mann von Fach". Das beweist uns eben nur, wie blutwenig zum Officier, wenigstens zum niederen, gehört. Nicht einmal das biedere Schusterhandwerk läßt sich in einem einzigen Jahr erlernen!

Es wäre auch irrig zu glauben, daß es die größere, auf dem Gymnasium, der Realschule oder durch Privatunterricht erhaltene Vorbildung ausmache, die einen Freiwilligen schon nach einjährigem Dienste zum Offizier befähige; denn jene theoretische Bildung hat mit dem practischen Militärdienste rein nichts zu thun.

Von welcher Seite wir die Sache auch immer betrachten, stets gelangen wir zu demselben Resultate: **Das herrschende Militärsystem, der Militarismus ist ein System von Ungereimtheiten und Widersprüchen, im Grunde genommen also gar kein System!**

Ueberhaupt der ganze Wehrzwang oder, wie man es beschönigend nennt, die „Wehrpflicht", ist eine ungerechte, eine unsittliche Einrichtung. Mit welchem Rechte kann man denn Jemand zu einer Beschäftigung zwingen, zu der er — wie es doch fast immer der Fall sein wird — weder Lust noch Neigung hat?! Mit welchem Rechte kann man ihn zwingen, seinen Beruf aufzugeben, mit welchem Rechte kann man ihn seiner Familie entreißen, um diese vielleicht brodlos zu hinterlassen, ihn von der Eingehung einer Ehe abhalten?! Mit welchem Rechte kann man ihn ferner zwingen, sogar seine politischen Ansichten zu wechseln, vielleicht ganz gegen seine Ansicht dem Fürsten und dem Lande zu schwören?!

Nun behauptet man zwar, daß diese Militärdienste Pflichten gegen das Vaterland seien; aber es ergibt sich ja aus unseren vorhergegangenen und mehr noch aus den folgenden Erwägungen, daß das Militär dem Vaterland überhaupt gar keine Dienste leistet; im Gegentheil, daß es dem Vaterlande, sowie der gesammten Menschheit eine fürchterliche Plage ist, und daraus folgt weiter, daß man auch von keiner Pflicht sprechen kann; denn man kann Niemand zu etwas Gemeinschädlichem und mithin Unsittlichem verpflichten.

Der Fahneneid kann daher auch nicht als bindend angesehen werden, wenigstens soweit er Zwangseid ist. Namentlich aus zwei Gründen: Erstens weil er nicht freiwillig, also nicht aus Ueberzeugung der Betreffenden geschworen wird; zweitens aber, weil er einer gemeinschädlichen, unrechten und unsittlichen Sache geschworen wird. Wir glauben, kein vernünftiger Mensch wird verlangen, daß Jemand, der — sei es nun freiwillig oder unfreiwillig — schwört, ein Unrecht oder eine Unsittlichkeit zu begehen, dieses nun auch wirklich a u s f ü h r e, um den Eid nicht zu brechen. — — —

Noch ein Wort über die M o r a l d e r S o l d a t e n. Es ist auffallend, daß trotz des „edeln und ehrenvollen Berufes" dieselbe ziemlich lax ist; aber die Schuld daran trägt nicht der einzelne Soldat, sondern das ganze „Militärs y s t e m". Der Einzelne ist immer ein Product der gesammten Verhältnisse, die ihn umgeben und bedingen; sie machen ihn mit gleichsam mathematischer Consequenz zu dem, was er ist. Wenn man diesen Satz festhält, wird man es begreiflich finden, daß Leute, denen edlere und höhere Genüsse nicht zugänglich, die vom politischen Leben so gut wie ausgeschlossen sind, die auch kein Familienleben haben, dagegen aber in Kasernen eng zusammengepfercht leben müssen, sich leicht Unsitten aller Art, soweit diese keine Grenze in ihrem beschränkten Einkommen oder in anderen äußeren Umständen finden, hingeben. So erklären sich die bei den Soldaten vorherrschende Rohheit, die Trunk- und Spielsucht und die geschlechtlichen Ausschweifungen.

Während der Militärdienst für die betroffenen Massen eine fürchterliche Last ist, so ist er für die Officiere — wenn sie auch einige Unannehmlichkeiten mit in den Kauf nehmen müssen — eine Freude. Daher dienen die Heere auch vielfach als Versorgungsanstalten für den arbeitsscheuen Adel. Diesen Leuten behagt eben das dolce far niente, sie wählen den Stand — um mit den Worten Larroque's zu sprechen: „Um Nichts zu machen oder um Alles zu machen, nur Nichts, was zum Wohl anderer Menschen beitragen könnte." *) — Für gewerbliche und kaufmännische Thätigkeit sind diese Herren in der Regel zu stolz, zum Gelehrten und Künstler meist zu faul, und so bleibt ihnen also die Armee. Die Officierscarriere ist um so anziehender für Leute dieses Schlags, als

---

*) „ . . . . . pour ne rien faire ou pour faire toute autre chose que ce qui tournerait au profit des autres hommes." (Larroque, „De la guerre", Paris 1864.)

damit heut zu Tage in den meisten Ländern eine bedeutende Bevorzugung vor andern von Seiten der Regierung, des Staates, der
Gesellschaft und insbesondere des „schönen Geschlechts" verbunden
ist. Das Officiers= besonders das Lieutenantsleben hat einen so
vergiftenden Einfluß, daß Leute mit sonst gesunden und vernünftigen Ansichten, nachdem sie einmal eine kurze Zeit die „Uniform
des Königs" getragen haben, sich sehr zu ihrem Nachtheil veränder-
ten, d. h. etwas deutlicher gesprochen, daß bei ihnen der gesunde
Menschenverstand ein wenig Schiffbruch gelitten hatte. Man wird
dies begreiflich finden, wenn man die Unterhaltung dieser Herren
beobachtet. Den Hauptgegenstand derselben bilden gewöhnlich neue
Gewehre oder Kanonen, Liebschaften, Pferde und Hunde. So geht
bei diesen Leuten selbst der Sinn für das Vernünftige und Schöne,
der gute Geschmack verloren. Hiemit hängen eng zusammen die
unausstehlichen Manieren dieser Herren (wir haben namentlich ein
gewisses Land im Auge), die jeden, der nicht von diesem Gelichter
ist, auf das Empfindlichste verletzen müssen, und wenn es nicht zu
traurig wäre, wäre es wirklich zum Lachen, daß sich diese Menschen
in den Kopf gesetzt haben „Männer des bon ton" zu sein!

Diese häßlichen Manieren zeigen sich nicht etwa nur im
Dienst, sondern auch im Privatleben. Sie bestehen im widerlichsten
Brüllen und Einanderüberbrüllen, Schnattern und
Schnauzen, alles im Commandierton. Die breite, un-
gebildete Sprache ist gefüllt mit den häßlichsten Kraftausdrücken, wie
„scheußlich schön", „viehisch", „barbarisch", „auf taille", u. s. w.
Alle Bewegungen dieser Herren sind so eckig, wie ihre têtes carrées;
taktmäßig wie ihre Gewehrgriffe. Wo man sie sieht, im Salon,
im Theater, im Kaffeehaus, auf der Straße, immer benehmen sie
sich so wie auf ihren Drill= und Brüllplätzen. Mit einem Worte:
Dieses ganze Wesen riecht auf zehn Meilen weit nach Kommisbrod,
Erbswurst und Stallluft. Man erlasse uns hierüber noch mehr
zu sagen; denn schon beim Denken an diese ekelhaften Dinge kommt
uns ein gewisses Gefühl an, welches oft folgenschwer ist, das man
aber nicht gern ausspricht. Auch fürchten wir für die Gesundheit
unserer Leser. — —

Von der wahren Höflichkeit, dem wahren Anstand, haben diese Herren jenes angedeuteten Landes keinen Begriff. Der wahre Anstand gründet sich auf die Principien der Humanität, auf die gleiche Achtung aller der Menschheit nützenden Individuen. Das Militärsystem aber basirt auf Gewalt und Unterdrückung, es ist inhuman; und wer sich von diesen Principien nährt, kann die Idee des wahren Anstandes, der wahren Civilität nicht fassen. Der wahrhaft anständige Mann macht keinen Unterschied in der Behandlung zwischen sogenannt „Höher=" und „Tieferstehenden", alle behandelt er gleich höflich, gleich anständig.

So wenig allerdings bis jetzt der Anstand, wie wir ihn hier definiren, in der Welt realisirt ist, so finden wir ihn doch in Frankreich mehr als anderswo entwickelt. Der gewöhnlichste französische Arbeiter hat gebildetere und anständigere Manieren als der aristokratische Officier jenes Landes, welches wir im Auge haben; aber er hat deshalb gebildetere und anständigere Manieren, weil er gebildeter und anständiger denkt. Man sage uns nicht, die französischen, feinen Manieren seien nur leere, äußere Formen; denn Form und Wesen sind untrennbar. Das Wesen ringt stets nach Form um sich zu offenbaren; es ringt nach Gestaltung, um sich den Sinnen wahrnehmbar zu machen. Dasselbe gilt nicht nur von der Höflichkeit, sondern auch von Kunst und Wissenschaft, kurz von allen Gebieten des Geistes und Lebens. — Der französische Arbeiter denkt aber anständiger, weil er mehr Achtung vor seinen Mitmenschen hat, weil er folglich von diesen mehr geachtet wird und sich selbst achtet. Er achtet sich selbst, weil er den Werth, welchen die Arbeit für die Menschheit hat, kennt, und weil er in den mannigfachen Umwälzungen, welche Frankreich erfuhr, stets mit Leib und Leben für die Sache der Arbeit und mithin für die Sache der Menschheit eingetreten ist. — — — — —

Die nachtheiligen Wirkungen des Militarismus auf die Soldaten und deren Angehörigen, wie wir sie bisher geschildert haben, bezogen sich immer nur auf die Friedenszeiten. Betrachten wir daher in Folgendem die Schäden des Militarismus in Kriegszeiten! Es zeigt sich, daß sich fast alle die erwähnten Mißstände nicht nur im Kriege in weit größerem Maßstabe äußern, sondern daß sich sogar zu diesen noch eine Reihe anderer Uebelstände hinzugesellt. Was Löhnung und Verpflegung der Soldaten betrifft, so sind diese im Kriege meist noch schlechter als im Frieden. Die Einwendung, daß der Sold im Krieg oft erhöht wird, beweist nichts gegen unsere Behauptung; denn in der Regel sind die Preise der Waaren in bedeutend größerer Proportion gestiegen als die Löhnungen, und die Geldzulagen würden überhaupt gar nicht stattfinden, wenn die Waaren in solchen Zeiten eben nicht theurer wären. Ebenso ist die bessere Verpflegung (abgesehen davon, daß sie in den meisten Fällen nur auf dem Papier steht, factisch aber gar nicht stattfindet) durchaus nicht im gerechten Verhältniß zu der durch die Kriegsstrapazen erzeugten, größern Kraftanstrengung, zu der größern Muskelverzehrung. So findet also durch den Mangel an genügender Löhnung und Verpflegung ein physisches, chronisch zunehmendes Deficit statt, welches über kurz oder lang zum physischen Bankerott führen muß.

Die Folge der mangelhaften Löhnung und Verpflegung ist, daß die Angehörigen des Soldaten demselben durch materielle Unterstützung unter die Arme greifen müssen, wenn und soweit es ihnen überhaupt möglich ist. Diese Unterstützungen müssen aber den Angehörigen in Kriegszeiten um so schwerer, wenn überhaupt nicht unmöglich werden, als in letzteren die Einkünfte gewöhnlich geringer sind als im Frieden.

Ein großer, durch den Krieg erzeugter Nachtheil ist ferner, daß die Dienstzeit oft über das ursprünglich fixirte Maß hinaus verlängert wird. Genügt aber manchmal schon die Zeit des Dienstes in Friedensjahren, also die normale Dienstzeit, um den Soldaten für seinen Privatberuf weniger tauglich zu machen, so muß das bei einer Verlängerung derselben noch mehr der Fall sein.

Daß die Kriege meist unzählige Opfer von Todten und Verwundeten fordern, ist eine Sache, die Jedermann weiß, und wir ersparen uns daher hier darauf näher einzugehen, indem wir auf die am Schlusse dieses Abschnittes folgenden, aus Kolb entnommenen

Stellen verweisen. Dort sprechen Zahlen beredter und gewaltiger, als es Worte vermögen.

Wir hatten der zahlreichen, schon im Frieden beim Militär vorkommenden **Krankheiten** und der durch sie oft bewirkten **Todesfälle** gedacht; man wird leicht begreifen, daß diese Verhältnisse in den abnormen Zeiten des Krieges sich noch viel ungünstiger gestalten. Die Statistik weist nach, daß die an Krankheiten gestorbenen Krieger oftmals zahlreicher sind als die durch Wunden Getödteten. Also Strapazen, Entbehrungen, Aufregung und unregelmäßiges Leben liefern der Sichel des Todes oft mehr Opfer als die blutigsten Schlachten und Gefechte. (Siehe unten Kolb's diesbezügliche Ausführungen.)

In moralischer, geistiger und politischer Beziehung sind die Zustände nicht besser als in ökonomischer und physischer Hinsicht. Die Rohheit der Soldaten im Frieden steigert sich im Kriege bis zur Bestialität. Die beim Militär herrschende Bedrückung*) und Ungerechtigkeit zeigt sich jetzt weit schroffer, die Willkür, Härte und Grausamkeit der Strafen nimmt jetzt einen noch bedeutend erweiterten Umfang an. So z. B. kann die geringste thätliche Vergreifung an einem Vorgesetzten, auch wenn dieser durch Reizungen aller Art die That herausgefordert hätte, die Todesstrafe nach sich ziehen. Das Einschlafen des Vorpostens vor dem Feind, und wäre es auch nur in Folge der größten durch die Strapazen herbeigeführten Ermattung oder in Folge der durch Kälte entstandenen Erstarrung, kann dieselbe Strafe bewirken.

Von politischen Rechten und Freiheiten der Soldaten der meisten Heere ist schon im Frieden nicht viel zu entdecken, geschweige denn im Kriege! — Man erlasse uns, auf alle Einzelheiten weiter einzugehen, da der Leser, welcher aufmerksam unsern früheren Aus-

---

*) Allerdings erleidet dies zuweilen eine Ausnahme, z. B. kurz vor einer Schlacht, wenn die Vorgesetzten, namentlich die Herren Officiere, das Kanonenfieber bekommen. Dann werden die Herren oft wunderbar vertraulich und reden die Soldaten mit „Kameraden", „liebe Jungens" und mit andern Zärtlichkeitsbezeichnungen an. Sobald indeß die Schlacht vorüber ist, dann geht „der Ernst des Soldatenlebens" wieder an.

führungen bezüglich der Schäden des Militarismus im Frieden gefolgt ist, sich leicht ein Bild von den traurigen Zuständen im Krieg machen kann. Er multiplizire nur das dort Gesagte mit zehn, und er wird vielleicht dem Resultate nahe kommen. Eine gute Illustration zu unsern Erörterungen bieten folgende, aus Kolb's Statistik ausgewählte Stellen:

„Wir reden hier nicht von den Verwundungen, sondern nur von den Menschenopfern, welche Krankheiten in den Kriegen fordern. Das Ergebniß besserer Verpflegung tritt im Kriege noch mehr hervor als schon im Frieden. So hatte nach den Angaben des den Gesundheitsdienst leitenden, englischen General=Inspectors Marshall, die brittische Armee in den 41 Monaten des spanischen Krieges, abgesehen von den Verwundungen, durchschnittlich auf 1,000 Mann 118,s Todesfälle, wovon aber auf je 1000 Officiere bloß 37 trafen. (Dagegen starben an Wunden durchschnittlich 42,4 Gemeine, hinwieder 66 Officiere auf 1,000)".

Kolb's Handbuch der vergleichenden Statistik, Leipzig 1875, Seite 848/49.

Ferner schreibt Kolb Seite 849 ff.:

„Zunächst mögen einige Mittheilungen aus dem Krimkriege angeführt werden. Schon am 2. Oktober 1854 hatten die Briten auf 34,642 Mann, außer 1539 an der Alma Verwundeten, 5238 eigentliche Kranke, also über 151 auf 1000, ehe noch die eigentlich furchtbaren Strapazen begannen. In den ersten 7 Monaten des Feldzuges betrug die Sterblichkeit, auf das ganze Jahr berechnet, 65% bloß an Krankheiten, eine Mortalität, größer als zur Zeit der Pest in London, und größer als sie unter den Cholerakranken ist. Dank der freien Presse in England, mußte schleunigst für Abhülfe gesorgt werden, und nun erprobte sich eine gute Verpflegung: („der Zustand der britischen Truppen ward besser als der der französischen.") Während der 6 letzten Kriegsmonate zählte man unter den Kranken des Krimheeres verhältnißmäßig nicht viel mehr Sterbfälle, als unter den (natürlich im Allgemeinen gesunden) englischen Garden in der Heimath; ja in den letzten 5 Kriegsmonaten starben an Krankheiten von der Armee im Felde nur ⅔ soviel, als von den Truppen zu Hause. Viele der Verbesserungen wurden später beibehalten, und in Folge derselben ist die Sterblichkeit der englischen Truppen nun so vermindert, daß sie 1859 nur noch 9 vom 1,000 betrug, statt der früheren 17,5 (Durchschnitt von 1837—46). — Im Uebrigen haben die parlamentarischen Untersuchungen auch die wichtige Thatsache festgestellt, daß der Gesundheitsstand derjenigen Truppen am günstigsten ist, welche der gewöhnlichen Beschäftigung am wenigsten entfremdet werden. Dies zeigte sich in der Heimath bei dem Corps der Royal Engineers (bekannter unter ihrer früheren Bezeichnung von Sappeurs und Mineurs); nur ein Wochentag ist den eigentlichen Militärexercitien vollständig gewidmet,

die andern Tage blos zur Hälfte; die übrige Zeit wird mit gewöhn=
licher Arbeit zugebracht; gleichwol erwies sich das Corps als militärisch
trefflich geschult und dabei als vorzugsweise gesund. Ebenso hat man
bei den Truppen in Indien gefunden, daß diejenigen Soldaten, welche
nebenbei als Schneider, Schuster, Buchbinder, Uhrmacher oder drgl.
arbeiten, sich in Aufführung und Gesundheit auszeichnen, unbeschadet
ihrer militärischen Brauchbarkeit.

In der Regel verlieren auch in den blutigsten Kriegen weit weniger
Menschen das Leben durch feindliche Waffen als durch Krankheiten.
Im russischen Feldzug hatte Napoleon schon zwei Drittheile seines
ausgezeichneten Heeres eingebüßt, als er Moskau erreichte, obwohl er
die Hauptmacht seiner Feinde nur einmal zu einer Feldschlacht gebracht
hatte.*) Die schließlich siegreiche russische Hauptarmee aber, zu der
allmählig 209,800 Mann verwendet wurden, hatte nach 5½ Monaten
blos noch 40,290 bei den Fahnen! In dem Heere der Vereinigten
Staaten zählte man in den zwei Jahren vom 1. Juni 1861 bis dahin
1863 im Durchschnitt jährlich 53,2 Todesfälle auf 1000 Mann;
davon kamen nur 8,6 auf Verwundungen, dagegen 44,6 auf Krankheiten.
Bei den Officieren belief sich die Zahl der Todesfälle durch Verwun=
dungen auf 11½ vom Tausend, bei den Gemeinen nur auf 8½; da=
gegen die Sterbfälle durch Krankheiten bei den Ersten blos auf 22,
bei den Letzten auf 46. („A Report to the Secretary of War upon
the Sanitary Condition of the Volunteer Army; by Ferd. Law
Olmsted". — „Mortality and Sickness of the U. St. Volunteer forces,
by E. B. Elliot.")**)

---

*) „Hier ein paar Beispiele von Truppenkörpern, die überhaupt gar nicht
in das Innere des russischen Reiches kamen. Von dem baierischen Contingente
(30,000 Mann) gehörten 22,500 der Infanterie an, welche in Polen, beson=
ders gegen die Düna hin, verwendet waren. Am 16. August 1812, also noch
vor der Schlacht bei Polotsk, war jene Anzahl auf 12,500 zusammengeschmol=
zen. In der bezeichneten Schlacht verloren beide Infanteriedivisionen 159 Offi=
ciere und 1838 Soldaten, und Ende August, also im Hochsommer, stand wol
nur noch ein Drittheil unter den Waffen. Noch schlimmer war das Geschick
der Württemberger. Ihre Infanterie, ursprünglich 8,200 Mann, hatte bis zum
3. Sept. vor dem Feinde nicht mehr als 555 Mann eingebüßt; gleichwol be=
trug der Effektivstand am genannten Tage blos 1456; ebenso war die Caval=
lerie von 2114 auf 762 zusammengeschmolzen."

**) „Einem nach Beendigung des Krieges verfaßten Berichte des General=
chirurgen der nordamerik. Armee entnehmen wir folgende Notizen: Während
der zwei ersten Jahre des Krieges war die Zahl der operirten Soldaten nicht
weniger als 187,420, von denen 9705 Amputirte starben. Das Procentver=
hältniß der Mortalität ist wie folgt: an Amputationen des Vorderarmes 16%,
des Armes 21, der Schulter 39, des Gelenkes 13, des Beines 26, des Knies 55,
des Oberschenkels 64, des Hüftbeines 87 Procent. Bei 575 Schulterexcisionen
war die Mortalität 32%. Es gab ferner 11 Kniexcisionen, von denen blos
ein Operirter genaß, und 32 Hüftexcisionen, mit nur 4 Ueberlebenden. In den
Jahren 1861 und 1862 war die Sterblichkeit der Armee 5 Mal größer als

Zu den Wirkungen des Krieges gehört auch die Verbreitung der Blatternepidemien. Nach Dr. Guttstadt („die Pockenepidemie in Preußen") sind 1871 in Preußen an Blattern 59,838 Menschen gestorben, — in Berlin allein 5,086. Auch in Sachsen war der Menschenverlust min-

die der Civilbevölkerung und betrug 48,₇ im Jahr 1861, und 65,₈ Mann pro Tausend 1862. Die Gesammtzahl der Todesfälle in Folge nicht chirurgischer Krankheiten ergibt für die zwei Jahre 56,193, erclusive der gestorbenen Kriegs-gefangenen oder der als Invaliden heimgeschickten Soldaten. 10% der Armee lag beständig durch Krankheiten dienstunfähig. Die Gesammtzahl der behandel-ten Fälle war 878,918 im Jahre 1861, und 1,711,803 im Jahre 1862. An Fieber in Folge der Strapazen unterlagen 19,459 in 2 Jahren. An Diarrhöe und Dysenterie starben 11,560; an Entzündung der Respirationsorgane 8,090; Todesfälle an Skorbut, Syphilis und Krankheiten in Folge von Unmäßigkeit kamen wenig vor. Das Hospitalsystem umfaßte im Momente seiner größten Vollkommenheit 202 Generalspitäler und 136,894 Betten. Mehr als 1 Million Patienten verließen die Spitäler gänzlich hergestellt, und von der gesammten Masse der Behandelten starben nur 8 Procent.

Der gesammte Menschenverlust der Unionsarmee während des Krieges wird von Hautrowitz („Das Sanitätswesen der Verein. Staaten") auf 325,000 geschätzt.

Wir schalten hier eine Aufstellung ein, welche, bei aller Unsicherheit der Einzelangaben, immerhin nur allzureichen Stoff zum Nachdenken bietet. Die europäischen oder von Europäern in andern Erdtheilen geführten Kriege haben im Zeitraume von 1815 bis 1864 (also im Allgemeinen während der großen Friedensepoche!) gegen 2,762,000 Menschenleben gekostet, wovon 2,148,000 Europäer und 614,000 aus andern Welttheilen; demnach durchschnittlich 43,800 im Jahre. Die blutigsten dieser Kriege waren: Der Krimkrieg, der 508,600 Menschen wegraffte, nämlich 256,000 Russen, 98,000 Türken, 107,000 Fran-zosen, 45,000 Engländer und 2,600 Italiener; im Kaukasus kamen von 1829 bis 1860 im Ganzen 330,000 um. Der ostindische Aufstand 1857—1859 vernichtete 196,000 Menschenleben; der russisch-türkische Krieg (1828 und 1829) 193,000; der polnische Aufstand (1831) 190,000, die französische Besetzung Algeriens von 1830 bis 1859 im Ganzen 146,000; der ungarische Aufstand 142,000, und der italienische Krieg etwa 130,000. Von 1793 bis 1815 haben die großen europäischen Kriege 5,530,000 Menschenleben oder jährlich 240,000 gekostet.

Hier ist wohl auch zu erwähnen, wie viel oder wie wenig aufgewendet wurde zur Rettung der unglücklichen Verwundeten oder Erkrankten. Im Feld-zuge von 1866 betrugen (nach den Berechnungen des Stabsarzts Dr. Roth) die freiwilligen Leistungen in Preußen 1,305,180 Thlr. baar, 3,510,000 in Material.

Die amtliche Pflege kostete etwa 8,000,000 Thlr.; davon:

Eigentliche Pflegekosten	1,800,000 Thlr.
Unterhaltung der Feldlazarethe	900,000 „
Einrichtung und Unterhalt der 12 Kriegslazarethe . . .	396,000 „
„ „ „ 144 Reservelazarethe . .	2,544,000 „
Krankenzelte	48,000 „
Wäsche	500,000 „
Lazareth-Reserve-Depots	200,000 „
Krankentransport-Commission	19,000 „
	6,407,000 Thlr.

bestens eben so groß, wahrscheinlich aber erheblich größer als der, welchen die Choleraepidemie 1866 herbeiführte. Nicht minder hat der Typhus zugenommen. Während derselbe in Bayern durchschnittlich auf 100,000 Einwohner 70 Opfer forderte, stieg 1871 die Zahl auf 81%/oo."

Dagegen betrug in dem amerikanischen Kriege der Aufwand der (freiwilligen) Sanitary Commission der Ver. Staaten $ 4,924,048 in Geld, $ 15,000,000 in Material. Die Regierung verwendete für den Sanitätsdienst 1864 (nach Dr. H. von Haurowitz, „Das Militärsanitätswesen der Ver. Staaten") $ 10,103,980, diese Summe aber hauptsächlich nur für Medicamente und innere Einrichtung der Spitäler, während nicht gerechnet ist: Der Aufwand für Krankenverpflegung, für Besoldung der Aerzte und Beamten, für die Veteranen-Compagnieen, und für Erhaltung oder Neuerrichtung von Spitälern.

Bezüglich des Krieges von 1870/71 haben sich Amerikaner sehr tadelnd über die ungenügende Fürsorge für Verwundete und Kranke geäußert, und zwar nicht blos was das französische, sondern auch was das deutsche Sanitätswesen betraf."

Zweiter Abschnitt.

Die schädlichen Wirkungen des Militarismus auf Staat und Gesellschaft.

Wenn ein Glied des menschlichen Körpers in empfindlicher Weise leidet, so werden in der Regel verwandte Glieder in Mitleidenschaft gezogen, und bald krankt der ganze menschliche Organismus.

Genau so steht es mit dem großen socialen Organismus. Ist ein Glied desselben leidend, so verbreitet sich der ungesunde Zustand meist über andere Theile, und bald zeigen sich die Symptome allgemeiner krankhafter Zerrüttung am ganzen gesellschaftlichen Gliederbau. Daher übt der Militarismus nicht nur seine schädlichen Wirkungen auf die Soldaten selbst aus, sondern verbreitet dieselben auch auf den Staat, ja auf die gesammte Gesellschaft.

So zeigt sich dies zunächst in ökonomischer Hinsicht. Nicht allein die Soldaten werden wirthschaftlich benachtheiligt, sondern auch die Gemeinwesen, ja die Gesammtheit der Menschen, was folgende Ausführungen begründen sollen.

Zuvörderst erzeugt das Militär keine Güter, trotzdem verzehrt es aber solche. Es ist also nicht nur unproductiv, sondern sogar destructiv. Das Militär entzieht der Volkswirthschaft die Arbeitskräfte ohne diese anderweitig productiv zu verwenden, und zwar sind dies, wie wir wiederholt betonen müssen, die besten und jüngsten Kräfte, welche der wirthschaftlichen Thätigkeit entrissen werden, — Kräfte also, die mehr in's Gewicht fallen, als die älterer oder weniger arbeitsfähiger Leute. Aber gerade letztere müssen durch die Früchte ihrer Arbeit (in Form von Steuern ꝛc.) die arbeitsfähigeren, aber factisch wirthschaftlich unthätigen Leute erhalten.

Nicht genug, daß diese jungen und frischen Kräfte für meh rere Jahre des activen Dienstes der Volkswirthschaft entzogen werden, nein! — auch nach dieser Zeit müssen sie für eine lange Reihe von Jahren jeden Augenblick gewärtig sein, ihre Beschäftigung aufgeben zu müssen und noch dazu manchmal unter den ungün stigsten Verhältnissen und in der unpassendsten Zeit, wie z. B. in der Erntezeit. Wie nachtheilig dies die Soldaten berührt, haben wir schon im vorigen Abschnitt hervorgehoben; in diesem müssen wir jedoch betonen, daß daraus für die gesammte Volks wirthschaft die unheilsamsten Folgen erwachsen.

Durch den Umstand ferner, daß die Soldaten ungenügende Löhnung, Nahrung, Kleidung und Wohnung erhalten, treten sie, an geringere Bedürfnisse gewöhnt, in's Civilleben zurück, begnügen sich folglich mit geringeren Löhnen und drücken dadurch indirect auch die Löhne der andern Arbeiter herab, wodurch die Consum tion vermindert wird. Deshalb verringert sich wiederum die Pro ductionsfähigkeit der Arbeitenden, weil geringer genährte, schlechter wohnende und gekleidete Leute durchschnittlich auch geringere Leistungsfähigkeit besitzen. Eine naturgemäße Thatsache, die durch die Erfahrung des täglichen Lebens, sowie von jedem Mediciner bestätigt wird und durch unzählige, statistische Beobachtungen bis zur Evidenz bewiesen ist!

Aber nicht nur durch die hier beschriebene, durch geringere Consumtion erzeugte, geringere Arbeitsleistungsfähigkeit wird die Production geschädigt, sondern auch durch das Moment, daß man bei geringerem Verbrauch auch weniger Güter producirt, weil sie sonst keinen Absatz, keine Consumenten finden könnten. Je größer daher die Bedürfnisse, desto mehr wird man Bedürfnißbefriedigungs mittel: Güter schaffen, desto größer also die Production, (Land wirthschaft, Industrie, Handel, sogenannte geistige Arbeiten u. s. w.)

und je mehr Bedürfnißbefriedigungsmittel die Gesellschaft consumirt, desto größer die Arbeitsleistungen, die Gütererzeugung, die Production.*)

Wenn wir eben von einem geringen Consum des Militärs sprechen, so bezieht sich das natürlich auf den Consum von Nahrung, Kleidung, Wohnung und ähnlichen Bedürfnißbefriedigungsmitteln. Gewehre, Kanonen und Militärpferde z. B. haben nichts, Festungen und Kriegsschiffe so gut wie nichts mit der Bedürfnißbefriedigung der Soldaten zu thun. Würden wir diese Dinge mit einrechnen, so wäre der Consum des Militärs ein viel größerer als der der Civilisten. —

Außerdem hat die Production, welche durch diese Militär- und Kriegsgegenstände erhöht wird, wie die folgenden Erörterungen ergeben werden, keine volkswirthschaftliche Bedeutung. Waffen, Festungen u. dgl. müssen

---

*) Es ergibt sich daraus nebenbei bemerkt auch, daß die Lehre von der Sparsamkeit, welche alte Weiber, auch männlichen Geschlechtes, und nationalökonomische Fälscher den Arbeitern immer predigen, ein vulgärer Unsinn ist; denn je mehr der Arbeiter spart, also auf Bedürfnißbefriedigungsmittel verzichtet, desto mehr vermindert sich die gesellschaftliche Gütererzeugung, die sociale Production, und desto mehr verringert sich seine Arbeitsleistung, also wiederum die sociale Production. Die Gesellschaft wird durch die Sparsamkeit der Arbeiter also beeinträchtigt. —

Uebrigens können die Arbeiter, ohne sich selbst zu schaden, auf die Dauer gar nicht sparen, weil ihr Lohn sonst sinken würde, indem die Unternehmer — mit Ausnahme der wenigen, die sich etwa durch philantropische Rücksichten bestimmen ließen — sehr bald die Löhne herabsetzen würden, wenn sie bemerkten, daß die Arbeiter im Stande wären, von ihrem Einkommen noch zurückzulegen. Die Ersparnisse der Arbeiter kämen also nur den Unternehmern zugute.

Außerdem würden die allgemein beim Arbeiterstande gemachten Ersparnisse auch an Kauf- oder Tauschkraft verlieren, weil, wie schon nachgewiesen, in derselben Zeit, in welcher gespart würde, sich die gesellschaftlichen Producte verringerten, also dann nur ein geringeres Angebot von Producten stattfinden könnte. Folglich müßten die Producte theurer und mithin das Geld billiger werden. Ein Arbeiter müßte dann z. B. für ein Brod einen Franken bezahlen, wofür er vorher nur ½ Franken ausgab, weil sich das Angebot von Brod durch die verminderte Production desselben vermindert hätte.

natürlich auch hergestellt werden, aber sie sind nicht reproductiv. Werden z. B. Kleider producirt, so können dieselben zur Bedürfniß= befriedigung verwandt werden und tragen dazu bei, die Leute, welche sie brauchen, wieder productiv oder reproductiv zu machen. Noch mehr trifft dies mit der Nahrung zu; durch ihren Verbrauch setzen wir uns in den Stand wieder zu prociren. Diese Eigen= schaft fehlt aber z. B. der Kanone. Sie befriedigt kein einziges Bedürfniß; sie kann mithin auch nicht reproductiv sein. Aehnlich steht es mit Festungen, Kriegsschiffen, Gewehren u. s. w. Diese Dinge sind aber, wie wir später noch mehr ausführen werden, nicht nur unproductiv, sondern sie sind auch destructiv, da sie im Kriege dazu verwandt werden, Werthe zu zerstören. Trotzalledem werden jährlich Unsummen zur Herstellung großartiger Festungs= werke, imposanter Kriegsschiffe, zur Anschaffung neuer, „verbesserter" Gewehre u. dgl. verausgabt, während die Soldaten mit einem Hungersold abgespeist werden.

Uebrigens läßt sich nach aller Wahrscheinlichkeit annehmen, daß wenn diese Productionen für das Militär wegfielen, um so mehr gemeinnützliche und vernünftige, anderweitige Productionen entstehen würden. Hätten wir beispielsweise weniger Kanonen, Säbel und andere Waffen, so würden wir jedenfalls desto mehr nützliche Maschinen haben. Die militärischen Waffen vertheuern nur den Preis der Metalle und lenken den Verbrauch derselben von vernünftigen und nützlichen Gewerbszweigen ab. Ueberhaupt tragen, wie schon bedeutet, alle derartigen Militärindustrieen dazu bei, die Industrie auf falsche, unproductive Bahnen zu lenken, in's Besondere auch die Arbeiter einer productiven und vernünftigen Beschäftigung zu entziehen. Noch mehr: der martialische Geist dieser militärischen Industrieen verdirbt den guten künstlerischen Geschmack der Gesellschaft.

Was den Verbrauch von Pferden zu militärischen Zwecken anbelangt, so fällt es in die Augen, wie schädlich dieser auf die Volks= und namentlich Landwirthschaft wirken muß, wenn man sich vergegenwärtigt, daß jährlich viele Hunderttausende von

Pferden der Volkswirthschaft entzogen werden. (S. Nachtrag statistischer Belege S. 89).

Man glaube auch nicht etwa, daß durch das Militär die Tuchfabrication besonders befördert werde; denn Kleider braucht auch der Civilist, und zwar bessere, gesündere, zweckmäßigere und geschmackvollere als der Soldat, weil jener durchschnittlich finanziell besser situirt ist, als dieser. Bekanntlich widerspricht die militärische Kleidung fast aller Heere allen Anforderungen der Hygiene, der Zweckmäßigkeit und des Geschmackes.

Dazu kommt, daß an diesen Fabricationen für das Militär (Tuchfabrication sowol, als namentlich auch Gewehr- und Kanonenfabrication u. s. w.) die Nachtheile des monopolistischen Charakters haften. Die Regierung beauftragt nämlich in der Regel Einen oder doch nur Wenige mit der Herstellung dieses oder jenes Militärartikels, wodurch Concurrenz oder wenigstens größere Concurrenz ausgeschlossen wird. Dadurch werden aber die Waaren vertheuert, indem die Fabricanten Monopolpreise fordern können, natürlich zum Schaden der Steuerzahler, mit deren Geld die kostspieligen Anschaffungen gemacht werden.

Ein weitverbreiteter Irrthum liegt ferner in der Ansicht, die man im Volke täglich hören kann: „Die Soldaten bringen Geld unter die Leute, sie consumiren namentlich Bier, Wein und Tabak u. s. w." Es ist doch klar, daß die jungen Leute, wenn sie nicht Soldaten wären, noch viel mehr „Geld unter die Leute" bringen würden, weil sie eben mehr Geld hätten. Entweder würden sie als Civilisten viel mehr Bier, Wein und Tabak consumiren oder wenn sie sich in diesen Genüssen mehr beschränken sollten, so würden sie sich um so mehr andere, für sich selbst und die Volkswirthschaft vielleicht nützlichere Güter anschaffen. Letztere könnte also hierbei nur gewinnen. — —

Eine weitere unheilsame Einrichtung, welche die Militärwirthschaft in einigen Ländern geschaffen hat, besteht in dem Vorräthighalten eines Staats- oder Kriegsschatzes. Zum Glück sind es nur wenige Staaten, in denen jenes ebenso gemeinschädliche als — selbst vom rein militärischen Standpunkt aus betrachtet —

gänzlich überflüssige Institut Wurzel fassen konnte: Rußland und — Deutschland!

Ein Staats- oder Kriegsschatz besteht in großen, in gemünztem Geld oder in Barren bereit liegenden Summen, welche beim Eintritt eines Krieges zur Verwendung für militärische Zwecke bestimmt sind. In Deutschland beläuft sich der Reichs-Kriegsschatz auf 40 Millionen Thaler und wird im Juliusthurme der Citadelle von Spandau aufbewahrt. (Kolb, Seite 45.)

Untersuchen wir nun ein wenig, was es mit einem solchen Kriegsschatz denn eigentlich für eine Bewandtniß hat, und hören wir daher zunächst die hauptsächlichsten Gründe, welche man zur Vertheidigung der Ansammlung und Erhaltung eines Kriegsschatzes geltend macht. So sagt man, die natürliche Beschaffenheit mancher Länder erleichtere oft dem Feinde ein plötzliches Eindringen, und man könne daher auf dem Wege der Schuldencontrahirung nicht in so kurzer Zeit die augenblicklich zur Vertheidigung nöthig werdenden Summen aufbringen.

Sodann erfordere bei gewissen Wehrsystemen, so namentlich bei dem deutschen, die Mobilmachung große Summen in äußerst kurzer Zeit, die in derselben auf anderem Wege nicht beschafft werden könnten.

Weiter führt man an, daß die Anleihen bei Ausbruch eines Krieges vom Staat nur unter harten Bedingungen aufgenommen werden können.

Man verglich endlich den Staatsschatz mit Festungen, die ja auch sogenanntes „todtes Kapital" seien und zum Schutze gegen feindliche Einfälle dienen.

Betrachten wir nun gegenüber diesen Erwägungen die Nachtheile des Kriegsschatzes, und wir werden finden, daß diese so schwer in's Gewicht fallen, daß die obigen, angeblichen Vorzüge kaum noch in Frage gezogen werden können.

Eines der wesentlichsten Uebel des Staatsschatzes liegt darin, daß er die Provocation leichtsinniger Kriege befördert, während sein Nichtvorhandensein solche erschwert.

Auch wird durch so große Summen in den Händen der Regierenden letzteren die Möglichkeit geboten, sich an denselben zu vergewaltigen und dieses Staatseigenthum zu selbstsüchtigen Zwecken, aber in der Regel zum Schaden der Gesammtheit zu verwenden. Die neueste Geschichte weiß von derartigen Fällen zu berichten. —

Zieht man nun in Rechnung, welchen enormen Abbruch die Production und indirect die Consumtion durch den Entgang so großer Summen erleidet, — bedenkt man, welch' erheblicher Steuerausfall dadurch wieder für den Staat entsteht, — so wird man sicher mit gutem Gewissen eine so unwirthschaftliche Verwendung solcher kolossaler Capitalien nicht billigen können.

Was fernerhin den Vergleich des Staatsschatzes mit Festungen anbelangt, so hinkt derselbe ganz gewaltig; denn Festungen sind zwar in vollendetem Zustande auch unproductive Capitalanlagen, „todte Capitalien", aber doch wenigstens ihre H e r s t e l l u n g beschäftigte und ernährte zahlreiche Arbeiter und Unternehmer, während der Staatsschatz n i e m a n d e n e r n ä h r t und höchstens e i n p a a r S c h i l d w a c h e n b e s c h ä f t i g t.

Am letzten möchten wir speciell bei Deutschland (um von Rußland gar nicht zu sprechen) einen Kriegsschatz als am Platze erachten, da dieses Land in wirthschaftlicher Beziehung noch weit hinter andern Ländern z. B. England und Frankreich zurücksteht; es sollte deshalb alle erlaubten Mittel anwenden, um in ökonomischer Hinsicht die Culturstufe jener Nationen zu erreichen.

Außerdem kommt hinzu, daß ein Kriegsschatz von mehreren hundert Millionen aus naheliegenden Gründen ein Ding der Unmöglichkeit sein dürfte, dagegen ein Staatsschatz in minderem Betrage selten oder nie ausreicht, um später die Aufnahme von Anleihen unnöthig zu machen. Freilich wird gesagt, daß man nach Verfluß einer gewissen Zeit während des Krieges Gelder billiger erlangen könne, und in manchen Fällen, namentlich nach einigen gewonnenen Schlachten, mag dies auch zutreffen; jedoch, abgesehen davon, daß wir hierauf antworten könnten, daß verlorene Schlachten die gegentheilige Wirkung hervorbringen, ist noch ein anderer Umstand hervorzuheben, nämlich: Greift ein Staat erst später zu einer

Schuldaufnahme, so kommt ihm in der Regel der „feindliche"
Staat damit zuvor und nimmt eine Menge flüssiger Capitalien
aus dem Markt. Der später leihende Staat muß sich deshalb
nun oft härtere Bedingungen gefallen lassen, weil die disponiblen
Capitalien jetzt rarer geworden sind.

Nehmen wir selbst an, der Staat könnte beim Ausbruche eines
Krieges seine Papiere nur zu sehr niedrigem Kurs emittiren, so
glauben wir doch in keinem Falle, daß er dadurch einen größeren
finanziellen Verlust erlitte, als derjenige ist, welcher durch die Un=
verzinslichkeit der brach liegenden Gelder während der Dauer der
Friedensjahre entsteht.

Aus all' diesen Ausführungen geht deutlich hervor: D e r
S t a a t s s c h a t z i s t e b e n s o g e m e i n s c h ä d l i c h a l s u n n ö t h i g,
und die Gründe, welche selbst von Koryphäen der Wissenschaft
(wie von Adolph Wagner und anderen) zu seiner Vertheidigung
geltend gemacht werden, und die wir resumirend angeführt haben,
sind haltlos! — —

D a ß d e r U n t e r h a l t f ü r d i e H e e r e u n d d i e m i l i=
t ä r i s c h e n I n s t i t u t i o n e n trotz der factischen Hungerleiderei der
Soldaten auch an directen Kosten Riesensummen ver=
schlingt, welche mit dem Volkswohlstand gerade in umgekehrtem
Verhältnisse stehen, i s t e i n e T h a t s a c h e, d i e w o l v o n
K e i n e m b e s t r i t t e n w e r d e n d ü r f t e. (S. Nachtrag stati=
stischer Belege S. 89 ff.) Aber trotzdem denken nur sehr Wenige
daran, diesen unheimlichen Zuständen zu steuern; denn jährlich
vermehren sich die Ausgaben für das Militär um Millionen und
aber Millionen, und die Volksvertretungen sagen zu allen neuen
Forderungen trotz aller ellenlangen gelehrten und ungelehrten De=
batten schließlich: Ja und Amen. Der Krieg ist ja zum einzigen,
obersten Staatszweck geworden, Dank der kindischen Irrlehre einer
bornirten Vaterlandsvorliebe. D i e A r b e i t d e s F r i e d e n s
h a t j a k e i n e a n d e r e B e s t i m m u n g a l s d i e, M i t t e l
f ü r M i l i t ä r u n d n e u e K r i e g e z u b e s c h a f f e n!

Jene Riesensummen, welche die Heere aufsaugen, können aber
nur beschafft werden durch die ä u ß e r s t e A n s p a n n u n g d e r

Steuerschraube oder durch — Schulden (S. Nachtrag statistischer Belege S. 90, 91 u. 92), und auch letztere fallen schließlich wieder auf die Steuerzahler zurück; denn mit deren Geldern werden die Zinsen, sowie auch die etwaigen Tilgungsraten gezahlt.

Welche Klasse des Volkes wird aber durch die modernen Besteuerungssysteme am meisten getroffen? Sind es etwa die Wohlhabenden und Reichen?

O nein! Schreiender Widerspruch! Es ist die Klasse der wenig Bemittelten und Armen.

Aber wie so, kann man fragen. Sind denn nicht in den meisten Ländern die kleineren Einkommen geringer belastet als die größeren oder gar steuerfrei?

Alles schön und gut; auf den ersten Blick will es allerdings so scheinen, aber ein weiterer wird uns vom Gegentheil belehren; denn die Hauptbestandtheile der Staatseinnahmen werden durch die indirecten Steuern (und Zölle) gebildet, und es ist durch die Wissenschaft (in Deutschland namentlich durch Ferdinand Lassalle)*) bis zur Evidenz bewiesen, daß die indirecte Steuer vorherrschend den kleinen Mann trifft, weil er verhältnißmäßig mehr steuerbare Artikel consumirt, als der vermögendere. Er trägt auch dann relativ mehr zu den Staatslasten bei, wenn sein geringeres Einkommen steuerfrei ist.

So verbraucht z. B. eine Familie mit 150 Thaler Einkommen verhältnißmäßig mehr Salz als eine solche von der gleichen Kopfzahl mit 150,000 Thaler Einkommen; denn letztere kann unmöglich tausendmal mehr Salz verzehren als jene arme Familie. Folglich wird die arme Familie durch die Salzsteuer bezw. das Salzmonopol verhältnißmäßig viel härter betroffen als die reiche. Aehnlich steht es mit allen andern Consumtionssteuern, mit der Tabak-, Brau-, Wein-, Branntwein-, Mahl-, Schlachtsteuer u. s. w. —

Die einzige gerechte Besteuerungsweise bestünde in der Einhaltung einer gewissen Mittelstraße zwischen der arithmetischen und

---

*) Wir verweisen auf dessen Broschüre: „Indirecte Steuern."

geometrischen Progressionssteuer. Eine derartige Besteuerung ist aber bis heutzutage noch nirgends in d e r Weise durchgeführt, daß sie den Forderungen der Gerechtigkeit und Billigkeit entspräche. Jene Progressionen werden in nachstehender aus Max Wirth: „Grundzüge der Nationalökonomie" (Zweiter Band S. 530/31) entnommener Tabelle dargestellt, wie folgt: „Dieselben schreiten in folgender Weise vor:

<table>
<tr><td colspan="2">nach arithmetischer
Progression mit dem Factor 2.</td><td colspan="2">nach geometrischer</td></tr>
<tr><td>Von 100</td><td>1</td><td>100</td><td>1</td></tr>
<tr><td>„ 200</td><td>3</td><td>200</td><td>2</td></tr>
<tr><td>„ 300</td><td>5</td><td>300</td><td>4</td></tr>
<tr><td>„ 400</td><td>7</td><td>400</td><td>8</td></tr>
<tr><td>„ 500</td><td>9</td><td>500</td><td>16</td></tr>
<tr><td>„ 600</td><td>11</td><td>600</td><td>32</td></tr>
<tr><td>„ 700</td><td>13</td><td>700</td><td>64</td></tr>
<tr><td>„ 800</td><td>15</td><td>800</td><td>128</td></tr>
<tr><td>„ 900</td><td>17</td><td>900</td><td>256</td></tr>
<tr><td>„ 1000</td><td>19</td><td>1000</td><td>512</td></tr>
<tr><td>„ 1100</td><td>21</td><td>1100</td><td>1024</td></tr>
<tr><td>„ 1200</td><td>23</td><td>1200</td><td>2048."</td></tr>
</table>

Aus dieser Berechnung sehen wir, daß mit der geometrischen Progression die Steuern an einem Grad anlangen, wo sie mit dem ganzen Einkommen nicht mehr gedeckt werden könnten. Es würde ein solches System also ad absurdum führen.

Ein Steuermodus in arithmetischer Progression anderseits dürfte dagegen unbillig sein; denn derjenige, welcher beispielsweise ein Einkommen von 100 Thaler hat, würde den Druck einer Steuer von 1 Thaler viel härter fühlen und könnte diese kleine Summe viel weniger entbehren als jemand mit 1200 Thaler Einkommen 23 Thaler oder gar einer mit 25,000 Thaler Einkommen einige hundert Thaler.

Hundert Thaler Einkommen dürften kaum zur Befriedigung der aller unumgänglich nothwendigsten Bedürfnisse genügen, 1200 Thaler aber gewähren einer Familie ein gutes, 25,000 Thaler ein glänzendes Auskommen.

4

Durch die heutigen Steuersysteme participiren die ärmeren Klassen, sei es nun durch die indirecte Steuer, sei es durch die directe Einkommensteuer oder sei es endlich durch beide, in proportionell viel größerem Maßstabe an den Staatslasten, mithin auch an den Ausgaben für das Militär, als die Bemittelten und Reichen. Dieselben Leute, die, wie wir schon im ersten Abschnitt ausgeführt haben, im Staate die geringsten Rechte und den geringsten Vortheil genießen, als Soldaten aber die größten Beschwerden zu erdulden haben, die nicht wie die Bemittelteren und folglich vielleicht auch Gebildeteren Avancement, Orden, Zulagen und Dotationen ernten, — wir sagen, dieselben Leute haben die größten Pflichten und relativ größten Lasten! — —

Ein hauptsächlicher Schaden des modernen Militarismus liegt darin, daß er alles Vertrauen, allen Credit, welcher unter den heutigen Verhältnissen ein Hauptfactor der ökonomischen Entwicklung ist, untergräbt, wodurch die Production auf das Aergste beeinträchtigt, die Unternehmungslust gehemmt wird. Denn durch die Existenz ungeheurer Heere wird eine immerwährende, wenn auch mitunter grundlose Furcht vor neuen Kriegen hervorgerufen, und durch die ewige Angst, daß die Erzeugnisse des menschlichen Fleißes dem Kriegsmoloch schließlich wieder zum Opfer fallen, halten sich die Arbeitskräfte und das Capital von der Production fern. Und kann dies denn anders sein? Ist es denn möglich, daß in einer Zeit, in welcher gleichsam die Welt von Kopf bis zu Fuß gepanzert erscheint, sich ein gesunder Credit entwickeln kann? „Zwischen Zündstoff und Pulvertonne gestellt, wie sollte Europa sich behaglich fühlen, wie sollte es Zuversicht gewinnen?"*) Ist

---

*) Dr. Adolph Fischhof: „Zur Reduction der continentalen Heere". Wien 1875. Den obigen Worten läßt dieser geistreiche Schriftsteller nachstehenden Absatz folgen:

„Und nicht das Volk allein ist es, welches seine Angst kaum mehr zu bannen vermag; die Physiognomie der vornehmen Welt verräth, daß auch

es denn möglich, daß in solch' drohenden Zeiten, in welchen Millionen unter Waffen stehen, in denen eine „verbesserte" Mord= waffe nach der andern erfunden wird, in denen erfahrungsgemäß ein Krieg den andern jagt, in denen man neue Gräber wühlt, ehe die alten noch zugeschüttet sind, wir fragen, ist es in einer so aufgeregten Epoche möglich, daß der Kaufmann, der Industrielle, der kleine Gewerbtreibende, der Landmann Vertrauen gewinnen kann? Ist es denkbar, daß in dieser gewitterschwangeren Zeit der Unternehmungsgeist sich frei entfalte, daß große, volkswirthschaftliche Institute, Bahnen, Banken, Fabriken u. s. w. mit Erfolg ent= stehen?

Nie und nimmermehr! Factisch ist auch die fast allerorts darniederliegende Industrie vorherrschend die Folge des Militarismus und namentlich der durch ihn erzeugten allgemeinen Vertrauens= losigkeit. So erklärt sich auch der jähe Rückgang der deutschen Industrie in den letzten Jahren. Daher bemerkt Osseg („der europäische Militarismus", Seite 203/204, Amberg 1876) sehr richtig:

„Endlich bedarf die Industrie zu ihrem Gedeihen das Vertrauen auf die Zukunft, vollends in einem kolonieenlosen Lande, wie das deutsche Reich. England, Holland, Frankreich finden immer einigen Absatz nach ihren Kolonieen, wir in Deutschland ermangeln dieses Vortheiles, bedürfen also doppelt einen gesicherten Frieden. Wie ist aber dieser möglich, wo die Nationen in Waffen starren? Ist nicht der Militarismus an sich selbst eine immerwährende Kriegsdrohung, besonders wenn man weiß, daß man wohl gefürchtet, aber nicht geliebt

---

diese von der Sorgen Blässe angekränkelt ist. Eine nervöse Erregtheit läßt sich nicht verkennen; Tendenzreisen, hohe Begegnungen und Friedensversicherungen folgen einander mit Hast. Deutet diese fast semestral sich erneuernde Friedens= Assecuranz nicht auf drohenden Brand oder mindestens auf Furcht vor dem= selben? Es kann auch nicht Wunder nehmen, wenn der Kriegsapparat nach= gerade selbst Jenen unheimlich wird, die ihn so riesig aufgethürmt. Jeder suchte den Anderen bange zu machen und wird nun selbst von Bangigkeit erfüllt. Im Taumel des Rüstens und im Ungestüm des Organisirens wissen die Regierungen kaum mehr, wer vorangeht und wer folgt, was Ursache oder Wirkung, wer der Bedrohte und wer der Bedrohende sei."

wird? Unter solchen Auspicien kann die Industrie wohl herab=, aber nicht hinaufgehen. Seit drei Jahren gingen von Zeit zu Zeit Gerüchte von einem nahen Kriege und fanden Glauben. Allerdings stellten sie sich, dem Himmel sei Dank dafür, nachher als unbegründet heraus, aber sie thaten dennoch ihre Wirkung. Die schreckliche Stockung aller Geschäfte und die allgemeine Vertrauenslosigkeit, mit welchen wir das Jahr 1875 begonnen haben, beweisen nur zu gut unseren Satz.*****)

Ganz fälschlich wird mitunter behauptet, es sei ein besonderer Vortheil der Militär-staaten, daß sie zunächst im engeren, militärischen Interesse (gemeinnützige) volks-wirthschaftliche Institute, z. B. Eisenbahnen, Landstraßen u. s. w. in's Leben riefen. Letztere entstehen in Nichtmilitärstaaten viel leichter, weil diese im Allgemeinen ökonomisch entwickelter sind, also über mehr Capital und mehr Arbeitskräfte verfügen und solche Institute auch nöthiger bedürfen.

Ein Nachtheil, welchen zu vorherrschend militärischen Zwecken gebaute Eisen= und Landstraßen haben, liegt darin, daß sie oft vom Centrum des Landes in geraden Linien nach den Grenzen führen und so mitunter Orte von volkswirthschaftlicher Bedeutung gar nicht berühren.

Ein weiterer Uebelstand dieser Anstalten ist der, daß sie den Verkehr von Gütern und Personen, sobald sie ihren eigentlichen militärischen Zwecken dienen müssen, häufig ausschließen.

Endlich aber können solche Communicationsmittel dadurch schädlich wirken, daß sie, vermöge der Erleichterung der Militär-transporte die Entstehung von Kriegen begünstigen.******)

---

*) So wenig wir uns mit der vorherrschend ultramontanen Tendenz des Offeg'schen Werkes befreunden können, so dürfen wir doch nicht leugnen, daß dasselbe eine Menge lehr= und geistreicher Stellen enthält, und wir hielten es aus letzterem Grunde für angezeigt, einige derselben in unserer Schrift zu citiren.

**) Wir sind durchaus nicht immer gegen die Staatsbahnen, wol aber in jedem Fall gegen die Militärstaatsbahnen.

Welches Gewicht der Militärstaat auf den Besitz der Eisen=
bahnen legt, ersehen wir aus folgendem, dem Berliner Börsen=
Courier Nr. 574, Jahrgang 1875, entnommenen, „Militärische
Gründe für den Erwerb der Eisenbahnen durch das Reich" über=
schriebenen, Auszug aus dem Militär=Wochenblatte:

„Die außerordentliche Wichtigkeit der Eisenbahnen für die Krieg=
führung steht seit dem letzten Kriege auch für den Laien außer Zweifel.
Die Eisenbahnen sind ein Hauptelement der Kriegführung unserer Zeit
geworden. Die großen Heeresmassen, welche die allgemeine Wehrpflicht
liefert, würden ohne Eisenbahnen nicht die Bewegungsfähigkeit haben,
welche erst die volle Verwerthung der in ihnen wohnenden Kraft er=
möglicht. Man muß sie im Raume vertheilen und im gegebenen Augen=
blicke schnell nach dem entscheidenden Punkte vereinigen können. Hierzu
werden die Eisenbahnen theils unmittelbar benutzt, theils dienen sie
dem Zwecke mittelbar, indem sie den Truppen die Bedürfnisse zuführen,
deren Mitführung dieselben an der Ausführung schneller Bewegungen
hindern würde. Müssen aber große Massen ausnahmsweise längere
Zeit an einer Stelle zusammengehalten werden, so würden sie ohne
die Hilfe der Eisenbahnen dem Hungertode ausgesetzt sein. Anderer=
seits ist ein gut ausgebildetes und zweckmäßig benutztes Eisenbahn=
system bis zu gewissem Grade sehr wohl geeignet, eine numerische
Ueberlegenheit des Gegners auszugleichen. Es ist ein
Hauptgrundsatz der Strategie, daß der Feldherr durch Schnelligkeit
seine Kräfte verstärkt, und große Feldherren sind dieses Satzes beson=
ders dann stets eingedenk gewesen, wenn sie sich numerisch stärkeren
Kräften gegenüber sahen. Nur in der Fähigkeit, Menschen und Mate=
rial in beträchtlicher Menge mit früher ungeahnter Schnelligkeit von
einem Orte zum anderen, selbst auf großen Entfernungen, zu beför=
dern, liegt die ganze Bedeutung der Eisenbahnen. Ist es möglich,
mit Hilfe der Eisenbahn schnell 100,000 Mann von einem Kriegs=
schauplatze nach dem andern zu werfen und, nachdem hier der Zweck
erreicht ist, rechtzeitig wieder an ihre alte Stelle zu versetzen, so kann
dies für den Ausgang des Krieges nahezu gleichbedeutend sein mit
einer Verstärkung der Gesammtmacht um 100,000 Mann. Entspricht
aber solchen Anforderungen der Kriegführung das gegen=
wärtige Eisenbahn=System Deutschlands? — Man ist nach
den glänzenden Erfolgen des letzten Krieges und nach dem bedeutenden
Antheil, welchen die Eisenbahnen an denselben unbestritten gehabt haben,
nur zu sehr geneigt, die Frage mit „„Ja"" zu beantworten. Wir
unsererseits sind der Meinung, daß es einer durchgreifenden Aen=
derung des deutschen Eisenbahn=Systems bedarf, wenn dasselbe den
militärischen Anforderungen der Zukunft entsprechen soll. Wir brauchen
mit dieser Ansicht nicht zurückzuhalten, weil Deutschland heute stark
genug ist, um sich auch mit einem minder gut entwickelten Eisenbahn=

Syſtem jedes Angriffes zu erwehren; wir dürfen aber andererſeits auch nicht die Augen dagegen verſchließen, daß ſich im Laufe einer nicht zu langen Zeit eine weſentliche Aenderung zu unſeren Ungunſten in dem Verhältniß der numeriſchen Stärke unſerer Kriegsmacht zu der der großen Nachbarſtaaten vollzogen haben wird. Sollen wir unſere Streitkräfte entſprechend verſtärken, dann müßte damit bald begonnen werden, denn ein ſolcher Proceß läßt ſich nur allmälig durchführen. Vielleicht aber führt eine ſtetige qualitative Steigerung der Wehrkraft des Reiches zum Ziele, und eines der weſentlichſten Mittel hierfür würden wir in der Vervollkommnung unſeres Eiſenbahnſyſtems erblicken. Der mit muſtergiltiger Ordnung auf den Schienenwegen ausgeführte Maſſen-Transport der geſammten Deutſchen Streitkräfte nach dem Rhein im Jahre 1870 biete, da die Vorarbeiten des Generalſtabes für eine Mobilmachung nach dieſer Seite hin bis ins letzte Detail ausgeführt waren und man nur das Datum des erſten Mobilmachungstages in die von der Eiſenbahn-Abtheilung im Generalſtabe für jeden Truppen-theil ausgearbeiteten Marſch- und Fahrtableaur einzufügen brauchte, um ſo den Transport beginnen zu laſſen (Generalſtabswerk, erſter Theil S. 82) — keinen ſicheren Maaßſtab für die Leiſtungen in ſolchen Lagen, wo die Zeit zur Vorbereitung knapp zugemeſſen iſt; dies werde aber namentlich immer dann der Fall ſein, wenn es gilt, im Laufe eines nach mehreren Seiten zu führenden Krieges Armeen ſchnell und überraſchend von einem Kriegstheater auf das andere zu verſetzen. Die Schwierigkeiten einer ſolchen Operation ſind groß. Auf den zur Ver-fügung ſtehenden Bahnlinien müſſen während einer erheblichen Zeit-dauer die Truppenzüge mit möglichſt knappen Intervallen ununter-brochen folgen. Ein immenſes Fahrmaterial muß an den Einſchiffungs-punkten rechtzeitig und richtig rangirt derart bereit geſtellt werden, daß die einzelnen Truppentheile mit ihren Pferden und Fahrzeugen in der im Voraus feſtgeſetzten Reihenfolge genau zur vorgeſchriebenen Stunde die Fahrt antreten können. Die dicht auf einander folgenden Trup-penzüge kreuzen ſich unterwegs mit den an die Einſchiffungspunkte heranzuführenden leeren Zügen. Die kleinſte Unregelmäßigkeit in dieſem gewaltigen Getriebe pflanzt ſich lawinenartig auf die nachfolgenden Staffeln fort, eine ernſtliche Stockung ſich zu unbeſchreiblicher Verwirrung ſteigern. Bei dem Transport der Bourbakiſchen Armee von Bourges bis Chalons-ſur-Saone war die Bahnlinie ſchließlich der-art verfahren und verſtopft, daß die Züge weder vorwärts noch rück-wärts fortkommen konnten; die Truppen mußten bei grimmiger Kälte und völlig unzureichender Nahrung bis zu acht Tagen in den Eiſen-bahnwagen aushalten und langten endlich mit ganz erſchöpften Kräften an ihrem Beſtimmungsort an. Durch ſolche Vorkommniſſe wird faſt immer der auf die Eiſenbahn geſtützte Kriegsplan zum Scheitern kommen. Die von dem einen Kriegs-Theater fortgezogene Armee trifft auf dem an-deren nicht zur Zeit ein und fehlt nun auf beiden; dadurch kann der unglückliche Ausgang des ganzen Krieges entſchieden werden. Iſt daher der Feldherr nicht zu dem Vertrauen berechtigt, daß eine Truppenmacht, welche er der Eisenbahn anvertraut, mit der Regelmäßigkeit und Pünktlichkeit eines Uhrwerkes an ihr Ziel befördert werden wird, so wird er in der Regel lieber auf die im anderen Falle so großen Vortheile einer auf den Eisenbahn-Transport basirten Operation verzichten."

Die Beilage des „Berliner Börsen-Courier" Nro. 118 bringt unter dem 10. März 1876 nachstehenden, ebenfalls hieher gehörigen Artikel:

„Kriegsleistungen der Eisenbahnen. Die Benutzung der Eisenbahnen zu Kriegszwecken scheint sich in Deutschland mehr und mehr zu einem besonderen Zweige der Kriegsführung und der Kriegswissenschaften auszubilden. Seit dem letzten Kriege hat man es nämlich für nöthig gehalten, schon im tiefsten Frieden nach und nach Verpflegungsstationen an geeigneten Eisenbahnpunkten einzurichten und dieselben in dem Umfange anzulegen, daß für den Kriegsfall eine ausreichende Verpflegung der Militärzüge auch bei der größten Ausdehnung derselben sicher gestellt ist. Außerdem ist eine alljährlich vorzunehmende Inspection der Eisenbahnen sowohl hinsichtlich ihres Materials wie der Bahnhöfe, Lagerräume u. s. w. durch höhere Officiere des Generalstabes angeordnet worden. Man hat jetzt sogar die Anlegung besonderer Militärbahnhöfe für einzelne große Städte in Aussicht genommen."

Hauptsächlich wird das Gesellschaftsgedeihen gehemmt durch das heute noch in vielen Staaten herrschende, sogenannte S c h u t z z o l l s y s t e m, und begünstigt wird Letzteres w i e d e r u m d u r c h d e n M i l i t a r i s m u s. Der Militärstaat hat Interesse an dem Schutzzollsystem aus drei hauptsächlichen Gründen:

1) weil er dadurch sich mehr oder weniger von den fremden Nationen abschließt, so also seine Bürger zum Fremdenhaß, mithin zum Krieg geneigter macht;

2) weil er mit Hülfe des Schutzzollsystems zu bewirken meint, alle Güter für sein Volk s e l b s t zu produciren, um so im Falle eines Krieges vom Auslande unabhängig zu sein;

3) weil er sich durch die Schutzzölle große Einnahmen verschafft, welche er zum großen Theil wieder für sein Militär verwendet. —

Das Thema über die Nachtheile des Schutzzollsystems ist schon oft breit getreten worden, und wir glauben daher, daß es genügen wird, nur die hauptsächlichsten anzugeben, um zu beweisen, daß dieses System die weitgreifendsten gesellschaftlichen Schäden nach sich ziehen muß.

Zunächst befördert es, wie schon berührt, die Abgeschlossenheit der Nationen. Ein Staat kann keine friedlichen Gesinnungen gegen seinen Nachbarstaat hegen, wenn dieser seine Waaren nur durch Zölle vertheuert einläßt. So erzeugt dieses System bei dem einen Volke feindselige Gefühle gegen das andere, welche in der Regel erwidert werden, und so fördert es den Nationalhaß und trägt dazu bei die Kriegslust zu wecken.

Ferner beeinträchtigt das Schutzzollsystem die Production des Auslandes, und zwar nicht nur zum Schaden der ausländischen Unternehmer, sondern namentlich auch der Arbeiter.

Auch vertheuern die Schutzzölle die Güter auf Kosten der Consumenten. Denn kommen die Güter vom Ausland, so steckt in ihren Preisen, welche die Consumenten zahlen müssen, der Zoll mit darin; werden sie im Inland producirt, so verlangt der Producent ebenfalls einen über den gewöhnlichen Werth hinaus gehenden Preis, weil er von der Concurrenz des Auslandes verschont bleibt. Es haben die Schutzzölle dieselben nachtheiligen Folgen wie die indirecten Steuern überhaupt: sie treffen den Aermeren in weit höherm Grade als den Wohlhabenderen.

Durch den Mangel der ausländischen Concurrenz werden die Waaren auch oft in schlechterer Qualität hergestellt.

Eine nationale Arbeitstheilung in dem Sinne, daß eine Nation wirthschaftlich derart organisirt wäre, daß sie ihren ganzen Verbrauch selbst erzeugt, wie es der Militärstaat erstrebt, wäre weder wünschenswerth noch überhaupt möglich. Sowol die verschiedenen Anlagen und Fähigkeiten der verschiedenen Völker als auch die Verschiedenartigkeit der natürlichen Beschaffenheit der Länder lassen es als viel räthlicher erscheinen, daß die Länder und Völker auch ihren Eigenschaften gemäß ihre Production einrichten. Wenn sich beispielsweise die Seidenindustrie besser für Frankreich, die Maschinenindustrie besser für Deutschland eignet, d. h. vermag Frankreich besser und billiger Seide, Deutschland besser und billiger Maschinen zu fabriciren, so ist doch wahrhaftig gar kein Grund vorhanden, daß sich Frankreich vorherrschend auf die Maschinen-, Deutschland überwiegend auf die Seidenindustrie legen sollte. Eine Aufzwängung von Industriezweigen, die sich vielleicht in dem einen Lande nicht so vortheilhaft betreiben lassen als in dem andern, muß natürlich die mißlichsten Folgen nicht nur für das betreffende Volk, bei dem eine solche Industriebranche künstlich eingeführt werden soll, sondern auch indirect für die gesammte Socialwirthschaft nach sich ziehen.

Deshalb aber eine nationale Arbeitstheilung einführen, um im Kriegsfalle der ausländischen Production nicht zu bedürfen, ist, abgesehen davon, daß dies in den heutigen Staaten gar nicht möglich wäre, nur ein Mittel die Kriege hervorzurufen und zu erleichtern.

Gerade die ökonomische Abhängigkeit der verschiedenen Länder von einander ist es, welche den Frieden garantirt, und nur durch sie ist es möglich den höchsten volkswirthschaftlichen Aufschwung zu erreichen. Je tausendfacher und complicirter sich die Fäden ökonomischer Beziehungen über den Erdball spinnen, desto undenkbarer ist der Krieg.

Nicht zu unterschätzen ist ferner die Kostspieligkeit eines zu besoldenden Beamtenheeres, welches durch das Schutzzollsystem nöthig wird; doppelt kostspielig dadurch, daß diese Beamten von einer rationelleren, wirthschaftlichen Thätigkeit abgelenkt werden. Hierin liegt eine beträchtliche Vergeudung von productiven Kräften.

Auch entsteht durch eine solche Verzollung der fremden Producte ein erheblicher Zeitverlust, wodurch deren Preise beträchtlich erhöht werden, weil in ihnen auch die Zinsen für die verlorene Zeit mit enthalten sind, — ein Schaden für die Volkswirthschaft, besonders aber für die Consumenten! —

Schmuggelei hat dieses vielgerühmte Schutzsystem ebenfalls zur Folge.

Vom rein finanziellen Standpunkte aus betrachtet, ist es zwar richtig, daß die Schutzzölle den Staaten beträchtliche Einkommensquellen bieten, aber das kann für uns nur ein Grund sein, sie gestopft zu wünschen, da diese großen Einkommen in den modernen Staaten in der Regel vorherrschend nur für unproductive, culturfeindliche Zwecke: für Militär und Krieg verwandt werden.

Nun noch Eins. Manche Nationalökonomen behaupten, wie es seiner Zeit z. B. Friedrich List that, daß Schutzzölle für ökonomisch weniger entwickelte Länder so lange nothwendig seien, bis letztere zu einer gewissen wirthschaftlichen Stärke gelangt wären, und daß man dann allerdings zum Freihandelssystem übergehen müsse. Das ließe sich nun allenfalls noch hören; aber in der Wirklichkeit geht es leider fast immer so, daß die Regierungen oder Volksvertretungen diesen Zeitpunkt ökonomischer Reise nie als „erreicht" betrachten. Daher bemerkt ganz richtig Max Wirth: („Grundzüge der National=Oekonomie", zweiter Band, Seite 641, Köln 1869) „Vor dreißig Jahren verlangte List nicht mehr als zehn Jahre, und bis vor Kurzem hörten wir noch immer diese zehnjährige Frist in Anspruch nehmen. Das erinnert an die Tafel, welche in manchen Wirthshäusern hängt: „„Wer will borgen, der komm' morgen!"" — —

„Friede ernährt, und Krieg verzehrt."

Die Richtigkeit des zweiten Theiles dieses Satzes wird schwerlich von einem Menschen bezweifelt werden; aber daß der Friede ernährt, trifft leider in unserer Epoche des Militarismus kaum zu. Denn der Militarismus ist, wie Osseg treffend bemerkt: „ein Krieg ohne Frieden, ein Krieg mitten im Frieden." Immerhin bleibt der eigentliche Krieg das größere Uebel.

Wol alle Schäden des Militarismus im Frieden stellen sich auch in Kriegszeiten heraus, jedoch treten in letzteren noch viel härtere und schrecklichere hinzu.

In jeder Hinsicht, aber namentlich in volkswirthschaftlicher zeigt sich im Kriege so recht eigentlich die destructive Thätigkeit der Heere. Es finden nicht nur enorme Verluste an jungen und arbeitskräftigen Menschen durch den Tod, — nicht nur zahlreiche Verwundungen statt, sondern es werden im Kriege auch Städte und Dörfer bombardirt oder

eingeäschert, **Felder verwüstet, Nahrungsmittel und andere Güter geplündert und ge-
raubt** oder, wie man das fälschlich nennt, „requirirt"; die
Bürger werden mit **Einquartirungen** belästigt, ja selbst
zu **unfreiwilligen Dienstleistungen** für das Militär
herangezogen. Wir unterlassen auf diese Punkte näher einzugehen,
da sie jedem aus Büchern oder aus dem Leben bekannt sind.

Betrachten wir dagegen die verderblichen ökonomischen Wirkungen der Kriege mehr nach der Seite hin, nach welcher sie sich
oft dem oberflächlichen Blick entziehen und immer noch nicht genügend gewürdigt werden.

**Alle wirthschaftliche Thätigkeit liegt im
Kriege darnieder, der Verkehr ist unterbrochen,
aller Credit verschwunden.** Die Bürger werden durch
erhöhte Steuern, Naturalleistungen oder gar
Zwangsanleihen auf das Empfindlichste betroffen. Die
Staatsschulden vermehren sich rapid.[*]) (S. Nachtrag statistischer Belege S. 91.) Die **Massenarmuth** ist im ständigen Wachsen begriffen, und lange Friedensjahre selbst vermögen
oft nicht die zerrüttenden Wirkungen des Krieges auszugleichen.

Nicht nur die **eroberten Länder** oder Landstriche, nicht
nur die **besiegten Länder,** welche gewöhnlich zum Kriegs-
schauplatz dienen, sondern auch die **besiegenden,** ja mehr
noch, **alle Länder und Völker,** wenn sie auch nicht direct mit in
den Krieg verwickelt sind, **leiden während der Dauer
des Krieges und nach derselben.**

Meistens wird das eroberte Land durch die **Verheerungen des Krieges,** wenn derselbe, wie es fast immer der
Fall ist, ganz oder theilweise auf seinem Boden stattfindet, stark
beeinträchtigt, dann leidet es aber gewöhnlich auch in Folge der
ihm **aufgezwungenen, neuen, politischen Verhältnisse.**

---

[*]) „Fast alle Staatsschulden sind Kriegsschulden; der Aufwand im Frieden
für ständige Bewaffnung macht ihre Tilgung unmöglich." Schulz-Bodmer,
Seite 181.

Die geschäftlichen Beziehungen zu dem Staat, welchem es vorher angehörte, werden häufig, besonders dann, wenn an den Grenzen zwischen dem alten und dem neuen Lande Zölle erhoben werden, zerrissen. Mit letzterem aber ist es schwierig, wenn nicht mitunter durch die Concurrenz anderer Landestheile unmöglich, geschäftliche Verbindungen anzuknüpfen.

Weitere volkswirthschaftliche Schwierigkeiten verursacht die Einführung eines neuen, ihm vom erobernden Staate aufgedrängten Münz-, Maß- und Gewichtsystems.

Noch mißlicher zeigen sich die Folgen der plötzlichen Umgestaltung der Rechts- und Verwaltungsverhältnisse, mit denen alle wirthschaftlichen Verhältnisse eng verkettet sind.

Fernere Uebelstände liegen auch nicht selten in der plötzlichen Umänderung*) des Verkehrs-, des Finanz- und vor Allem des Steuerwesens.

Doppelt unerträglich erweisen sich diese Zustände aber dann, wenn die Justiz-, Verwaltungs-, Post-, Steuerbeamten zc. nicht aus dem „annexirten“ Lande selbst gewählt oder ernannt, sondern aus andern Landestheilen herangezogen werden.**)

Daß das einen Krieg verlierende Land geschädigt wird, liegt auf der Hand und bedarf daher keines Nachweises; dennoch kann es indeß vorkommen, — wie wir es am Beispiele Frankreichs deutlich wahrnehmen — daß das besiegte Land ökonomisch weniger benachtheiligt wird, als das siegende.***)

---

*) Selbst eine Umänderung zum Besseren ist, wenn sie plötzlich eingeführt wird, in der Regel von Schaden.

**) Dieser Mißstand macht sich namentlich in Elsaß-Lothringen geltend, wo die Beamten vorherrschend Preußen sind, welche von der Kenntniß der socialen und politischen Verhältnisse, ja wol selbst von der Sprache der neuen Reichslande oft keine schwache Ahnung haben und daher glauben, ihr mangelndes Wissen durch preußische Barschheit — um den mäßigsten Ausdruck zu gebrauchen — ersetzen zu müssen.

***) 1) „Nach unserem Dafürhalten darf man in der folgenden Zusammenstellung aus der britischen Handelsstatistik hierfür“ (nämlich dafür, daß in den

In Folgendem stellen wir uns die Aufgabe den Nachweis zu führen, daß auch das siegende Land trotz alles „Kriegs=ruhmes" und aller „großartigen Erfolge", trotz aller Kriegsent=schädigungen und Eroberungen ökonomisch nichts gewinnt, wol aber in der Regel verliert.

Durch den Krieg wird eine enorme Menge von Arbeits=

Jahren 1872 und 1873 die französische Industrie und neue selbstständige Capi=talienansammlung größere Fortschritte gemacht haben, als die deutsche), „wenn auch keinen vollgültigen Beweis, doch ein Anzeichen und einen ziffermäßigen Beleg erkennen. Die Notiz berührt unmittelbar freilich nur einen geringen Theil der fraglichen Entwickelung, sie hat aber das unbestreitbare Gewicht einer völlig unparteiischen, rein sachlichen Ermittelung. Wir vergleichen nämlich den Werth der Waaren = Einfuhr im Vereinigten Königreiche aus Frankreich und aus Deutschland vor dem Kriege im Durchschnitte der Jahre 1867—1869 und nach dem Kriege im Jahre 1872, und finden hierbei nachstehende Resultate:

	Einfuhr aus Frankreich. Pfund Sterling.	Einfuhr aus Deutschland. Pfund Sterling.
1872:	41,803,000	19,232,000
1867—1869:	33,719,000	18,478,000
Mehr=Einfuhr i. J. 1872: 8,084,000.		754,000.

	Spedition von Waaren aus Frankreich. Pfund Sterling.	Spedition von Waaren aus Deutschland. Pfund Sterling.
1872:	5,366,000	2,379,000
1867—1869:	2,977,000	1,029,000
Mehr=Einfuhr i. J. 1872: 2,389,000.		1,350,000.

Das Resultat ist also, daß Frankreich, trotz der aus den neuen Steuern erwachsenen Mehrbelastung seiner Industrie und der vermeintlichen Schwächung seines Nationalkapitals, im Jahre 1872 seine Ausfuhr nach und über England um etwa 70,000,000 Thaler gesteigert hat, während Deutschland, trotz des Zuflusses der fünf Milliarden, seine gleiche Ausfuhr nur um etwa 14,000,000 Thaler hat zunehmen sehen. —"
Dr. Adolf Soetbeer, „Die fünf Milliarden". Berlin 1874. (Seite 54/55, Heft 33. Jahrgang III der von Holtzendorff'schen „Zeit und Streitfragen".)
2) Vergleiche hierüber auch: Ludwig Bamberger, „Die fünf Milliarden", Berlin 1873, namentlich aber Alfred Neymarck „Les Milliards de la Guerre." Paris 1874.

kräften auch des siegenden Landes theils zerstört, theils zeitlich un-
brauchbar gemacht; die geschäftlichen Beziehungen zum Auslande
werden ruinirt.

Steuern und Abgaben aber — dies gilt als ein allgemein anerkannter Erfahrungssatz — vermindern sich trotz aller
„glorreichen Kriege“ nicht, wol aber vermehren sie
sich oft noch.

Etwaige Kriegsentschädigungen können aber die
durch den Krieg erlittenen Verluste nicht ersetzen, viel weniger
noch ein Land bereichern. Sind solche Entschädigungen gering,
so haben sie überhaupt keine Bedeutung; sind sie aber
groß, wie es z. B. die fünf Milliarden waren, welche Deutschland
von Frankreich erhalten hat, so sind sie der Volkswirthschaft noch
obendrein verderblich. Denn der Reichthum eines Landes liegt in
der Menge und Güte mit Hülfe der Arbeit geschaffener, verfügbarer
Producte, bestimmt zum Zwecke der Consumtion oder zu erneuter
Production. Aber er liegt ganz und gar nicht in dem Vor-
handensein kolossaler Summen Geldes; denn das Geld, bestehe es
nun in Metall oder Papier (Creditgeld) hat (wenn ersteres auch
einen größeren als letzteres) einen verhältnißmäßig äußerst geringen
Gebrauchswerth: wir können es weder essen noch trinken, noch
uns damit kleiden u. s. w. Das Geld dient nur als Tausch-
und Umlaufsmittel und hat somit zunächst Tauschwerth.
Werden aber so ungeheuerliche Summen, wie es die fünf Milliarden
waren, in ein Land oder gar an einen Punkt desselben gebracht,
so erleiden sie bald enorme Einbuße an ihrem Tausch-
werthe, weil sie als Umlaufsmittel überflüssig
sind. Derartige große Geldsummen können nur dann ihren an-
fänglichen Tauschwerth behaupten, wenn gleichzeitig die Production
entsprechend erhöht wird; d. h. mit andern Worten, wenn entsprechend mehr gearbeitet wird. Es ist aber unmöglich, daß in
derselben Zeit, in welcher sich das Geld eines Landes gleichsam
verdoppelt, sich auch die Arbeit verdoppeln kann.

Der Zufluß solcher Unsummen erzeugt ferner den Gründer-
und Speculationsschwindel und beeinträchtigt

die **Arbeitswilligkeit** und **Arbeitsfähigkeit** des **Volkes**, und alles dies aus dem Grunde, weil die Mehrzahl der Menschen, welcher das Wesen des Geldes unbekannt ist, glaubt, das Land sei nun unendlich reich geworden, das Geld liege so zu sagen auf der Straße, und man brauche nur seine Arme darnach auszustrecken. „**Müheloser Gewinn**" ist zum Losungs= wort erhoben. Alles ist von diesem Speculationstaumel, vom Milliardendelirium angekränkelt!

Aber was sind die sich bald einstellenden Folgen dieses ge= dankenlosen Treibens?

Allgemeine Enttäuschung! Rapides Sinken der Production und Consumtion in Gefolge Arbeitslosigkeit, Broblosigkeit und Massenarmuth! — So ist es denn auch den guten Deutschen er= gangen: mit ihren sogenannten Feinden, den Franzosen sind sie fertig geworden; aber hätte sie der liebe Gott nur vor ihren Freunden bewahrt, vor den „genialen Staatsbeglückern", bei welchen sie sich für das verhängnißvolle Milliardengeschenk zu bedanken haben!

Uebrigens ist der bei weitem größte Theil der französischen Kriegsentschädigung für unproductive Zwecke, nämlich für Militär= und Kriegszwecke (wie die folgende Notiz Kolb's ergibt) verwandt worden und schon aus diesem Grunde dem deutschen Volke nicht zugute gekommen. Kolb schreibt in seinem mehrfach citirten „Handbuch der vergl. Statistik" Seite 45/46:

„Wir entnehmen der Denkschrift, welche das Reichskanzleramt unterm 13. Februar 1874 dem Reichstag über die Verwendung der franzö= sischen Kriegscontribution vorlegte, folgende Daten:
Die Einnahmen betrugen:
1) Kriegscontribution Frankreichs 5 Milliarden Francs, 2) Zinsen hiervon bis zur Tilgung der Schuld 301,191,959, zusamm. 5,301,191,959 Frcs. = 1,413,651,189 Thlr. — Hierzu 3) Contribution der Stadt Paris 200 Mill. Fr. = 53,505,865 Thlr., 4) in Frankreich erhobene Steuern und örtliche Contributionen, nach Abzug der Verwaltungs= kosten, soweit diese Beträge nicht für besond. militärische Zwecke ver= wendet wurden, ca. 17,394,220 Thlr. — Gesammteinnahme 1,484,551,274 Thlr. — Hiervon sind jedoch 325 Mill. Frcs. = 86,666,666 Thlr. für die Erwerbung der einer Privatgesellschaft gehörenden Eisenbahnen in Elsaß-Lothringen abzurechnen; bleiben somit 1,397,884,608 Thlr.

Verwendung. Zunächst waren hieraus die durch Reichsgesetze auf bestimmte Beträge festgesetzten Ausgaben zu decken, nemlich: für den Reichs-Invalidenfonds 187 Mill. Thlr., für Vervollständigung von deutschen Festungen 72 Mill., für Festungen in Elsaß-Lothringen 40,250,950 Thlr., für Eisenbahnen im Reichslande, bez. die Wilhelm-Luxemburg-Eisenbahn 54,705,887, für einen (im Juliusthurm der Citadelle von Spandau aufzubewahrenden) Reichs-Kriegsschatz 40 Mill.; sodann Ersatz der Ausfälle an Einnahmen, veranlaßt durch Aenderung in Behandlung der Zoll- und Steuercredite 19,792,719, Betriebsfonds der Reichscasse für die Marineverwaltung und zu eisernen Vorschüssen für die Verwaltung des Reichsheeres 10,020,000, zu Dotationen für hervorragende Verdienste an die Generäle 4 Mill., zu Beihülfen an die aus Frankreich ausgewiesenen Deutschen 2 Mill., für den Schießplatz der Artill.-Prüf.-Commission 1,375,000, der von der Reichscasse 1870 und 71 für gemeinsame Zwecke bestrittene Kostenaufwand und Mehrbedarf für die in Elsaß-Lothringen garnisonirenden Truppen bis Ende 1872 8,330,000, endlich 41,301,207 Thlr., welche das Reichsgesetz vom 8. Juli 1873 für Marine (28,711,890 Thlr.), Reichstagsgebäude (8 Mill.), und nachträgl. Kriegsaufwand bewilligte. Mit Einrechnung verschiedener anderer Bewilligungen zusammen 480,778,029 Thlr.

Hierzu kommen diejenigen Ausgaben, deren Höhe von dem zur Erreichung des Zweckes erforderlichen Bedarfe abhängt. Sie sind folgendermaßen veranschlagt: 1) Ersatz von Kriegsschäden und Kriegsleistungen 37,700,000, 2) Entschädigung der deutschen Rhederei 5,600,000. 3) für Kriegsdenkmünzen 300,000. 4) Invalidenpensionen in Folge des Krieges 1870/71 bis Ende 1872 10,089,774. 5) Zuschuß zur Deckung der aus dem Reichs-Invalidenfonds zu bestreitenden Invalidenpensionen für die Zeit, während welcher der Invalidenfonds noch nicht vollständig angelegt war, 5,980,000. 6) Die nach Art. V. des Gesetzes, betreffend die franz. Kriegskosten-Entschädigung vom 8. Juli 1872, als gemeinsame Lasten zu behandelnden Kriegsausgaben, nemlich: a) für die Armirung und Desarmirung der Festungen 9,847,187, b) für das Belagerungsmaterial 9,394,821, c) bei der Marineverwaltung 9,352,512, d) für vorübergehende Einrichtungen zur Küstenvertheidigung rc. 980,813, e) für Anlegung und Wiederherstellung von Eisenbahnen rc. im Interesse der Kriegsführung 4,791,986, f) für die nicht in den Bereich der Feldtelegraphie fallenden Telegraphen-Anlagen und deren Betrieb 202,791, g) für die einstweilige Civilverwaltuug in Frankreich, bez. bis Ende 1871 die Kosten der Verwaltung der Eisenbahnen in Elsaß-Lothrng. 3,753,714. Ferner für die vom 1. Juli 1871 ab erfolgenden, mit dem Kriege im Zusammenhange stehenden Leistungen, nemlich: h) bei der Postverwaltung 225,000, i) bei der Telegraphenverwaltung 590,000, k) bei der Verwaltung des Landheeres der Mehrbedarf gegen den Friedensetat in Folge der Occupation französischer Gebietstheile 21 Millionen Thlr.

(darunter für Bayern nach ungefährem Ueberschlage 3,700,000 Thlr.), 7) zu weiterem Bedarf für die von der Reichshauptcasse für gemeinsame Zwecke zu bestreitenden Kosten, etwa 250,000 Thlr.

Der Gesammtbetrag der von der Einnahme vorweg zu entnehmenden Ausgabefonds berechnet sich hiernach auf 600,836,627 Thlr. Von den oben als Einnahme nachgewiesenen 1,397,884,608 verblieben mithin zur Theilung 797,047,981 Thlr. Es wird indeß empfohlen, für mögliche Ausfälle an den berechneten Einnahmen, beziehungsweise für Mehrerfordernisse bei den Ausgaben eine mäßige Reserve zu behalten. Die Theilungssumme wird demnach zu rund 793 Mill. angenommen werden können. Hiervon würden gemäß des Art. VI des Gesetzes vom 8. Juli 1873 drei Viertheile nach dem in dem gedachten Artikel VI angegebenen Maßstabe der militärischen Leistungen, ein Viertheil dagegen nach dem für 1871 giltigen Matrikularfuße zu vertheilen sein. Von der Theilungssumme erhalten sodann: 1. Bayern 90,200,411 Thlr., 2. Württemberg 28,500,870, 3. der Norddeutsche Bund 530,116,053, 4. Baden 20,133,182, 5. Hessen 9,333,674 Thlr., und im Laufe der Berechnung sind zur Deckung von Ausgaben ausgeschieden 6,119,000 und 108,596,810 Thlr.

Von der ganzen Kriegscontribution wurden nach den Reichsgesetzen etwa 150 Mill. Thlr. für civile, der Rest für Kriegszwecke verwendet. Auch was an die einzelnen Staaten zur Vertheilung kam, ward meistens für Deckung der Kriegskosten und Heimzahlung von Kriegsanlehen bestimmt.

Nach dem Gesetz vom 2. Juli 1873 wurden aus dem zur Vertheilung bestimmten Antheil für Wiederherstellung der Kriegsbereitschaft und Erhöhung der Schlagfertigkeit des Heeres 106,846,810 Thlr. zur Verfügung gestellt.

Einem Berichte der Reichsschuldencommission vom April 1874 entnehmen wir, daß der Reichs-Invalidenfonds Ende Februar 1874 an Werthpapieren besaß, nominell: in Thalern 153,878,285, in südd. Gulden 11,198,250, in holländ. Gulden 2,560,000, in Pfund Sterl. 918,760, in Dollars 17,784,000 und bei Banken 2,624 Thlr. — Der Festungsbaufonds besaß zur nemlichen Zeit in Effekten einen Nennwerth von 34,865,300, und ein Guthaben bei der preußischen Bank von 18,599,420 Thlr."

Eroberungen von Ländern oder Provinzen bringen dem erobernden Lande selten Gewinn, sie kosten fast immer mehr als sie einbringen. In der Regel sind die eroberten Landstriche durch den Krieg derartig ökonomisch erschöpft, daß sie noch Zuschüsse vom siegenden Lande bedürfen. Ferner gibt letzteres gewöhnlich Unsummen für Festungen und andere militärische Zwecke aus mit der Absicht, sich den Besitz des

5

neuen Landes für die Zukunft zu sichern. Auch kostet die Umgestaltung der inneren öffentlichen Institutionen, des Justiz-, Ver-
waltungs- und Schulwesens, des Münz-, Maß- und Gewichtsystems
zc. enormes Geld. Dazu kommen die vermehrten Ausgaben für
Presse und Polizei, welche bestimmt sind, den Bürgern des neuen
Landes begreiflich zu machen, daß die neuen Verhältnisse doch
eigentlich für sie von großem Segen seien. Trotzalledem begreifen
die Bürger dies jedoch gewöhnlich nicht und bilden ein unzufriedenes
Element im Staate, welches durch allerhand Opposition, Chicanen,
durch Steuerdefraudation, oder gar durch thätliche Widersetzlichkeit
den neuen Staat ökonomisch nur benachtheiligt. Viele Bürger
wandern aus und entziehen so dem neuen Lande ihre Arbeitskräfte,
um sie wo möglich dem „feindlichen" zuzuwenden. Endlich —
und das ist die Hauptsache — bilden diese eroberten Länder den
e w i g e n Z a n k a p f e l zwischen den in Frage kommenden
Staaten und werden fast immer die Ursache zu neuen Kriegen
mit all' deren verderblichen Folgen.

Ein gewaltiger Irrthum liegt weiterhin in dem Glauben, ein
Land könne sich dadurch bereichern, d a ß e s d e n W o h l s t a n d
e i n e s a n d e r n L a n d e s d u r c h K r i e g u n t e r g r ä b t.
Man meint nämlich, wenn man der Production eines andern
Landes Schaden zufüge, müsse sich diejenige im eigenen Lande
heben, weil die Nachfrage nach Erzeugnissen sich nun von dem
fremden Lande ab- und dem eigenen zuwende. Allein man macht
die Rechnung ohne den Wirth; in Wahrheit liegt die Sache ganz
anders. Wenn wir den Wohlstand eines andern Landes, insbesondere eines Nachbarlandes ruiniren, so s c h a d e n w i r u n s e r n
e i g e n e n I n t e r e s s e n; denn die ökonomischen Interessen aller
Länder sind solidarisch. Mit dem Vortheile und Nachtheile des
einen Landes ist Vortheil und Nachtheil des andern eng ver-
flochten. Beeinträchtigen wir die Production eines andern Landes,
so ist dieses nicht mehr im Stande, uns seine Waaren in derselben
Güte und Menge, — nicht mehr so wohlfeil wie früher zu liefern.
Vermindert sich aber die Production in einem anderen Staate, so
wird er natürlich ärmer und kann also u n s e r e Producte nicht

mehr kaufen oder wenigstens nicht in der früheren Menge und mit den früheren, höheren Preisen. Es ergibt sich also hieraus, daß ein Land, welches den Wohlstand eines andern Landes durch Krieg benachtheiligt, **sich selbst ökonomisch schädigt.**

Aber nicht nur die beiden durch den Krieg direct berührten Länder verlieren, sondern insgesammt **alle Länder** werden beeinträchtigt; denn, wir wiederholen es, **die Interessen aller Länder sind solidarisch, alle Länder hängen ökonomisch von einander ab.** Es gibt heute keine räumlich begrenzte Volkswirthschaft mehr, **die heutige Volkswirthschaft ist kosmopolitisch.** Wenn sich z. B. das Land A und das Land B bekriegen, so vermindert sich, wie wir gesehen haben, Production und Consumtion in beiden Ländern, beide werden ärmer. Daraus folgt nun aber weiter, — und darauf kommt es hier an — daß sich auch der Tauschverkehr mit **allen andern Ländern,** mit dem Lande C, D, E u. s. w. vermindert; es sinkt also auch die Production und Consumtion der andern Länder, und alle Länder werden mehr oder weniger ärmer, quod erat demonstrandum.

Die Existenz eines Militär- oder Kriegsstaates kann nie lange währen; denn jeder Krieg ruft Revanchekriege hervor, und ein Staat wird nie auf die Dauer Sieger bleiben. Aber angenommen selbst, ein Staat führe dauernd „glückliche" Kriege, so kann er doch nicht ökonomisch prosperiren; denn er verschwendet im Kriege sein Blut, um im Frieden sein Gut zu verschwenden, „kein Staat schlägt einem andern Wunden, ohne selbst aus tausend Wunden zu bluten." —

Kann aber schon die Existenz eines Militär- oder Kriegsstaates nicht von langer Dauer sein, **so kann noch viel weniger ein Staat durch Militär oder Kriege „groß"** werden. „Groß" — nun ja, wenn man das räumlich nimmt, oder damit sagen will, militärisch mächtig — kann ein Staat allerdings durch Militär und Kriege auf eine gewisse, beschränkte Zeit werden, aber groß im bessern Sinne des Wortes, d. h. ökonomisch hoch entwickelt, hoch civilisirt, wird ein Staat durch das

Militär nie! Englands Größe und Reichthum beruhen hauptsächlich auf seiner friedlichen Politik.

Daß Preußens Culturverhältnisse, insbesondere die wirthschaftlichen Verhältnisse (abgesehen von einigen durch äußere Umstände besonders bevorzugten Strichen, wie z. B. das preußische Rheinland) hinter denen Englands, Belgiens, der Niederlande, der Schweiz, Frankreichs, Sachsens, Badens 2c. bedeutend zurückgeblieben sind, hängt mit dem Militarismus, dessen sich Preußen nun seit vielen Jahrzehnten in ausgedehntestem Maßstabe „erfreut", eng zusammen. —

Der Militarismus kräftigt und stählt das Volk in physischer Beziehung nicht, sondern er macht es krank und schwach, ja auf die Dauer muß er zur vollständigen, physischen und somit auch geistigen Degeneration des menschlichen Geschlechtes führen. Denn

„Um das stehende Heer möglichst zu vergrößern, werden alljährlich aus allen Kreisen der Gesellschaft alle gesunden und starken, jungen Männer durch strenge Rekrutirung ausgelesen. Je kräftiger, gesunder, normaler der Jüngling ist, desto größer ist für ihn die Aussicht, durch Zündnadeln, gezogene Kanonen und andere dergleichen Kulturinstrumente gemordet zu werden. Alle kranken, schwächlichen oder mit Gebrechen behafteten Jünglinge dagegen werden von der „militärischen Selection" verschont, bleiben während des Krieges zu Hause, heirathen und pflanzen sich fort. Je untauglicher, schwächer und verkümmerter der Jüngling ist, desto größere Aussicht hat er, der Rekrutirung zu entgehen und eine Familie zu gründen. Während die kräftige Blüthe der Jugend auf dem Schlachtfelde verblutet, genießt inzwischen der untaugliche Ausschuß die Genugthuung sich fortzupflanzen und alle seine Schwächen und Gebrechen auf die Nachkommenschaft zu vererben. Nach den Vererbungsgesetzen muß aber nothwendig in Folge dessen bei jeder folgenden Generation nicht allein eine weitere Verbreitung, sondern auch eine tiefere Ausbildung des körperlichen und des davon untrennbaren, geistigen Schwächezustandes eintreten. Daher brauchen wir uns wahrlich nicht zu wundern, wenn in Wirklichkeit die Körperschwäche und Charakterschwäche unserer Kulturnationen in beständiger Zunahme begriffen ist, und mit dem starken gesunden Körper auch der freie unabhängige Geist immer seltener wird." (Dr. Ernst Haeckel, Natürliche Schöpfungsgeschichte; siebenter Vortrag: die Züchtungslehre oder Selectionstheorie. [Der Darwinismus.] Seite 164.)

Ganz richtig betont hier Haeckel, daß die physische Schwäche auch eine geistige bedingt; denn die geistige Thätigkeit ist nichts als eine Gehirnthätigkeit, im Grunde genommen also eine körperliche Thätigkeit. —

Außerdem müssen wir dem obigen Ausspruch hinzufügen, daß noch ein anderer als der dort erwähnte Umstand zur physischen Schwächung und Degeneration des menschlichen Geschlechtes wesentlich beiträgt. Nämlich nicht nur der militäruntaugliche Ausschuß, sondern auch die gewesenen Soldaten pflanzen sich fort. Die Soldaten treten aber in Folge der beim Militär herrschenden und bereits im ersten Abschnitte dieser Schrift geschilderten, ungünstigen Gesundheitsverhältnisse mehr oder weniger geschwächt oder krank in das Civilleben zurück. So übertragen sie die Militärkrankheiten, bezw. die (vorherrschend durch das Mißverhältniß zwischen der kargen Verpflegung und der ungesunden Wohnung und Kleidung einerseits und dem harten und anstrengenden Dienste andererseits entstandene) Schwächung durch Vererbung, wo nicht schon durch Ansteckung auf die Gesellschaft.

Wenn trotz der hier dargelegten, wissenschaftlich anerkannten Thatsachen immer noch vielfach ausposaunt wird, ein strammes Militärsystem kräftige und stähle die Soldaten und so rückwirkend das ganze Volk, so zeugt das eben von einer totalen Unkenntniß der realen Verhältnisse oder von einer wissentlichen Fälschung derselben. Noch einmal: der Militarismus schwächt und entnervt die Soldaten und das Volk, er entartet und zerrüttet das gesammte menschliche Geschlecht!

Der Militarismus demoralisirt nicht nur die Soldaten, wie an früherer Stelle gezeigt wurde, sondern auch das sociale und politische Leben der Völker; er corrumpirt Geist und Gemüth, Bildung, Recht und Freiheit; Erziehung und Unterricht, Presse, Wissenschaft und Kunst.

Wie die Krankheiten des Militärs, so stecken auch dessen Unsitten die bürgerliche Gesellschaft an. Aber nicht nur die Unsitten der Soldaten, sondern auch die **Unsittlichkeit des ganzen „Militärsystems"** verpestet das Volk.

Zunächst ist es **der Geist der Unterdrückung und Knechtschaft,** den die Gesellschaft vom Militarismus erbt. Der militärische Wahlspruch „drücken nach unten und kriechen nach oben" läßt sich jetzt auch mehr oder weniger auf das Civilleben anwenden. Der Militarismus befördert den Hochmuth einerseits und den Servilismus anderseits, er wird so zu **einer wesentlichen Ursache der gesellschaftlichen Ungleichheit.** Er schafft das **Kastenwesen,** durch welches die Menschen gleichsam nach militärischer Rangordnung eingetheilt werden. Das zeigt sich z. B. in einer Fabrik: der Besitzer ist General, der Procurist Hauptmann, der Werkmeister Unterofficier und der Arbeiter Soldat. Dieselbe Eintheilung wird im Militärstaate angewandt auf kaufmännische Geschäfte, auf landwirthschaftliche Unternehmungen, auf den Staats=, Justiz=, Verwaltungsdienst u. s. w. Diesen Kastengeist mit seinen hundertfachen Gruppirungen findet man sogar wieder im Salon, in der Familie, im ganzen geselligen oder unter diesen Umständen vielmehr ungeselligen Verkehr. So entsteht die Mißachtung und Geringschätzung der „Unteren" und die Anbetung der „Höheren"; daher der Personencultus, das Streberthum, die politische Heuchelei. In keinem Lande der civilisirten Erde sind auch diese Tugenden mehr zu Hause als in Deutschland, dem Lande des Militarismus par excellence.

Der im Militärstaat im gesellschaftlichen Leben herrschende **Ton ist der der Grobheit und Barschheit.** Denn die verabscheuungswürdige, oben angedeutete kriechende Demuth wird nur demjenigen bezeugt, zu welchem man in einem directen „Abhängigkeitsverhältniß" steht; gegenüber allen Andern herrscht nicht einmal achtungsvolle Form und Artigkeit, wie es doch in der Ordnung wäre, und wie sie jeder, gleichviel ob „Tiefer-" oder „Höherstehende" das Recht hätte zu beanspruchen, sondern **Schroffheit und Barschheit.**

Thatsächlich ist auch in Preußen, wo der Militarismus am längsten und in der umfassendsten Form eingeführt ist, von allen

civilifirten Ländern die gebildete Umgangsform am selten=
sten zu finden. In Preußen schnauzt und commandirt Alles.
Wenn man es selbst mit der erbarmungswürdigsten Postschreiber=
seele zu thun hat, so erhält man den Eindruck, als sei man ein
Soldat, der von seinem Feldwebel zurechtgewiesen wird.*) Selbst
Frauen und Kinder eignen sich den militärischen Schnauzton an.
Die Frau Hauptmann, die Frau Major, die Frau Lieutenant
unterhalten sich in dem näselnd breiten Commandirjargon ihrer
Männer. Die ganze militärische Geschmacklosigkeit prägt sich im
Volksgeist aus. Dies zeigt sich außer in der Sprache und in den
Manieren im Allgemeinen, besonders auch im Gang, selbst in der
Kleidung. Der Gang des Volkes wird schwer, steif, hölzern, tact=
mäßig. Keine Frau des civilisirten Europa's kleidet sich so ge=
schmacklos als die Preußin, nicht einmal die Engländerin, und

---

*) Aehnlich schreibt Osseg S. 258:

„In den Ländern des Militarismus herrscht der stramme Soldaten=
ton; man hat es vom Korporal gelernt, selbst da Manneskraft (?) und Parsch=
heit zu affektiren, wo die beiden Artikel höchst überflüssig sind. Man verlange
am Schalter des Bahnhofes ein Eisenbahn-Billet, man übergebe dem Post=
sekretär ein Paket, man habe mit dem jammerwürdigsten Subaltern-Beamten
ein Geschäft: immer und überall möchte man sich fragen, ob man denn wirk=
lich ein Rekrut sei, weil man eben von Jedermann angeschnauzt wird."

Seite 256/57 erzählt uns der genannte Autor:

„In einem Wartesaale zweiter Klasse, unweit der preußischen Grenze harrten
mehrere Herren auf die Abfahrtszeit. Mit einem Male tritt ein Civilist in
strammster Haltung, steif wie ein Ladstock, herein, eisernen Trittes auf das
Buffet zu, und verlangt im zornigsten Gurgeltone, dessen Laute zwischen den
Zähnen schnatterten, eine „Tass' Kaffee!" Die Umstehenden sahen unwillkür=
lich einander an, ein schmerzlicher Zug glitt über die Wangen der bescheidenen
Tochter des Wirthes, welcher die Bedienung oblag; aber Alle hatten wohl
ebendenselben Gedanken, wie der Schreiber dieser Zeilen: „der Mann kommt
aus dem Lande des Militarismus."

Ja, es ist wahr; wenn wir verurtheilt sind, um alle feinere Bildung, um
jene schöne Civilität des Umganges zu kommen, so wird es durch unseren all=
gemeinen Heerzwang geschehen, welcher jeden Erwachsenen zur Kaserne in den
Höflichkeits-Unterricht des Korporals und Feldwebels schickt. Es ist gar nicht
zufällig, daß dem gebildeten Fremden schon bei den ersten Schritten in Spree=
Athen der Mangel an wahrer Bildung bis in die höheren Klassen hinauf
schmerzlich auffällt."

das will gewiß viel sagen. — Wenn wir hier von Preußen sprechen, haben wir vorherrschend die älteren Provinzen Preußens im Auge, doch leider auch die jüngeren, ja selbst die andern deutschen Länder, in welchen das preußische Militärsystem eingeführt wurde, wie Bayern, Sachsen, Württemberg u. s. w. werden immer mehr und mehr von dem militärisch=kriegerisch=affectirten Wesen verpestet. Die Hannoveraner, Holsteiner, Bayern, Württemberger ꝛc. waren früher, wenn auch nie Helden der Artigkeit, so doch verkehrbare, angenehme, deutsch-guthmüthige Leute. Wie sehr hat sich dies schon geändert. seitdem bei ihnen das preußische Heersystem herrscht! Und wie sehr wird sich dies noch ändern, wenn bei ihnen der preußische Erbswurst= und Stalldunst noch Jahrzehnte fortwehen wird?

Verhehlen wir es uns nicht: Ueberall in der Welt sucht man den Umgang der Preußen zu meiden, sie sind überall unbeliebt, weil unliebenswürdig; und nicht nur unbeliebt in Ländern, welche in den letzten Jahren von Preußen „geschlagen" wurden, nein auch in ganz neutralen Ländern, wie in England, Schweden, Rußland, der Schweiz, ja sogar in den Bundesstaaten, wie in Bayern, Württemberg, Sachsen u. s. w., selbst in Italien, welches doch durch Preußen einig geworden ist.

Daß es trotzdem in Preußen eine Menge artiger, umgäng-licher und angenehmer Leute gibt, stellen wir nicht in Abrede, wir müssen diese Thatsache sogar doppelt lobend anerkennen, da es um so schwieriger ist, sich von Untugenden rein zu halten, von welchen die ganze Umgebung angesteckt ist. Auch denjenigen, welche von der allgemeinen Unhöflichkeitsseuche behaftet sind, kann man keinen Vorwurf daraus machen; denn die Schuld tragen in der Regel nicht die Einzelnen, sondern sie trägt der militärische Geist, der im ganzen Lande weht, und den man durch die Umgebung und Erziehung einathmet. —

Die Deutschen thun sich darauf viel zugute, daß keine andere Sprache ein gleichsinniges Wort besitzt, wie das deutsche Wort Gemüthlichkeit. Sie betrachten diesen Umstand als ein Merk-mal dafür, daß in keinem andern Lande die Gemüthlichkeit so recht eigentlich zu Hause sei, als in Deutschland. Der Verfasser, der Jahre lang im Ausland, in England, Frankreich, Italien, der Schweiz ꝛc. gelebt hat, erlaubt sich hierüber anderer Meinung zu sein. Er hat die Beobachtung gemacht, daß man in all' diesen Ländern mehr oder weniger Gemüthlichkeit finden kann und findet, wenn auch den betreffenden Sprachen das Wort unbekannt ist, und daß man dagegen in Deutschland, wenigstens in Preußen, wo man jenes Wort jeden Augenblick auf der Zunge führt, die wahre Gemüthlichkeit fast gar nicht kennt. Wo der barsche Militärton herrscht, da ist freilich ihre Stätte nicht. Die offenherzige, warme und gemüthliche Weise ist es, welche, verbunden mit Rücksicht und Höflichkeit, den Franzosen zu dem dauernd angenehmen, verkehrbaren Menschen macht. In England ist die Steifheit nicht in dem Maße vorhanden, wie man auf dem Continent gewöhnlich glaubt. „Steif" ist der Engländer nur dem gegenüber, den er nicht näher kennt, und dies immerhin noch in viel geringerem Grade als der Preuße. Auch in Italien ist wahre Gemüthlichkeit durchaus nicht selten. Ob freilich die Zustände in diesen Ländern so bleiben werden, wenn der Militarismus sich mit den Jahren immer mehr einnistet, ist eine große Frage. — —

Der Militarismus untergräbt den gesunden Sinn für das Recht; denn sein System basirt auf Gewalt. Gewalt geht beim Militär vor Recht. Wer den andern schlägt, besiegt, hat Recht. Macht ist Recht, das ist die Militärmoral; — aber nicht etwa die Macht des Geistes, der Vernunft und des Wissens, sondern die cynische Macht der Kanonen und Bajonnette. Dieser bestialischen Zündnadel- oder Chassepotmoral bemächtigt sich nun auch das Volk, die „öffentliche Meinung". Das Volk streut denen Weihrauch, welche die größte Gewalt haben, denen, welche mit dem „größten Erfolg" über Soldaten und Mordwaffen verfügen. Das Volk beurtheilt die Handlungen nach dem nichtsbeweisendsten aller Dinge: dem „Erfolg", unbekümmert darum, ob die Mittel zur Erreichung desselben recht oder unrecht, sittlich oder unsittlich waren; unbekümmert darum, ob der „Erfolg" auch wirklich der Menschheit einen Nutzen gebracht hat, ob es mithin ein eigentlicher, wahrer Erfolg war. Das Volk urtheilt also nur nach dem scheinbaren, äußeren Erfolge, nach der «gloire», den Eroberungen, dem eiteln Flitterwerk und Raketengeprassel. Was ist denn die Siegesbegeisterung? In der Regel nichts als das Gebrüll bestialischer Leidenschaften, nichts als ein Delirium verschrobener Geister! Zum Glück kann die Tobsucht gewöhnlich nicht lange anhalten und der qualvollste Katzenjammer folgt ihr auf dem Fuße. Aber freilich dauert dieses Bauchgrimmen Jahre und Jahrzehnte. Der Enthusiasmus berauscht einen Augenblick, aber das folgende Haarweh bleibt dauernd. Es dauert so lange, daß man die Stunde der Berauschung darüber vergißt und nun den Grund des Uebels in tausend andern Dingen, nur nicht in der wahren Ursache selbst sucht! —

Allgemein demoralisirend wirken auch die Kriegserpressungen, genannt Entschädigungen. Durch den Krieg erpreßte Schätze gleichen den im Hazardspiel gewonnenen Geldern. „Wie gewonnen, so zerronnen!" Der Spieler trägt seinen Gewinn in der Regel wieder zur Spielbank, — oder er verschwendet ihn auf andere Weise. Was für einen Segen hat der Milliardenregen gehabt? Das „heidenmäßig viele Geld" ist in Nichts zerronnen; allein nicht ohne die demoralisirendsten Folgen zu hinterlassen. Die Milliarden haben nicht nur Tausende an den Bettelstab gebracht, sondern auch die Thüren des Zuchthauses und Irrenhauses geöffnet. Ersteres würde vielleicht noch mehr bevölkert worden sein, wenn nicht — um die Worte eines „Genialen" zu benutzen — „so Mancher mit dem Rockärmel am Zuchthaus vorbeigestreift wäre", welcher jetzt unter dem Schutze des Mantels christlicher Liebe weiter „culturkämpft". —

Bei den Armeen wird der Nationaldünkel gepflegt, und dieser überträgt sich auf die ganze Gesellschaft. Nationaldünkel heißt aber nichts anderes als Ueberhebung der eigenen und Unterschätzung oder Mißachtung der fremden Nationen. Hieraus entsteht begreiflicherweise der Nationalhaß, und diesen braucht der Militärstaat, um eine andere Nation mit „Erfolg" zu bekämpfen. Je mehr das Volk die zu bekriegende Nation haßt, zu einem desto willigeren Kriegswerkzeug wird es. Statt daß die Völker einander achten, und mit einander den friedlichen Kampf der Arbeit und des Geistes kämpfen sollten, wollen sie sich nun Dank dem bornirten, nationalen Größewahnsinn und dem künstlich gezogenen Nationalhasse durchaus als Feinde betrachten. Im Widerspruch zu den erhabenen und durch die Naturgesetze mit eisernen Lettern vorgeschriebenen Zielen der endlichen Einigung und Verbrüderung aller Völker des Erdballs, deren Losung die eine sein wird: „Wohlstand, Gerechtigkeit, Freiheit und Bildung durch Arbeit"! — suchen sich die Nationen beständig unter einander zu bekriegen, glauben sie nur auf Kosten anderer wohlhabend und glücklich werden zu können, indem sie vergessen, daß sich dieses Ziel nur durch Einigkeit erreichen läßt; denn nur Einigkeit macht stark, stark im edleren Sinne des Wortes, d. h. wohlhabend, frei, gebildet, sittlich! —

Der Militarismus entsittlicht die Soldaten und somit auch das Volk, indem er die Geringschätzung des Lebens der Menschen erzieht. So kommt es, daß man das Blutvergießen im Kriege für ganz natürlich, gerecht und sittlich findet. Welcher Entrüstungsschrei und welcher Jammer durchläuft die Presse, wenn einmal hie oder da Einer oder der Andere angefallen und gemordet wird! Welcher Schauder und welches Entsetzen durchrieselt gar die Gemüther beim Gedanken an den Massenmord von Bremerhafen! Wie stoisch gleichgültig dagegen, wenn nicht gar noch hetzend und jubelnd, benimmt sich der große Theil des Volkes bei den „heiligen" Kriegen, in welchen Tausende und Abertausende auf dem Schlachtfeld verbluten müssen, um die Besitz- und Ruhmgier einzelner „genialer" Vampyre zu stillen; bei Kriegen fast immer für rein dynastische Familienzwecke oder hervorgerufen durch kindische Eitelkeit oder alberne Eifersüchtelei?! — —

Wie auf die Gesellschaft im Allgemeinen, so übt der Militarismus in's Besondere seine demoralisirenden

Wirkungen auf die Jugend aus. Der Soldat oder ge-
wesene Soldat erzieht seine Kinder wieder militärisch, soldatisch.
Die Familie wird nicht vom Geist der Güte und Milde, sondern
vom Geiste des barschen Befehls, des unbedingten Gehorsams, der
militärischen Grobheit und Servilität regiert. Die Familie gleicht
einer Compagnie mit Hauptmann, Feldwebel und Soldat. Schon
das Spielzeug des Knaben ist soldatisch: Flinte, Trommel, Helm,
Bleisoldaten; „ein Wunder," sagt Osseg, „daß man dem Mädchen
noch seine Puppe läßt!" In den freien Stunden spielt der Knabe
mit seinen Kameraden: „Exercieren" und „Krieg". Die Bilder-
bücher, welche man den Kleinen in die Hände gibt, enthalten
Scenen aus dem Soldatenleben, namentlich auch Schlachten-
bilder. Wie demoralisirend muß dies jedoch auf das empfäng-
liche Kindesgemüth, auf die leicht erregbare, jugendliche Phantasie
wirken! Kann man es jemals vom pädagogischen Standpunkt billigen, daß der zarten Kinderseele die blutigen und bestialischen Schlachtenscenen vor die Augen geführt werden?!
Welchen entsittlichenden Eindruck muß der Anblick der in
thierischer Leidenschaft entfesselten, sich bekämpfenden Krieger, der
todten oder zerfleischten menschlichen Körper auf das feinfühlende,
kindliche Herz ausüben?! Aber freilich der Staat braucht Kriegs-
bestien, und so ist es besser, die Menschen von Jugend auf dazu
zu erziehen. Wie ängstlich — und zwar mit großem Recht —
bewahren nicht oft die Eltern ihre Kinder dem Schlachten der
Thiere zuzusehen; wie viel mehr noch sollte man die Kinder vor
dem Anblick jener kriegerischen Gräuelscenen behüten, bei denen sich
es noch dazu um die zwecklose Tödtung der eigenen Art handelt,
während das Schlachten der Thiere, wenn auch kein sonderlich
ästhetisches Geschäft, doch in der Regel zu unserem Lebensunterhalt
nun einmal nothwendig ist. —

Der Militarismus bemächtigt sich ferner des
wichtigsten Erziehungsmittels, der Schule, er be-
dient sich ihrer zur Corrumpirung der Jugend und
so der ganzen Gesellschaft. Eine wirklich gute Schule,
an welche freilich höhere Anforderungen als die heutigen gestellt

werden würden,*) können die Militärstaaten schon aus dem Grunde nicht haben, weil ihnen dazu das **G e l d** fehlt. Dieses wird ja von Armeen und Kriegen verschlungen. Daher wird in unseren heutigen Staaten auch so blutwenig für die Volksschule ausgegeben.**) Schon **d e s h a l b** kann der Staat keine genügenden und tüchtigen Lehrkräfte anstellen. Was soll man dazu sagen, wenn in Preußen 16—18jährige, unreife Jungen, die selber noch nicht erzogen sind, mit der bedeutungsvollen Aufgabe betraut werden das Volk zu erziehen???!!! Außerdem **w i l l** der Militärstaat namentlich für die Volksschule gar keine Lehrer, welche sich über die Grenze des allerelementarsten Wissens, über den „beschränkten Unterthanenverstand" hinaus erheben; denn solche Leute könnten ja dem „Staatswohle" und dem Militarismus schädlich

---

*) Wir wollen hiemit keineswegs sagen, daß man die jungen Leute noch mehr mit Kenntnissen überpfropfen sollte, als es heute geschieht; im Gegentheil wollen wir uns mit weniger begnügen, aber mit solchen, die einen vernünftigen, d. h. gemeinnützigen Zweck haben, anstatt des Wustes von hirnverbranntem, läppischem, wo nicht gemeinschädlichem Kohle, mit welchem das jugendliche Gehirn heutzutage geradezu überladen wird. (Hierauf bezügliche, nähere Ausführungen folgen später.)

**) „Wenn ein Staat, wie Preußen, schon vor 1866 jährlich etwa 40 Millionen Thaler für sein Heer — also auf durchaus unfruchtbare Weise — und noch nicht den hundertsten Theil davon, nicht 400,000 Thaler unmittelbar für die Volksschulen zu verwenden nöthig finden konnte, wie soll das zu einem guten Ende führen!" (Roeder, „Die Kriegsknechtschaft unserer Zeit ꝛc.")

„Bekanntlich tritt gerade in der neuesten Zeit das moderne Soldatenthum mehr als je in den Vordergrund des sogenannten „„Culturlebens"" ; die ganze Kraft und der ganze Reichthum blühender Culturstaaten wird für seine Ausbildung vergeudet. Die Jugenderziehung dagegen und der öffentliche Unterricht, die tiefen Grundlagen der wahren Volkswohlfahrt und der humanen Veredelung, werden in einer Weise vernachlässigt und mißhandelt, welche unseren Nachkommen die Schamröthe über die barbarische Rohheit ihrer Vorfahren ins Gesicht treiben wird. Und das geschieht in Staaten, welche sich einbilden, die bevorzugten Träger der höchsten menschlichen Intelligenz zu sein und an der Spitze der Civilisation zu stehen!" (Haeckel, „Natürliche Schöpfungsgeschichte", Seite 153.)

werden*).   Das Volk in Dummheit zu erhalten, lautet
die Devise des Pfaffen= wie des Militärstaates.   Man
weiß warum!

Dem Militarismus kann es ja nicht darauf ankommen, daß
der Mensch zum Menschen, d. h. in diesem Sinne zu einem
der Gesammtheit nützenden Individuum, sondern daß er zum
Soldaten erzogen wird.   Die Schule erhält daher vom Militarismus die Hauptaufgabe, das Denken der Kinder gleich im
Keime zu ersticken; denn Leute, welche denken, kann der Staat
weder zu Soldaten noch zu „frommen Bürgern" gebrauchen, sondern nur solche, welche blind gehorchen.   Wollte man die
Menschen zu denkenden Wesen heranbilden, so wäre es freilich mit
dem Militarismus sehr bald aus; denn ein denkendes Volk
würde den blinden Gehorsam sehr bald abschütteln.

Die Kinder müssen zur Servilität erzogen werden, so erheischen
es die Interessen des Militarismus.   Daher wird wie im Heere
und in der ganzen bürgerlichen Gesellschaft, so auch in der
Schule der Kastengeist gepflegt.   Der Quartaner spielt
dem Quintaner gegenüber die wichtige Person, während er glücklich ist, wenn er von dem Tertianer oder Secundaner eines Blickes
gewürdigt wird.   Hier finden wir wieder in Miniaturausgabe das
Rangverhältniß zwischen Officier und Feldwebel, Feldwebel und
Soldat.

Als ein Hauptverdummungsmittel der Jugend
dient der im Dienste des Militarismus stehenden
Schule der Religionsunterricht.   Die Religion beruht auf
Glauben.   Glauben aber heißt nicht wissen.   Für den vernünftigen
Menschen kann nur die Wissenschaft maßgebend sein, nicht
der Glaube.   Ueberhaupt ist die Religion total unsittlich; denn

---

*) Der Verfasser weiß wohl, daß es auch eine nicht zu unterschätzende
Anzahl hochgebildeter Volksschullehrer gibt.   Allein diese haben sich
ihre Bildung nicht in den Lehrerbildungsanstalten (Seminarien ꝛc.)
erworben, sondern durch fleißiges Privatstudium.   Hat dieser Umstand aber
einen beträchtlichen Nutzen für das Volkswohl, wenn es diesen Männern verboten ist, ihre Kenntnisse der Jugend gegenüber zu verwerthen?

sie lehrt das „Gute" ausüben, d. h. das was sie nach ihrem Ge=
schmacke „Gutes" nennt, weil dieses belohnt, sie lehrt das „Schlechte"
meiden, weil es bestraft wird. Also die elendesten Beweggründe,
Hoffnung auf Belohnung und Furcht vor Bestrafung sollen den
Menschen zur Ausübung des „Guten" antreiben.

Die Religion verfinstert die Geister; sie betrügt den Menschen
um das kostbarste Gut, den gesunden Verstand; aber Schwachköpfe
kann das Militär und der Militärstaat natürlich gebrauchen; sie
eignen sich am besten zum „blinden Gehorsam"; sie sind dazu er=
zogen, daran gewöhnt.

Die Religion predigt den Autoritätsschwindel gerade
wie das Militär. Die Menschen aber brauchen keine Autorität
„über" sich; denn ihre höchste Autorität sind sie selbst in
ihrer Gesammtheit; ist die Menschheit.

Die von der Religion gelehrte Vertröstung auf ein fer=
neres (himmlisches) Leben beruht auf Dummheit oder auf
gemeinem niederträchtigem Betrug. Man läßt das Volk
auf Erden leiden, man quält und betrügt es, damit einige Wenige
sich die Säckel füllen und schlemmen, Länder erobern und äußer=
liche Anerkennungen ernten können, unter der Vorspiegelung,
daß ein ferneres Leben all die Leiden der Massen durch tausendfache
Freuden ersetze. Das ist die Irrlehre, die jämmerliche Lüge von
der ewigen Seligkeit. Ja! das Volk braucht die Religion; und,
ihr Herren, wißt recht gut, wozu es sie braucht: um als duldsame,
sich ohne Murren in ihre traurige Lage findende Soldaten und
Unterthanen zu dienen.

> „Ist nicht Unsterblichkeit die schlimmste Fabel,
> Die je ein Mensch dem andern vorgesprochen?
> Ein Wahn, der Herzen plündert, und ein Trug,
> Der frech dem Elend sagt: hast Freude g'nug!
> Hier ist dein Loos zu dulden und zu darben,
> In andern Welten reifen deine Garben!"*)

Der Militarismus benöthigt die Religion, ob nun in dieser
oder jener Form, ob als protestantische oder katholische Confession,

---

*) Entnommen der Brochüre „der Zeitgeist" von E. K., Chicago 1873.

ob gar eine Art Staatsreligion, in welcher etwa das Staats-
oberhaupt gleichsam als Gott und seine Generäle und Minister
als Engel oder Heilige betrachtet werden; — gleichviel zu seinem
System benöthigt er einer Blindglaubens-, Blindgehor-
sams-, Autoritäts- und Vertröstungslehre. Einen
der wesentlichen Schergendienste liefert dem Militarismus zu diesem
Zwecke neben der Kirche die Schule. —

Wie steht es denn mit dem Geschichtsunterricht? Vorherrschend in ihm ist ebenfalls der militär-religiöse Geist,
welchen wir oben geschildert haben. Sind ja schon die Lehrer echt
militärfromm und nach ihrer mangelhaften Bildung und Erziehung, welche sie im Durchschnitt nie über das Niveau der plat-
testen Mittelmäßigkeit emporhebt, gar nicht fähig, den tieferen,
philosophischen Geist der Geschichte auch nur im Entferntesten zu
verstehen. Was ist denn eigentlich der Unterricht der Geschichte
in der modernen Schule? Kann man das, was dort gelehrt wird,
überhaupt Geschichte nennen? Gewiß nicht! Es ist ein jammer-
würdiges Geschichtsgeträtsch, ein widerlicher Geschichts-
klatsch, wo nicht eine totale Geschichtsfälschung. Es ist
ein Conglomerat von Zahlen und Namen, ein abgeschmacktes
Anekdotengewirr von Fürsten und Verbrechern an der Menschheit;
eine geist- und kenntnißlose Zusammenstellung von für die Entwickelung der Civilisation bedeutungslosen oder in den meisten
Fällen sogar hemmenden Ereignissen.*) Die wahre Geschichte

---

*) Mein theurer Freund, Verfasser der bereits erwähnten Broschüre „der
Zeitgeist" sagt in derselben:

„Wie überhaupt die Geschichte, gewiß das wichtigste Erziehungsmittel,
gelehrt und geschrieben wird, das wirft ein schönes Streiflicht auf die Zustände.
Nicht die Entwicklung der Menschheit, der Cultur, der Staaten mit ihren Einrichtungen, nicht die innere Geschichte wird der Jugend vor Augen geführt;
dadurch würde sie die jetzige Zeit, und die an sie herantretende Zukunft verstehen
lernen. Sondern die Geschichte besteht in der zusammenhangslosen Schilderung
von Einzelheiten, in der Aufzählung von Regenten und in der Beschreibung
ihrer Feldzüge und Schlachten, nebenbei in der chronique scandaleuse ihrer
Höfe. Das natürliche Resultat dieser Methode ist die Ideenlosigkeit der
Jugend."

d. h. die Culturgeschichte der Menschheit kann man ja schon deshalb
heute gar nicht verständlich lehren, weil man der wichtigsten Grundlage hiezu, nämlich der Kenntniß der Naturgeschichte entbehren
zu können glaubt. Der Menschheitsgeist kann jedoch nur verstanden
werden, wenn man die Menschen im Zusammenhange mit der
Natur studirt; denn der Menschheitsgeist ist ein Product der Natur
und macht sich die letztere wiederum dienstbar. Die Menschheitsgeschichte fällt somit eigentlich zusammen mit der Naturgeschichte; sie
ist jedenfalls der wichtigste Theil der letzteren.

Es gehört eine gute Dosis von Unverschämtheit dazu, die
Raubzüge und Schlachten „großer Männer" d. h. großer Despoten
und Mörder als die wichtigsten und glänzendsten Ereignisse der
„Weltgeschichte" oder wol gar der Culturgeschichte darzustellen!
So muß natürlich bei der Jugend der Glaube erwachsen, der eigentliche Endzweck der Menschheit sei Krieg und Mord, der größte und
ehrenwertheste Mann sei derjenige, welcher der größte Mörder, der
„genialste Kriegsherr" ist. Was Wunder, wenn in unserer Zeit
in der Brust eines jeden Knaben und Jünglings die heiße Lust
entbrennt, es dereinst wo möglich auch zu so einem „großen Manne"
zu bringen!

Der wahre Geschichtsunterricht wäre allerdings dem modernen,
militärischen Staatsgeist sehr gefährlich, er würde in den jugend-
lichen Gemüthern die Liebe für Fortschritt und Freiheit erwecken.
Würde man — um nur Eines anzuführen — statt der Beispiele
der Despoten und „Kriegshelden" diejenigen der Helden der Freiheit und des Volkswohles, der Streiter für Wahrheit und Recht,
der Kämpfer für die Sache der Unterdrückten und Ausgebeuteten
gegen die Macht der Rohheit und Dummheit der Jugend zur
Nachahmung empfehlen, so würde es freilich mit dem Despoten-
und Pfaffenthum und vor Allem auch mit dem Militarismus
bald zu Ende sein. Aber gerade jene wahren Helden sucht man
entweder todt zu schweigen, mit Koth zu bewerfen oder ihre Thaten
und Lehren (wie man es mit Jesus Christus, dem entschiedenen
Revolutionär und Socialisten gemacht hat) zu fälschen.

Der Geschichtsunterricht, wie er in der heutigen Schule be-

6

trieben wird, kann nicht humaniſirend auf die Jugend wirken; denn die heutige Geſchichte iſt die Geſchichtsfälſchung; ſie iſt kein Bildungs=, ſondern ein Verdummungs= mittel, kein Heilmittel, ſondern ein verderbliches Gift! —

Wie aber zum Verſtändniß der Geſchichte die Naturwiſſenſchaft unerläßlich iſt, ſo iſt namentlich auch die Kenntniß der Grund= züge der Socialwiſſenſchaft im engern Sinne, d. h. vor= herrſchend der Socialökonomie unentbehrlich. In der modernen Militärſtaatsſchule jedoch wird dieſe Wiſſenſchaft nicht gelehrt und kann auch nicht gelehrt werden, weil ſie meiſtens den Lehrern ſelbſt fremd iſt. Würde man z. B. immer noch ſo wahn= ſinnige Vergleiche zwiſchen der ſocialen Frage gewiſſer Epochen des Alterthums und der ſocialen Frage der Jetztzeit anſtellen, wenn man einen genügenden Begriff davon hätte, daß ein coloſſaler Unterſchied zwiſchen den ökonomiſchen Verhältniſſen des Alter= thums und der heutigen Zeit beſteht? Die ſociale Frage der Zeit der Dampfmaſchinen, Eiſenbahnen, Dampfſchiffe, des Tele= graphen, der Schnellpreſſe, der täglichen Entdeckungen und Erfin= dungen auf allen Gebieten des Lebens und des Wiſſens, — die ſociale Frage dieſer unſerer Zeit hat ſo gut wie gar nichts zu thun mit jenem Zeitalter der ökonomiſchen Kindheit. Wie könnten Geſchichtslehrer ſo hirnverbrannte Parallelen zwiſchen den römiſchen Republiken und den modernen z. B. von Nordamerika oder der Schweiz ziehen, wie könnten ſie von dem Untergange der alten Republiken auf einen Untergang der heutigen oder zukünftigen ſchließen, wenn ihnen nicht das ABC der Volks= oder Geſellſchafts= wirthſchaftslehre (Socialökonomie) total fremd wäre?! —

Ja freilich; die Natur= und Socialwiſſenſchaften würden die jungen Leute mehr zum Denken anregen als jene unſinnigen und verdummenden Gehirntorturen der Auswendiglernerei von Jahres= zahlen und von Stammbäumen großer Räuber.

Eine Hauptpraxis des heutigen ſogenannten Geſchichtsunterrichtes beſteht darin, das Augenmerk der Jugend möglichſt viel von den brennendſten

Fragen der Zeit (und alle: Arbeiter=, Wohnungs=, Frauen=, Kinder=
arbeitsfrage u. s. w. münden ja in die einzige große Hauptfrage,
nämlich die Menschheits= oder sociale Frage —) abzulenken.
Aus diesem Grunde treibt man auch — besonders auf den Gym=
nasien — soviel alte und so wenig neue Geschichte. Aber können
wir denn aus letzterer nicht unendlich viel mehr lernen? Ist sie
nicht viel wichtiger, viel inhaltsschwerer als die alte Geschichte?
Die Menschheit schreitet heute trotz der hemmenden Gewalten (des
Militarismus und des Pfaffenthums) in 10 oder 20 Jahren be=
deutend schneller vorwärts, als es die Römer und Griechen in
Jahrhunderten vermochten. Jeder Tag bringt uns Entdeckungen
und Erfindungen, von denen sich im Alterthum nichts ahnen ließ.
Was für unklare Ideen haben die Alten von den Naturwissen=
schaften gehabt, — von der Socialökonomie sozusagen gar keinen
Begriff! —

Unsere Eisenbahnen, Dampfschiffe und Telegraphen haben
schon allein eine unendlich weittragendere, wichtigere Bedeutung für
die Entwickelung der Civilisation und Cultur als die römische und
griechische Kunst und Literatur, für welche wir immerhin alle Hoch=
achtung hegen, zusammengenommen.

Würde man die Jugend mehr ungefälschte, neuere Ge=
schichte lehren, so würde sie die große und brennende, sociale Frage
verstehen lernen und auch einsehen, daß Manches faul im Staate
steht. Das kann aber niemals im Interesse des Militärstaates
liegen. —

Was den Sprachunterricht in unserer vom Militarismus
beherrschten oder doch wenigstens überwiegend beeinflußten Schule
betrifft, so ist hierüber im Großen und Ganzen Folgendes zu
sagen:

Wir wollen absehen von der Vernachlässigung des Unter=
richts in der Muttersprache, welche ja schon durch den Mangel an
Zeit und an genügenden Lehrkräften bedingt wird, sondern werfen
hier zunächst einen Blick auf die Vernachlässigung der moder=
nen, fremden Sprachen. Natürlich muß es dem Militärstaat
darum zu thun sein, den Austausch der Gedanken mit fremden

Nationen möglichst zu beschränken, um dadurch friedliche Beziehungen nicht so leicht aufkommen zu lassen. Geradezu verbieten kann man allerdings bei dem heutigen Stande des internationalen Verkehrswesens das Erlernen fremder Sprachen nicht; allein man setzt ihm nicht unwesentliche Hindernisse in den Weg, jedenfalls pflegt man die neueren Sprachen nicht in der Weise, wie es den Anforderungen der Zeit entspräche.

In der Volksschule wird in der Regel der Unterricht der fremden Sprachen gänzlich ausgeschlossen, in den Gymnasien so viel Zeit auf das Studium der alten, „todten" Sprachen verwandt, daß für die modernen kaum noch ein paar Stunden übrig bleiben. Ueberhaupt begünstigen die Militärstaaten das Studium der alten Sprachen aus demselben Grunde, aus welchem sie das Studium der älteren Geschichte begünstigen, nämlich um die Jugend von der neueren Geschichte und den Fragen der Zeit zu entfernen. Dennoch haben die alten Sprachen (wir meinen namentlich die lateinische und griechische) — so zweifellos herrlich dieselben auch sind — für die Mehrzahl der Menschen, ja selbst für die meisten eigentlichen Fachgelehrten einen äußerst geringen, um nicht zu sagen keinen Nutzen, tragen also im Verhältniß zu der Zeit, der Mühe und den Kosten, welche ihre Erlernung erfordert, verschwindend wenig zur Förderung des Menschenwohles bei. Der Arzt, der Physiolog, der Chemiker, selbst der Jurist und der Nationalökonom, — sie alle bedürfen heute die neueren Sprachen viel mehr als die alten, ja sie können letztere im Großen und Ganzen füglich entbehren.

Für den Philologen und den Alterthumsforscher hingegen ist eine gründliche Kenntniß der alten Sprachen unbedingt nothwendig; aber für diese Gelehrten werden sie in unsern heutigen Lateinschulen, Gymnasien, Lyceen ꝛc., Dank dem Massenunterricht und der unglückseligen, unpractischen und langweiligen Lehrmethode, in durchaus unzureichender Weise getrieben.

Obgleich auch mangelhaft, so ist den Bedürfnissen der Zeit doch mehr entsprechend die Realschule, welche auf den Unterricht der modernen Sprachen ein größeres Gewicht legt. Allein sie ist in einem echten Militärstaate auch verhältnißmäßig am wenigsten angesehen und theilweise sogar von dem bornirten, zopfigen, den Besitz einer zeitgemäßen Bildung entbehrenden Philologenthume in gehässigster Weise in Mißcredit gebracht worden. Leider werden allerdings in den Realschulen die modernen Wissenschaften und die hier insbesondere in Betracht kommenden modernen Sprachen bei Weitem nicht in dem erforderlichen Maße gepflegt. Außer manchen andern Gründen kann dies schon wegen der im Wesen der Militär= staaten bedingten Massendressur nicht möglich gemacht werden. Ein Sprachlehrer kann, wie es die Erfahrung genugsam bestätigt, nur dann einen wirklichen Erfolg erzielen, wenn er nur wenige Schüler auf einmal zu unterrichten hat.

Alle, selbst die untergeordnet erscheinenden Lehr= zweige werden vom Militarismus beeinflußt.

Betrachten wir den Gesangsunterricht. Was sind diese „Vaterlandslieder" oft anders als reine Schlachtgesänge, Verherr= lichungen des Kampfes, Soldatenstandes, Ritterthums; durchglüht von Nationalüberhebung und Fremdenhaß? Solche Lieder sind vielfach verfaßt von Leuten, welche stets an der heimischen Scholle geklebt haben und deshalb die bornirtesten Begriffe von Menschen und Welt hegen.*) Diese Leute glauben ihre Ideenbeschränktheit und Unfähigkeit allgemeinerer Auffassung durch poetischen Fanatismus und patriotische Verbissenheit ersetzen zu können. —

Der Turnunterricht. Sein Ziel ist nicht mehr die edle, harmonische Ausbildung aller körperlichen Kräfte, der körperlichen Gewandtheit und Grazie; sondern er strebt danach, die Jugend militärisch abzurichten, d. h. sie zu Exercierhampel= männern auszubilden. —

---

*) Dr. Nachtigall, der berühmte Afrikareisende sagt: „Je mehr man sich von seinem engern Vaterlande ablöst, je mehr man ein Weltbürger wird, desto mehr erweitert sich das Herz, erhebt sich der Geist, stärkt sich der Gerechtigkeits= sinn, entfaltet sich die Liebe zur Menschheit, desto mehr endlich wird man ein Werk menschlichen Fortschritts mit Ausdauer verfolgen können. Im Innern Afrika's habe ich mich nicht mehr als Deutscher gefühlt, sondern ich betrachtete mich als den Vertreter aller gebildeten Nationen."

Die Schuld an der allenthalben herrschenden Preßcorruption ist sicher zum guten Theile dem Militarismus zuzuschreiben. Ueber eine Presse zu verfügen, welche möglichst zum Kriege geneigt macht und daher stets für den Militarismus eintritt, ist für letzteren zweifellos von großer Wichtigkeit. Die Reptilienfonds sorgen für den Unterhalt von zahlreichen, literarischen Schurken, welchen die Aufgabe zufällt, gegen Recht und Gewissen zu schreiben und der herrschenden Verkommenheit das Wort zu reden.

Auch der größte Theil der nicht von der Regierung bezahlten Presse macht sich dem Militarismus gefügig, weil dies dem Geist der öffentlichen Meinung, d. h. der Meinung der gedanken- und urtheilslosen Massen entspricht, oder weil sich die Presse die in dem echten Militärstaate allmächtige Regierung nicht zum Feinde machen und sich nicht Chicanen und Confiscationen aussetzen will.*)

Die gewissenlose Presse lügt überhaupt all den Unsinn vor, den man zur Vertheidigung des Militarismus und der Kriege geltend macht, und den wir in unserer ganzen Schrift — wenn auch in verhältnißmäßiger Kürze, so doch genügend widerlegt zu haben glauben.

Daß so gut wie das gesellschaftliche Leben, so gut wie die Schule, die Presse rc. auch die Wissenschaft und die Kunst durch den Militarismus degradirt werden, wird man nach den vorhergegangenen Erörterungen wohl einsehen können. Die meisten Gelehrten sind als Militärstaatsdiener in directer ökonomischer Abhängigkeit vom Militärstaate, und so wirken sie im Sinne desselben, wenn auch oft unbewußt und im festen Glauben an die Redlichkeit ihres Strebens. Die Künstler sind im Allgemeinen weniger direct abhängig vom Staate; allein auch sie müssen sich

---

*) Einige der hochklingenden aber nichtssagenden Phrasen, welche der Presse zur Vertheidigung des Militarismus und zur Kriegshetzerei dienen müssen, sind: „Heiliger Krieg", „Nationale Selbstschlachtung", „Erbfeind", „unsere civilisatorische Bedeutung", „gloire", „Stärkung des Vaterlandes" u. v. a. m.

der herrschenden Richtung der Zeit bei Ausübung ihrer Kunst an-
passen, wenn sie nicht — verhungern wollen. —

Wir gelangen zum Schlusse des zweiten Abschnittes. Der vor-
urtheilsfreie Leser, welcher uns vom Anfang der Schrift bis hierher
mit Aufmerksamkeit gefolgt ist, wird hoffentlich unsere Ansicht theilen:
Der Militarismus ist ein gewaltiger Hemmschuh un-
serer vorwärts strebenden Civilisation, die größte
Geißel des neunzehnten Jahrhunderts, der Todfeind aller menschlichen Cultur, ein unersättlicher,
Blut und Gut aufsaugender Vampyr an dem Riesenleibe der menschlichen Gesellschaft. Den ersten und
wichtigsten Schritt, um dem großen und schönen Ziele,
der Lösung des socialen Problems näher zu rücken, thun
wir, wenn wir der modernen Militärherrschaft mit
allen uns zu Gebote stehenden, anständigen Mitteln
und Kräften wacker entgegenarbeiten! — — — —

Nachtrag statistischer Belege
aus Kolb's Handbuch der vergleichenden Statistik.*)

„Abgesehen von allen besonderen Anstrengungen im Falle wirklicher Kriege, haben die stehenden Heere auch im Frieden beiläufig nachbemerkten Formationsstand:

Deutschland	432,000	Dänemark	18,000
Oesterreich	280,000	Schweden	36,000
Frankreich (mit Algerien)	415,000	Norwegen	12,000
Großbritannien (mit Indien)	200,000	Spanien	200,000
Rußland	700,000	Portugal	32,000
Italien	185,000	Griechenland	12,000
Schweiz	—	Türkei und Schutzstaaten	160,000
Belgien	40,000		
Holland	35,000	Zusammen gegen	2,757,000

Rechnen wir dazu die Kriegsmarinen mit etwa 250,000 Mann, so übersteigt die Zahl derjenigen Männer, deren freiwillig gewählter oder aufgezwungener Beruf während des kräftigsten Alters das Kriegsgewerbe ist, die enorme Summe von drei Millionen Menschen.

Ein einziger Staat in ganz Europa unterhält keine stehenden Truppen; es ist die Schweiz, welche, ungeachtet ihrer geringen Volkszahl, im Falle des Bedarfs in kürzester Frist ein geübtes Milizheer von 200,000 Mann zu ihrer Vertheidigung aufzustellen vermag. Ein halbsouveräner Staat, Serbien, beharrt ebenfalls beim Milizsystem, und ist damit befähigt, 115,000 Mann zu seiner Vertheidigung aufzubringen. Jene nahezu 3 Millionen Männer werden beständig bei den Fahnen gehalten; die Zahl der davon temporär Beurlaubten ist vergleichsweise sehr gering, — weit kleiner als noch vor wenigen Jahren.

In welcher ungeheuren Ausdehnung die Militärmassen während der jüngst verflossenen Decennien vergrößert wurden, zeigt u. a. eine in der Zeitschrift des Preußischen Statistischen Büreaus 1873 veröffentlichte größere Abhandlung von Frhrn. v. Firck, worin die Mannschaftszahlen von 1859 und 1874 einander gegenüber gestellt sind. Wir beschränken uns, daraus folgende gedrängte Zusammenstellung anzufertigen.

---

*) Siehe Seite 779/785.

	1859		1874	
	Gesammt-masse	dav. Offensiv-armee	Gesammt-masse	dav. Offensiv-armee
Deutschland	836,800	483,700	1,261,160	710,130
Oesterreich-Ungarn . .	634,400	443,800	856,980	452,450
Rußland, europäisches .	1,134,200	604,100	1,401,510	665,890
— asiatisches . .	89,950	75,650	118,300	87,550
Frankreich	640,500	438,000	977,600	525,700
Italien	317,650	156,450	605,200	322,000
Belgien	80,250	53,800	93,590	59,140
Niederlande	58,550	42,200	64,320	32,430
Großbritannien	245,800	77,300	478,820	71,860
Dänemark	57,550	38,450	48,700	30,500
Schweden und Norwegen	134,900	46,300	204,510	54,910
Zusammen	4,230,550	2,459,750	6,110,690	3,012,560

Kolb veranschlagt die Kosten des Heerwesens der sämmtlichen europäischen Staaten im Frieden zu ungefähr 1,050 Millionen Thaler.

„Nimmt man an," fährt er fort, „daß jeder von jenen drei Millionen kräftigster Männer täglich nur zwei Reichsmark verdienen könnte (eine Ziffer, welche jedenfalls für die gebildeteren jungen Männer, einschließlich der geschickteren blosen Arbeiter, entschieden zu gering ist), so ergibt sich, daß den europäischen Ländern, mit der Arbeit jener Leute täglich eine Production im Werthe von mindestens zwei Millionen Thlr. oder 7½ Mill. Fr. entzogen wird. Zieht man dabei noch die Einbuße der Arbeitskraft von mindestens 400,000 Kavallerie- und Artilleriepferden in Betracht, so wird der Gesammtverlust jährlich (bei 300 Arbeitstagen) nicht unter 700 Mill. Thlr. (über 2,600 Mill. Fr.) zu veranschlagen sein."

Bezüglich der Kriegsmarine entnehmen wir folgende Notizen:

„Bei den Umgestaltungen, welche das Kriegsmarinewesen in der Neuzeit nicht nur erfahren hat, sondern denen es noch ausgesetzt unterliegt, ist die Herstellung einer richtigen Uebersicht des Standes der Seemacht aller Staaten sehr erschwert. Wir lassen nachstehend eine gegen Ende des Jahres 1873 veröffentlichte Berechnung folgen, die, wenn auch in Einzelheiten ohne Zweifel der Berichtigung bedürftig, gleichwol im Allgemeinen ein ziemlich richtiges Bild gewähren dürfte."

„England. Eigentliche Schlachtenflotte: 38 Schlachtschiffe verschiedener Art mit etwa 28,000 Pferdekraft und 595 Geschützen; Küstenflotte: 14 große Panzerschiffe, 4 Panzerbatterien und 5 Panzer-Kanonenboote mit mehr als 30,000 Pferdekraft und 102 Geschützen. — Rußland. Schlachtenflotte (bisher nur in der Ostsee vorhanden): 15 Panzerfregatten und 4 Kuppelschiffe mit 12,000 Pferdekraft und 154 Geschützen; Küstenflotte: 10 Thurmschiffe und 3 Panzerbatterien mit 2,710 Pferdekraft und 94 Geschützen. — Deutschland. Schlachtenflotte: 3 Panzerfregatten mit 2,900 Pferdekraft und 55 Geschützen, (5 Panzerfregatten und 1 Panzercorvette mit 5,100 Pferdekraft und 48 Geschützen im Baue); Küstenflotte: 2 Thurmschiffe mit 600 Pferdekraft und 7 Geschützen. — Frankreich. Schlachtenflotte: 16 Panzerfregatten und 12 Panzercorvetten mit insgesammt 17,200 Pferdekraft und 316 Geschützen; Küstenflotte: 14 Thurmschiffe, 16 Panzerbatterien und 6 Widderschiffe mit 9,320 Pferdekraft und 268 Geschützen. — Oesterreich. Schlachtenflotte: 7 Panzerfregatten und 4 Casemattschiffe mit 8,150 Pferdekraft und 182 Geschützen; eine Panzer-Küstenflotte nicht vorhanden. — Italien. Schlachtenflotte: 12 Panzerfregatten, 2 Panzercorvetten und 1 Widderschiff mit 9,100 Pferdekraft und 168 Geschützen. — Eine sehr bedeutende Panzer-Schlachtflotte besitzt außerdem noch die Türkei, nämlich 15 große Panzer-Schlachtschiffe, darunter 2 mit neunzölligem Panzer, mit insgesammt 8,530 Pferdekraft und 116 Geschützen schwersten Kalibers. — Spanien besitzt 7 Panzerfregatten mit 5,900 Pferdekraft und 145 Geschützen und zum Küstenschutze 3 Thurmschiffe mit 1,800 Pferdekraft und 9 Geschützen. — Die Niederlande endlich verfügen nur über eine Panzer-Küstenflotte von zusammen 22 Schiffen und Fahrzeugen mit insgesammt 8,800 Pferdekraft und 114 Geschützen."

"**Finanzen.** Jährlicher Bedarf der europäischen Staaten (in Millionen Thalern):

	Einkünfte		Bedarf	Davon erfordern:		
	brutto	netto	netto	Hof	Militär	Schuld
Deutschland *)	570	393	393	16,8	120,3	52,7
Oesterreich-Ungarn	412	348	372	6,2	109,1	106,8
Frankreich	654	588	575	—	165,2	283,2
Großbritannien	496	454	454	4,0	168,8	178,0
Rußland	540	520	520	9,2	195,0	93,3
Italien	280	230	280	3,7	73,0	153,0
Schweiz (Bund)	3	2,4	2,4	—	1,0	0,3
Belgien	55	51	51	0,9	11,0	13,2
Niederlande	56	52	52	0,6	15,1	15,7
Dänemark	18	16	16	0,8	4,8	5,3
Schweden	21	19	19	0,5	6,4	2,8
Norwegen	9	8	8	0,2	3,2	1,0
Spanien	180	140	230	—	40	72
Portugal	35	28	32	0,9	6,8	17
Griechenland	9	7	10	0,5	2,5	4
Türkei	120	100	130	7,8	30,0	65
Türk. Schutzstaaten	25	20	25	0,6	10,0	6
Zus. ungefähr Mill.	3,483	2,976	3,180	52,7	962	1,070

Berücksichtigt man, daß vorstehend die sogenannten außerordentlichen Militärausgaben nicht eingerechnet sind, so gelangt man beiläufig zu folgendem Ergebnisse, das jedoch nur als Schätzung angesehen werden darf: Roheinnahme 3,500 Mill. Thlr.; wirkliche Reineinnahme 3,000, Bedarf netto 3,250, Defizit 250 Mill. Thlr. Von der Reineinnahme erfordern:

*) Die bei Deutschland gegebenen Ziffern beruhen nur auf annähernder Schätzung. „Um indessen wenigstens eine ganz allgemeine Uebersicht bezüglich der größeren Staaten zu geben, mögen einige generelle Andeutungen folgen (in Mill. Thlr.):

die Höfe beiläufig	53 Mill. =	1,77 %
das Militär (Land- und Seemacht) 1,050	. =	**35,00**
die Staatsschulden	1,070 . =	35,67
Zusammen diese drei Posten:	2,173 Mill. =	72,44 %
Bleiben für alle anderen Bedürfnisse nur	827 . =	27,56 %."

Folgende Tabelle zeigt uns, in welch' rapider Weise sich die Staatsschulden in der Neuzeit vermehrt haben. Die Ursache dieser enormen Steigerung ist vorherrschenden Ausgaben für das Militär und für Kriege zuzuschreiben.

„Es betrugen die Staatsschulden in den unten bezeichneten Perioden, so weit wir ermitteln konnten (Mill. pr. Thlr.):

	$17^{85}/_{89}$	$18^{18}/_{20}$	$18^{44}/_{47}$	1874
Großbritannien . . .	1,600	5,630	5,360	5,230
Frankreich	500*	560	1,100	6,042
Rußland	200	800*	600	2,900
Oesterreich-Ungarn . .	230*	600	830	2,430
Preußen (Schatz) . .	30)	160	140	} 1,050
Kl. deutsche Staaten .	50	180	260	}
Niederlande	500	900	800	540
Belgien	—	—	150	188
Italien	80	300	400	3,000
Spanien	200	750	1,200	2,400
Portugal	20	80	160	720
Dänemark	15*	36	110	90
Norwegen	—	15	5	13
Schweden	6	8	10	48
Griechenland	—	—	40	70
Türkei	keine	keine	keine	900
Rumänien	keine	keine	keine	40
Zusammen	3,400	10,020	11,170	25,661

NB. Nach den mit * bezeichneten Perioden fanden Staatsbankerotte statt (in Frankreich, Rußland, Oesterreich und Dänemark)."

	Einnahme		Von der Netto-Einnahme erfordern.		
	brutto	netto	Hof	Schuld	Militär
das Reich	188,72	148,24			
ab die Matrikularbeiträge .	22,38	22,38			
bleiben	166,34	125,86	—	2,43	120,28
Preußen	235,33	148,13	4,08	20,12.	
Bayern	70,69	45,66	1,84	9,19	
Sachsen ca.	40,00	29,50	1,15	5,97	
Württemberg	19,09	14,09	0,53	4,95	
Kleine Staaten ca. . . .	40,00	30,00	5,20	10,00	
Zusammen ungefähr	570,00	393,00	16,80	52,66	120,28

Beim Militär ist der aus den französ. Contributionsgeldern bestrittene außerordentliche Aufwand nicht eingerechnet."

„Der Krimmkrieg allein hat Europa über 7 Milliarden Franken
oder beinahe 2,000 Mill. Thaler gekostet, wovon 1,400 Mill. Thlr.
durch Anlehen aufgebracht wurden. [Wir veranschlagen die Kosten
dieses Krieges nach möglichst genauen Detailrechnungen so: England
520 Mill. Thlr., Frankreich 619 (wovon 560 durch Anlehen aufgebracht), Türkei 50, Sardinien 16, Rußland (mindestens) 550, Oesterreich (für Rüstungen) 148, übrige Staaten 30 Mill. — Der Menschenverlust, soweit derselbe constatirt vorliegt, war: Briten 33,637,
Franzosen 100,464, Sardinier 2,532. Rechnen wir dazu 50,000
Türken und 200,000 Russen, so ergibt sich ein unmittelbarer Verlust
von 386,000 Soldaten, — jungen Männern in den besten Lebens-
jahren!]"

„Der Krieg von 1870 und 71 hat die französische Staatskasse unmittelbar bereits 8,739 Mill., er hat das französische Volk wol 10 Milliarden Francs nur an Geld gekostet."

Dritter Abschnitt.

Der Untergang des Militarismus. Das Aufhören der Kriege. Der dauernde Völkerfrieden.

Es ist nicht unwahrscheinlich, daß manchen Leser der obigen, vielverheißenden Worte ein ungläubig-spöttisches Lächeln beschleichen wird. Dies soll uns jedoch nicht beirren. Vor Jahren, ehe wir uns eingehender mit unserem Gegenstand beschäftigt hatten, hätten wir wahrscheinlich im gleichen Falle die Gefühle des Lesers getheilt; doch heute sind wir anderer Meinung.

Auf die Einwendungen, welche man uns entgegenhalten wird, sind wir gefaßt: „Ist Kampf und Krieg nicht in der Natur der Dinge begründet? Zwingt uns der Selbsterhaltungstrieb nicht schon zum „„Kampf um's Dasein""? Gleicht nicht das ganze Weltgetriebe einem unausgesetzten Kriege, einem ewigen Vernichtungskampfe? Werden sich die menschlichen Leidenschaften, welche die Kampfgier bedingen, jemals vernichten lassen? Wurzeln sie nicht fest und unausrottbar in der Menschenbrust? Wird man die mächtigen Factoren des Krieges: Selbstsucht, Hab- und Ehrgier aus der Welt wegräumen können?" „Kampf und Krieg," wird man dem Verfasser entgegenrufen, „sind so alt als das menschliche Geschlecht, ja sogar noch älter, und die Menschen werden sich niemals in Engel verwandeln. Ist es denkbar, daß der Nationalhaß und der Religionshaß jemals aufhören wird? Wäre es schließlich überhaupt ein Vor-

theil für die Menschen, wenn der Krieg gänzlich
aufhörte? Wirkt nicht vielmehr auf sie die rauhe
Kampffeite des Lebens abhärtend, erfrischend und
vervollkommnend? Würde nicht eine dauernde Friedens-
schwelgerei die Verweichlichung und Erschlaffung,
wo nicht den Untergang der Völker zur Folge haben?!"
Oder sollte man gar befürchten, daß das gänzliche Aufhören
des Krieges zu einer Uebervölkerung führen müsse,
so daß die Subsistenzmittel nicht mehr für alle
Menschen ausreichen können? Nun, diese Einwände beirren
uns nicht.

Die folgenden Ausführungen, die gleichzeitig
als Antwort darauf dienen sollen, mögen zeigen,
daß es in dem natur- und menschheitsgeschichtlichen
Entwickelungsproceß begründet ist, daß Krieg und
Militarismus nach aller menschlichen Wahrscheinlichkeit ihrem Ende entgegengehen müssen, und daß —
früher oder später, aber jedenfalls in nicht allzu
entfernter Zeit — der erste Sonnenstrahl des
Frühlingsmorgens eines allbelebenden, dauernden
Völkerfriedens sein segensreiches Licht und seine
erquickende Wärme auf die jetzt noch umnachtete
und winterlich erstarrte Erde ausgießen wird!

Wir bitten nur den Leser, vorurtheilsfrei und aufmerksam
unserem Gedankengange zu folgen.

Der hauptsächlichste Theil der obigen Einwände gipfelt in
dem Satze: Der Selbsterhaltungstrieb zwingt uns
zum Kampf um's Dasein, und in wie weit dieser Satz seine
Richtigkeit hat, in wie weit er falsch ist oder falsch angewendet
wird, soll jetzt untersucht werden.

Der Kampf um's Dasein existirt freilich. Der
Mensch muß mit der Natur kämpfen, um seinen Lebensunterhalt
zu erlangen; er muß sie sich dienstbar machen; so weit er kann,
sie unterjochen und beherrschen. Er beutet Kräfte und Stoffe der
Natur zu seinen Zwecken aus, ringt ihr ihre Schätze ab; er tödtet

Thiere, um sie zu verzehren, oder er zwingt sie, für ihn zu arbeiten.

Selbst die Stoffe und Kräfte kämpfen unter sich: Der Wind peitscht die Wellen, das Wasser löscht das Feuer, die Flammen verzehren andere Stoffe. Ein Thier verschlingt das andere oder beutet es aus, nährt sich von ihm, Thiere verzehren Pflanzen, die Pflanze nährt sich von andern Stoffen, von Luft und Wasser, wol selbst von Thieren u. s. w. Ein Wesen verdrängt das andere, um sich an dessen Stelle zu setzen, dessen Nahrung zu nehmen; ein Stoff verdrängt den andern, geht in den andern über, zersetzt sich wieder, nimmt neue Formen an. In jedem Stoff ist Kraft, in jeder Kraft ist Stoff. Kraft und Stoff getrennt kann nicht gedacht werden*). Es wäre die Negation des eigenen Seins**). Kraft und Stoff ist Leben, Geist, Idee. Kein Geist ohne Materie, ohne Stoff. Stoff und Kraft sind aber unerschaffbar, unvernichtbar, unendlich, ewig und un-

---

*) Vergleiche „Kraft und Stoff". Empirisch-naturphilosophische Studien von Dr. Ludwig Büchner. Leipzig, 1874.

**) „Keine Kraft ohne Stoff — kein Stoff ohne Kraft! Eines für sich ist so wenig denkbar, als das Andere für sich; auseinandergenommen zerfallen beide in leere Abstractionen. Man denke sich eine Materie ohne Kraft, die kleinsten Theilchen, aus denen ein Körper besteht, ohne jedes System gegenseitiger Anziehung und Abstoßung, welches sie zusammenhält und dem Körper Form und Gestalt verleiht, man denke die sogenannten Molecularkräfte der Cohäsion und Affinität hinweggenommen, was würde und müßte die Folge sein? Die Materie müßte augenblicklich in ein formloses Nichts zerfallen, oder ein gänzlich undenkbares Etwas müßte an ihre Stelle treten. In der sinnlichen Welt kennen wir kein Beispiel irgend eines Stofftheilchens, das nicht mit Kräften begabt wäre, und vermittelst dieser Kräfte spielt es die ihm zugewiesene Rolle bald in dieser, bald in jener Gestaltung, bald in Verbindung mit gleichartigen, bald in Verbindung mit ungleichartigen Stofftheilchen. Aber auch ideell sind wir in keiner Weise im Stande, uns eine Vorstellung einer kraftlosen Materie zu machen. Denken wir uns einen Urstoff, wie wir wollen, immer müßte ein System gegenseitiger Anziehung und Abstoßung zwischen seinen kleinsten Theilchen stattfinden; ohne dasselbe müßten sie sich selbst aufheben oder im Weltraume verschwinden. „„Ein Ding ohne Eigenschaften ist ein Unding, weder vernunftsgemäß denkbar, noch erfahrungsgemäß in der Natur vorhanden.""

sterblich*). Stoff und Kraft bilden das Weltall**). Das ganze Weltall ist Stoff, also Kraft, Geist, Idee ***).

Der „Kampf um's Dasein" ist angesichts obiger Erörterungen nur eine ewige Transformation des einen Stoffes in den andern, ein ewiges Wechseln, Verdrängen, Unterjochen, eine ewige Metamorphose. Er kann kein „Vernichtungskampf" sein; denn aus Etwas kann nie Nichts werden, ebenso wie aus Nichts nie Etwas werden kann. Das Etwas kann nur in andere Form übergehen, kann sich verdichten, verdünnen, theilen, auseinandersetzen, in Millionen anderer

(Drossbach.) — Ebenso leer und haltlos ist der Begriff einer Kraft ohne Stoff. Indem es ein ausnahmsloses Gesetz ist, daß eine Kraft nur an einem Stoff in die Erscheinung treten kann, folgt daraus, daß demselben ebensowenig eine gesonderte Existenz zukommen kann, wie einem kraftlosen Stoff." (Büchner, Seite 2, 3.)

*) 1) „Die Materie ist unerschaffbar, wie sie unzerstörbar ist." (Carl Vogt — entnommen dem Büchner'schen Werke.)

2) „Ebenso unerzeugbar, ebenso unvernichtbar, ebenso unvergänglich, ebenso unsterblich, wie der Stoff, ist auch die demselben innewohnenbe Kraft." (Büchner, S. 17.)

**) „Die Ewigkeit der Materie kann uns auch folgende physikalische Betrachtung lehren: Die Physik lehrt, daß es nirgends einen leeren Raum gibt und auch niemals gegeben haben kann, während der Verstand die Ewigkeit des Raumes als etwas Selbstverständliches hinzunehmen genöthigt ist. Daraus folgt nothwendig der Schluß, daß der Raum von Ewigkeit her mit der Materie ausgefüllt gewesen sein muß, und daß also diese von Ewigkeit her vorhanden war." (Büchner, S. 13, 14.)

***) 1) „Ein Nichts ist nicht bloß ein logisches, sondern auch ein empirisches Unding. Die Welt oder der Stoff mit seinen Eigenschaften oder Bewegungen, die wir Kräfte nennen, mußten von Ewigkeit sein und werden in Ewigkeit sein müssen — mit Einem Worte: die Welt kann nicht geschaffen sein." (Büchner, S. 5.)

2) „Die Zeiten sind vorbei, in welchen man den Geist unabhängig wähnte vom Stoff. Aber auch die Zeiten verlieren sich, in denen man das Geistige erniedrigt glaubte, weil es nur am Stoffe sich äußert." (Moleschott.)

Gestalten auftreten. Kein Stoff kann aus der Welt verloren gehen, er kann sich nur verwandeln *).

Bei alledem zeigt sich in der Natur bei diesem ewigen Umwandlungsproceß, diesem immerwährenden Stoffwechsel, diesem unausgesetzten Existenzkampf eine **fortwährende Vervollkommnung**, ein fortwährendes Wachsen; — kein räumliches Zunehmen; denn der Raum ist unendlicher Raum, also nicht vermehrbar — wol aber ein Wachsen in dem Sinne von Vervoll

---

*) 1) „Der Stoff ist unsterblich, unvernichtbar; kein Stäubchen im Weltall kann verloren gehen, keines hinzukommen. Es ist das große Verdienst der **Chemie** in den letzten Jahrzehnten, uns auf's Klarste und Unzweideutigste darüber belehrt zu haben, daß die ununterbrochene Verwandlung der Dinge, welche wir tagtäglich vor sich gehen sehen, das Entstehen und Vergehen organischer und unorganischer Formen und Bildungen nicht auf einem Entstehen oder Vergehen vorher nicht dagewesenen Stoffes beruhen, wie man wohl in früheren Zeiten ziemlich allgemein glaubte, sondern daß diese Verwandlung in nichts Anderem besteht, als in der beständigen und unausgesetzten Metamorphosirung derselben **Grundstoffe, deren Menge und Qualität an sich stets dieselbe und für alle Zeiten unabänderlich bleibt.** Mit Hülfe der Waage ist man dem Stoffe auf seinen vielfachen und verwickelten Wegen gefolgt und hat ihn überall in derselben Menge aus irgend einer Verbindung wieder austreten sehen, in der man ihn eintreten sah. Die Berechnungen, die seitdem auf dieses Gesetz gegründet worden sind, haben sich überall als vollkommen richtig erwiesen. Wir verbrennen ein Holz, und es scheint auf den ersten Anblick, als müßten seine Bestandtheile in Feuer und Rauch aufgegangen, verzehrt worden sein. Die Waage des Chemikers dagegen lehrt, daß nicht nur nichts von dem Gewichte jenes Holzes verloren worden, sondern daß dasselbe im Gegentheil vermehrt worden ist; sie zeigt, daß die aufgefangenen und gewogenen Producte nicht nur genau alle diejenigen Stoffe wieder enthalten, aus denen das Holz vordem bestanden hat, wenn auch in anderer Form und Zusammensetzung, sondern daß in ihnen auch noch diejenigen Stoffe anwesend sind, welche die Bestandtheile des Holzes bei der Verbrennung aus der Luft an sich gezogen haben." (Büchner, S. 10, 11.)

2) „Wie es eine unzweifelhafte Thatsache ist, daß Stoff nicht neu erzeugt oder vernichtet, sondern nur umgestaltet wird, so muß es als eine stehende Erfahrung angesehen werden, daß es keinen einzigen Fall gibt, in welchem eine Kraft aus Nichts erzeugt oder in Nichts übergeführt, mit anderen Worten **geboren oder vernichtet wird**." (Büchner, S. 17.)

3) „Der Stoff ist ewig, es wechseln nur seine Formen. (Roßmäßler.)

7

kommnen; deutlicher gesprochen, eine **fortwährende Vervollkommnung in der Zusammensetzung der Stoffe.** So geht der rohe Stoff beständig in complicirtere, edlere, geistigere Form über; nicht daß der Stoff (Kraft, Geist, Idee) in der Welt vermehrt werden könne; aber er sammelt sich, wir möchten sagen: er ordnet sich, er organisirt sich*). Dieses Gesetz der stetig fort= schreitenden Vervollkommnung, welches im ganzen Weltall vor= zuwalten scheint, wird speciell auf unserer Erde **durch den Entwickelungsproceß der Menschheit** bestätigt. In den Urzeiten, als der Mensch die wenigsten Stoffe consumirte, sich schlecht nährte, sich mangelhaft oder gar nicht kleidete, schlecht wohnte, war bei ihm von geistigem Leben noch kaum die Rede; er war roh und unsittlich, unterschied sich wenig vom Thier.

„Unsere Vorfahren waren allüberall zuerst Wilde, den sich ihnen anreihenden Thierstufen schon durch den Mangel an Geistes= ausbildung sehr bedeutend näher stehend, als die Racen von heute, und dies in der Kopfbildung bekundend. Wir finden massige, vor dem übrigen Kopf hervorragende Unterkiefer, nach hinten zurück= gehende, wenig umfangreiche Schädel mit hervorstehendem verdicktem Knochengebilde der Augenbrauengegend." (Dr. Aug. Theob. Stamm, „Die Erlösung der darbenden Menschheit" S. 8. Zürich, 1873.)

„Bei seinem harten Kampf ums Dasein bediente sich der Mensch anfänglich der unvollkommensten Steinwerkzeuge, um ein Thier zu tödten, das Fleisch vom Knochen zu schaben, den Knochen zu spalten und das Mark auszusaugen. — Metallwerkzeuge, die Jahrtausende lang ganzen Bevölkerungen unbekannt blieben, con= statirten dann einen bedeutenden Fortschritt. — Viele weitere Be= nutzungen von Naturproducten und Naturkräften erleichterten all= mälig den Kampf ums Dasein. —" (Stamm, S. 12, 13.)

---

*) „Wenn wir mit dem Tode nicht vernichtet werden," sagt Fechner, „unsere bisherige Existenzweise können wir im Tode nicht retten. Wir werden sichtbarlich wieder zu der Erde, von der wir genommen worden. Aber indeß wir wechseln, besteht die Erde und entwickelt sich fort und fort u. s. w." (Büchner, S. 14.)

Von dem Zustande der Rohheit entwickelt sich der Mensch mehr und mehr zur Vervollkommnung. Er kämpft allmälig mit besseren Werkzeugen und daher mit immer größerem Erfolge gegen die Natur den „Kampf um's Dasein"; er ringt der Natur immer mehr Schätze ab, die er für sich verwendet, consumirt und wodurch er sich wiederum befähigter macht. Er fängt an, den Kampf um's Dasein nicht mehr allein mit Hand und Fuß zu kämpfen, sondern mit dem Geist, dem Gehirn. Der stetige Vervollkommnungsproceß, welcher in den Naturgesetzen begründet ist, läßt sich selbst auf den Kampf um's Dasein anwenden: dieser wird geistiger, edler.

So haben sich die Menschen im Laufe vieler Jahrzehntausende *) von Geschöpfen mit den niedrigsten und rohesten Instincten durch die beständigen Siegestriumphe im einst so unendlich viel härteren „Kampfe um's Dasein" zu einer staunenswerthen Geistesvervollkommnung emporgeschwungen. Hierfür legen die fast berauschenden Erfolge mühsamer Geistesarbeit: die Lösung der kühnsten Denkprobleme, die Erfindungen und Entdeckungen auf allen Gebieten der Wissenschaft und des Lebens ein schlagendes Zeugniß ab **).

---

*) „Die Familienlegenden einiger Bevölkerungen über den Ursprung des Menschen sind längst durch die Wissenschaft beseitigt. Fabeln nur sind die Ueberlieferungen von der einstigen Schönheit und Vollkommenheit der Urmenschen und vom paradiesischen Zeitalter.

Die Traditionen, welche uns in den Religionssagen über den Ursprung des Menschengeschlechts geblieben sind, datiren die Existenz des Menschengeschlechts auf höchstens zehntausend Jahre und auf weniger zurück. Längst aber hat die Wissenschaft mit unwiderlegbarer Schärfe dargethan, daß selbst zehn mal zehntausend Jahre eine viel zu kurze Annahme für das Dasein des Menschengeschlechts sein würden." (Stamm, S. 7.)

**) „Nun sind wir heute schon dahin gelangt, daß mit Anwendung der Naturwissenschaften der Grund und Boden besser cultivirt wird, die Fische leichter in unsere Netze gehen, Nahrungsmittel lange conservirt werden können, einige Grafschaften Englands so viel Zeug in ihren Fabriken weben, als sonst die ganze Menschheit, — in kurzer Zeit mit Anwendung des Dampfes Riesenbauten möglich sind, die sonst Jahrhunderte erfordert haben würden, der Dampf uns über hohe Gebirge führt, Welttheile zur raschen Gedankenmittheilung ihrer

Und dennoch in welch' jämmerlichem Moraſt von Armuth, Rohheit und Dummheit ſteckt heute noch die bei Weitem größte Zahl der Menſchen im Vergleich zu der naturgeſetzlich=nothwendigen Vervollkommnung, welcher die Menſchheit im Laufe der Zeit entgegengehen muß! Denn es liegt in den Vererbungsgeſetzen begründet, daß das Vollkommnere ſich bei den künftigen Generationen in immer wachſendem Maße vererbt, während das Unvollkommnere auf die Dauer zu Grunde geht. Zu dem Entwickelungsvorgang des M e n ſ c h e n ſagt Karl Vogt:

„Die Stirne wird ſteiler, der Schädel höher und gewölbter, das Geſicht tritt allmälig unter den Schädel zurück und jene Charaktere einer niedern Bildung gleichen ſich nach und nach aus und verſchwinden, um der ſchönen und idealen Menſchenform ſich anzunähern." „Nun, wenn dies langſam und allmälig geſchieht, wie die neueſten Forſchungen lehren, wenn dies das Reſultat der Geiſtesarbeit, der Arbeit iſt, die der Menſch im Kampfe um das Daſein entwickelt, wenn dieſes Alles richtig iſt, ſo ſcheint mir als letztes Reſultat dieſer urgeſchichtlichen Forſchung Eines hervorzugehen: Wir alle ſind combinirte Reſultate der Nerven einerſeits und andererſeits der Vervollkommnung durch unſere Arbeit, durch den Kampf um das Leben. Aber w o m i t kämpfen wir den Kampf um das Leben? Wahrlich nicht mit Arm und Fuß, ſondern mit dem was dahinter ſteckt. Wenn wir alſo uns ſelbſt ausbilden, wenn wir uns täglich und abermal täglich anſtrengen, um unſer G e h i r n weiter zu bilden, ſo werden wir nach jenen Geſetzen des Darwinismus gerade dieſe Eigenſchaften, d i e u n s d e n K a m p f u m ' s L e b e n e r l e i c h t e r n, auf unſere Nachkommen vererben. Denn es vererben ſich weſentlich diejenigen Eigenſchaften, die den Kampf um's Leben erleichtern, und derjenige geht zu Grunde und unerbittlich

---

Bewohner durch unterſeeiſche Telegraphen verbunden ſind, eine Dampfpreſſe mehr und raſcher drucken kann, als tauſend Handpreſſen, die Schätze aus der Tiefe der Erde mit größerer Leichtigkeit zu Tage gefördert werden, die Urſachen der Entſtehung und Verbreitung vieler epidemiſchen Krankheiten erkannt ſind und die Mittel und Wege ſie auszurotten." (Stamm, S. 13, 14.)

zu Grunde, der das Werkzeug, um diese Eigenschaften zu bilden, nicht besitzt." — —

Also ist der Mensch, der gewaltigste Kämpfer und Sieger im „Kampfe um's Dasein", der größte „Vielverschlinger *) unserer Erde, zugleich das geistigste Wesen derselben; die „verschlungene" Materie verwandelt sich in ihm in feinere, complicirtere Materie, in vervollkommneteres Gehirn und Nervensystem, in Geist. **)

In dem allgemeinen Kampfe um's Dasein siegt der Mensch mit dem Rechte der Macht des Stärkeren, das heißt hier mit der Macht des Geistes. Dieser Sieg ist naturnothwendig und folglich gerecht und sittlich. Alles Natürliche ist sittlich und recht. Nach demselben Rechte verliert der Mensch im „Kampf um's Dasein" mit vollkommneren Mächten. Wird sein Stoff von höherem Stoff verzehrt, so geht er natürlich in höheren Stoff, also in höheren Geist über. Für den verzehrten Stoff ist daher diese Verwandlung sozusagen kein Unglück, da er in geistigerer Form weiterlebt.

Es ist nicht zweifelhaft, daß in dem Meer von Millionen und aber Millionen unendlich viel vollkommenerer Welten und Weltsysteme, in welchem unsere Erde nur als ein winziges Stäubchen erscheint, sich der „Kampf um's Dasein" bis in's Unendliche fortsetzt, und daß auch dort sich derselbe Proceß der ewigen Metamorphose des roheren Stoffes in den vollkommneren vollzieht. ***)

---

*) „Mehr als irgend eine Erdcreatur macht sich der Mensch die übrigen unterthan, beherrscht sie, läßt sie für sich arbeiten, mißhandelt sie, saugt sie aus, verzehrt sie. Im Vernichtungskampf übertrifft er, dessen Gehirn Geistesträger ist, alle uns bekannten Kreaturen.

Der Mensch ist ein über sich selbst und seine Umgebung nachsinnender Vielverschlinger." (Stamm, S. 22.)

**) „Wenn der Mensch auch alle möglichen, für seine Nahrung passenden Thiere der Erde tödtet, so ist alle die Tödterei und Verschlingerei nicht umsonst, ist nicht nur ein Bild scheußlicher Rohheit, der Mensch erzeugt Geist und vermöge dieses Geistes strebt er darnach sein Leben nach sittlichen und geistigen Gesetzen zu regeln, er assimilirt Nahrung, um Geist zu erzeugen." (Stamm, S. 23.)

***) „An den für uns entferntesten Punkten des Weltalls, an Punkten, deren Licht mehr als eine Million Jahre braucht um bis zu uns zu bringen,

„Das ganze Weltall ist von geistigen Gesetzen belebt und getragen, es ist ein großes Laboratorium aus sich heraus immer mehr Geist erzeugend." (Stamm.)

Es muß nun die Frage aufgeworfen werden: Folgt aus dem ganzen, oben in kurzen Strichen skizzirten, die Welt durchwühlenden und durchtobenden „Kampf um's Dasein", daß sich die Nothwendigkeit eines solchen Existenzkampfes auch auf die menschliche Gesellschaft, d. h. auf die Menschen unter sich erstrecken müsse, oder insbesondere lassen sich die Kriege, welche die Menschen gegen einander führen, durch diesen „Kampf um's Dasein" erklären und vertheidigen?

Daß dies nicht der Fall ist, sollen folgende Ausführungen zeigen.

Es muß festgehalten werden, daß der „Kampf um's Dasein" durchaus nicht immer auf die absolute Verdrängung, Unterdrückung oder Verschlingung des zu bekämpfenden Objectes gerichtet

---

bilden sich durch Verdichtungen des die ganze Welt erfüllenden Weltenäthers neue Welten. Viele neue Welten sind im Werden. Es geht dort ein Proceß vor sich ähnlich dem, der einst mit unserem Sonnensystem statt hatte. Das ist die Bedeutung jener fernen Nebelflecke. Wenn aber jene fernen Weltenbildungen eine Verwandtschaft mit dem Proceß zeigen, der einst mit unserem Sonnensysteme vor sich gegangen zu sein scheint, können wir dann annehmen, daß jene Bildungen vor sich gehen ohne schließlich Geist zu erzeugen? Weiset uns nicht vielmehr unsere Erkenntniß darauf hin, daß wie unsere im Verhältniß winzig kleine Erde immer vollkommeneres Leben erzeugte, so sich auch dort vollkommener werdendes Leben, vollkommener werdender Geist heranbildet? Welchen vernünftigen Grund haben wir überhaupt uns unseren kleinen Planeten, der ganz von unserer so sehr viel mächtigeren Sonne abhängig ist, als einzig begeistigten Körper des Weltalls zu denken? Wer könnte so wahnsinnig sein die Geistverkörperung, die uns im Menschen entgegentritt, für die einzige Geistverkörperung im Weltall zu halten? Vielmehr scheint das ganze Weltall die Nothwendigkeit in sich zu bergen immer höheres, vollkommeneres Leben, immer sich vervollkommnenden Geist durch Geistverkörperungen zu erzeugen. Das unabweisbare Gesetz beständig fortschreitender Geistesentwickelung belebt und durchwebt unsere Erde, belebt und durchwebt das Weltall, also Geist belebt das Weltall." (Stamm, S. 24, 25.)

ist, sondern sogar sehr oft des letztern zeitliche oder dauernde, theilweise oder gänzliche Erhaltung erfordert.

Ein Stoff hat oftmals an der Erhaltung des andern
gleichsam Interesse, weil von der Existenz des andern seine eigene
Existenz abhängt. Im großen Weltenraum ist die Existenz, Entwickelung und Bewegung des einen Weltkörpers abhängig von
der Existenz, Entwickelung und Bewegung des andern. Die Existenz
und Entwickelung unserer Erde ist abhängig von der Existenz
unserer Sonne, der Mond ist abhängig von unserer Erde u. s. w.
Kann ein Wesen (Stoff, Geschöpf, Mensch, Thier, Pflanze) von
dem andern dauernd Nutzen ziehen, sich z. B. dauernd von
ihm nähren, so beutet es das andere dauernd aus, zerstört
es also nicht oder doch wenigstens nicht sofort oder auf
einmal, sondern führt mit ihm quasi einen dauernden
(allmäligen) „Kampf um's Dasein". Die Menschen z. B. tödten
die Thiere, welche ihnen zur Nahrung dienen oder sonstigen Nutzen
gewähren, nicht auf einmal, sondern sie erhalten sich
dieselben bis auf einen gewissen Grad; sie züchten diese Thiere,
um letztere desto vortheilhafter, ergiebiger und an-
dauernder benutzen oder bezw. verzehren zu können. Wir
erhalten und veredeln die Pferde, weil wir sie dauernd
zur Arbeit oder zum Vergnügen bedürfen; wir erhalten und
züchten die Schafe, weil sie uns dauernd Fleisch und Wolle
geben sollen. Ebenso erhalten und pflegen wir die Landwirthschaft, den Bergbau, damit wir deren Producte dauernd
und in immer ergiebigerer Weise für unsere Zwecke verwerthen
können.

Das größte Interesse aber haben die Menschen an der Er-
haltung, dem Gedeihen und der Fortentwickelung — ihrer
Mitmenschen, weil sie deren Mitarbeiterschaft in der großen
Culturarbeit, deren Mitkämpferschaft im schweren „Kampf
um's Dasein" auf das Nöthigste bedürfen. Da die Einzelkraft im
Kampf gegen die Natur sich nicht erfolgreich erweist, so vereinigt
man die Einzelkräfte zu einer potenzirten Gesammtkraft. Die
Menschen associren sich im Kampfe gegen die Natur, im „Kampf

um's Dasein", um sich mittelst der vereinten Kräfte diesen Kampf zu erleichtern. Einigkeit macht stark.

Die Abhängigkeit eines Wesens vom andern fällt niemals frappanter in die Augen als innerhalb der menschlichen Gesellschaft selbst. Ein Mensch ist auf den andern angewiesen, kann ohne den andern ein auch nur annähernd menschliches Dasein nicht führen. Wie wir schon bei vielen Geschöpfen, z. B. bei den Bienen und Ameisen, beobachten, daß sie im „Kampf um's Dasein" Schutz= und Kampfgenossenschaften bilden, so bemerken wir dies in um so größerem Maßstabe, in um so engeren Verknüpfungen und Verschlingungen bei dem Menschen; zunächst innerhalb einzelner Gruppen der menschlichen Gesellschaft. Später vereinigen sich mehrere Gruppen immer enger und enger, und zuletzt wird sich der Bund auf die gesammte Gesellschaft erstrecken, welche nun gemeinsam und solidarisch den „Kampf um's Dasein" gegen die Natur und ihre Mächte, gegen Thiere, Pflanzen und Mineralien kämpft.

Sobald der Mensch zu der Einsicht gelangt, daß er von der Existenz des andern Vortheil genießt, bekämpft und tödtet er ihn nicht mehr, sondern verbindet sich mit ihm, um vereint desto vortheilhafter gegen andere Mächte kämpfen zu können. In den ursprünglichen Kämpfen unter den Menschen tödtete man die Besiegten; als man jedoch einsah, daß man von ihnen Nutzen ziehen könne, ließ man sie für sich arbeiten. In den älteren Zeiten findet diese Association von Menschen mit gemeinsamen Interessen zunächst ihren Ausdruck in der Familie. Später vereinigen sich die Familien zu Gemeinden, die Mitglieder der letztern arbeiten — und in der Arbeit besteht ja der wahre Kampf um's Dasein — und kämpfen nun gemeinsam im richtigen Gefühle ihrer gemeinsamen Interessen. Durch die Vereinigung von Gemeinden bildet sich ein Volk, ein Staat. Selbst verschiedene Völker verbinden sich, um gemeinsam ihre Interessen zu schützen.

Sollte dieser Vorgang allein nicht schon auf eine dereinstige Verbindung aller Völker hindeuten? Unter gewöhnlichen Umständen finden heute innerhalb der einzelnen Völker und selbst bei solchen, welche 40, 50, 70 und mehr Millionen Menschen zählen, keine eigentlichen Kriege mehr statt. Sollte es so unmöglich erscheinen, daß sich dieser Frieden in Zukunft auch auf die circa 1200 Millionen Menschen, welche unsere Erde bewohnen, ausdehnen könne?

« Néanmoins, » sagt Emile de Laveleye (« Des causes actuelles de guerre en Europe, » S. 149) « tout en voyant que nous aurons encore à traverser des guerres terribles tant par le nombre d'hommes qu'elles mettront en mouvement que par l'acharnement des belligérants, je ne crains pas de dire que, si la civilisation continue à progresser, *la guerre cessera entre les nations, comme elle a cessé entre les citoyens d'un même état.* » *)

Ursprünglich producirte ein Jeder seinen ganzen Bedarf für sich selbst. Als man aber zu dem Bewußtsein gelangte oder doch instinctmäßig zu fühlen begann, daß es für die Gesammtheit vortheilhafter sei, wenn sich ein Jeder auf einen speciellen Productionszweig, dem er seine ganzen Kräfte widme, lege, entstand die **Arbeitstheilung.** Der Eine verfertigte Kleider, der Andere trieb Landwirthschaft und Viehzucht, der Dritte schlachtete Thiere, der Vierte verfertigte Geräthe, ein Anderer Waffen c. c. Der Eine tauschte seine Producte gegen die des Andern aus, und Jeder stand sich auf diese Weise günstiger als früher; denn je mehr sich ein Jeder auf ein specielles Geschäft verlegte, desto mehr vermochte er in demselben zu leisten, desto mehr und desto bessere Güter konnte er an die Gesellschaft abtreten, desto mehr vermochte er für sich einzutauschen. Wir finden also in diesem Zustande der Volkswirthschaft ein größeres Gesammtwohl und folglich auch ein größeres Einzelwohl als früher. Mithin entwickelt sich mehr und mehr das

---

*) Deutsch: „Wenn ich auch einsehe, daß wir noch Kriege durchzumachen haben werden, welche sowol wegen der durch sie in Bewegung gesetzten Zahl von Menschen, als durch die Erbitterung der Kriegführenden schrecklich sein werden, fürchte ich nicht zu sagen, daß wenn der Fortschritt der Civilisation anhält, der Krieg zwischen den Nationen aufhören wird, wie er zwischen den Bürgern eines und desselben Staates aufgehört hat.“

Gefühl der Solidarität der Gesellschaft. Es kann z. B. dem Geräthevorfertiger nicht daran liegen, den Landwirth oder Vieh-züchter zu bekämpfen oder zu tödten, weil er diese eben bedarf und so umgekehrt.

Mit der Zeit vervollkommnet sich diese Arbeitstheilung immer mehr und mehr.

Es würde heute schwerlich Jemandem einfallen, allein eine Maschine vollständig herzustellen. In dieses Geschäft theilt man sich daher. Der Eine gräbt nach Eisen, der Andere gießt es, der Dritte schleift es, der Vierte feilt es, der Fünfte setzt die einzelnen Theile zusammen; ein Anderer liefert die dazu gehörigen Holz-arbeiten und so fort. Ein Weiterer ist beauftragt mit dem Ver-kauf, ein Fernerer mit der Verpackung, wieder ein Anderer mit dem Versandt. Ja selbst in jede dieser Einzelfunktionen theilen sich abermals zahlreiche Arbeiter. *)

« Siccome in uno corpo noi avemo (abbiamo) molte membra, e tutte non hanno un' opera, così *noi molti siamo uno corpo.* » **) (Aus F. Lampertico, « Il lavoro », S. 48. Milano, 1875.)

« La forza di ciascuno uomo è minima, ma la riunione delle minime forze forma una forza totale maggiore anche della somma delle forze medesime, fino che le forze per essere riunite possono diminuire il tempo ed accrescere lo spazio della loro azione o, diremo più esattamente, accrescerne la virtù. » ***) (Lampertico, S. 81, 82.)

---

*) „Die verzinnten blechernen Löffel gehen durch etwa 30 Hände, und es gibt eine Sorte, von welcher 12 Stück für 20 Kr. verkauft werden." (v. Kees, Darstellung des Fabriks- u. Gewerbsw., III., 699. Wien, 1824. 2. A. — Entnommen Rau, „Lehrbuch der polit. Oekonomie", 1. Bd., S. 158, 159.)

**) Frei übersetzt: „Wie wir an einem Körper viele Glieder haben und diese alle nicht dieselbe Arbeit verrichten, so bilden wir alle einen Körper."

***) „Die Kraft eines jeden Menschen ist sehr gering, aber die Vereinigung der geringsten Kräfte bildet eine Gesammtkraft, welche sogar größer ist als die Summe der Kräfte selbst, so daß die Kräfte durch ihre Vereinigung die Zeit ihrer Thätigkeit vermindern und deren Raum oder, genauer gesagt, deren Fähigkeit vermehren können."

Die Arbeitstheilung findet sich nicht nur innerhalb einer Werkstätte, einer Fabrik, eines kaufmännischen Geschäftes, eines land-
wirthschaftlichen Unternehmens, — nicht nur innerhalb eines einzelnen Landes, sondern sie dehnt sich aus über den ganzen Erdball, sie wird immer mehr zur **internationalen** Arbeitstheilung. „Die Arbeitstheilung ist eine **nationale**, wenn die verschiedenen Productionsprocesse in dem Inlande selbst vollführt werden;
eine **internationale**, wenn die Glieder verschiedener Völker
zu Hervorbringung einzelner Fabrikate zusammenwirken, oder die
Producte ihres Bodens und Gewerbsfleißes gegen einander aus-
tauschen." (Prof. Dr. Schütz, „Grundsätze der National-Oeconomie,"
S. 83. Tübingen, 1843.)

«We can do little by ourselves, but a vast deal when
united with others.»*) (Mc Culloch, «Principles of political
economy», S. 37.)

In einem Lande finden wir vorherrschend diese, in einem
andern jene Production ausgebildet. Wir consumiren heute die Producte unserer Antipoden und diese die unsrigen. Der Tauschverkehr
umspinnt gegenwärtig den ganzen Erdball. Production und Handel
sind **international**; international ist selbst die Arbeitstheilung
im Gebiete der Wissenschaft und Kunst.

Aus dieser immer wachsenden Arbeitstheilung folgt aber natürlich auch eine heilsame, immer größer werdende Abhängigkeit
der Menschen und Völker von einander, und diese Abhängigkeit
bedingt das stetig lebhaftere Gefühl der Gemeinsamkeit der Interessen der Gesellschaft, das Gefühl der Solidarität. Wie treffend
bemerkt doch der geistvolle Laveleye (S. 154, 155):

«Tout le monde croyait autrefois que les intérêts des
peuples étaient opposés. Le sens romain du mot *hostis* semblait
donc juste au fond: l'étranger était l'ennemi. 'Le profiet de
l'un est le doumage de l'autre,' disait Montaigne. Même au
18ᵐᵉ siècle, Voltaire regrettait que l'on ne puisse désirer le

---

*) „Allein vermögen wir nur wenig, doch mit Andern vereint Ungeheueres
zu leisten."

bonheur de sa patrie, sans désirer en même temps le malheur
des autres peuples. Les économistes sont venus montrer la
fausseté de cette idée. Ils ont fait voir que les peuples sont
solidaires et leurs intérêts harmoniques. Tout pays doit désirer d'être entouré de voisins prospères et riches, parceque
ces voisins se disputeront ses produits à haut prix et ainsi
l'enrichiront aussi. Ruinez les autres peuples, vous détruisez
vos débouchés et vous portez un coup funeste à votre propre
industrie. L'économie politique est donc d'accord avec le
christianisme pour dire aux peuples : aimez-vous les uns les
autres, et pour confirmer cette belle pensée de Béranger :

'Aimer, aimer, c'est être utile à soi,
Se faire aimer, c'est être utile aux autres.'

A mesure que les moyens de communication deviennent
plus nombreux et plus rapides, le commerce établit entre les
nations des relations plus intimes. ('The ships that travel
between this land and that are like the shuttle of the loom
that is weaving a web of concord between the nations.'
Gladstone.) L'univers entier devient un immense atelier où,
par suite de la *division naturelle du travail*, chaque peuple
s'applique à faire ce à quoi ses aptitudes ou les ressources
de son territoire le prédisposent, et produit ainsi, non pour
lui seul, mais pour les autres peuples qui lui livrent en
échange ce qu'ils ont récolté ou fabriqué de leur côté.
*L'échange international amène la dépendance internationale,
d'où résulte la solidarité universelle.* *)

---

*) „Jedermann glaubte einst, daß die Interessen der Völker einander
entgegengesetzt seien. Die römische Bedeutung des Wortes hostis schien also
im Grund richtig: der Fremde war der Feind. „„Der Nutzen des Einen ist
der Schaden des Andern,"" sagte Montaigne. Selbst im 18. Jahrhundert
bedauerte Voltaire, daß man das Glück seines Vaterlandes nicht wünschen könne
ohne gleichzeitig das Unglück der andern Völker zu wünschen. Die Social-
Oekonomen haben den Irrthum dieser Anschauung gezeigt. Sie haben bewiesen,
daß die Völker solidarisch und ihre Interessen harmonisch sind. Jedes Land
muß den Wunsch hegen, von reichen und glücklichen Nachbarn umgeben zu sein,

Nach all' den vorhergegangenen Ausführungen gelangen wir zu folgenden Schlüssen:

Es ist sehr irrig, mit dem Darwin'schen Satz vom „Kampf um's Dasein" die Kriege, welche die Menschen gegen einander führen, zu erklären oder gar zu rechtfertigen.

Im Gegentheil zwingt der Kampf um's Dasein die Menschen sich zu vereinigen, um gemeinsam gegen die Natur einen planvollen, vernünftigen und geregelten Eroberungskrieg zu führen.

Innerhalb der menschlichen Gesellschaft werden die Menschen zukünftig alle productiven, arbeitenden Kräfte für sich zu erhalten und zu vermehren, dagegen alle unproductiven und zerstörenden Elemente im Laufe der Zeit zu vernichten suchen. Demnach wird man den Militarismus so gut als das Pfaffen- und Despotenthum mit den Waffen des Geistes und der friedlichen That zu bekämpfen

---

weil diese Nachbarn zu hohen Preisen sich um seine Producte streiten und so auch es reich machen werden. Vernichtet ihr die andern Völker, so zerstört ihr eure Abzugsquellen und versetzt dadurch eurer eigenen Industrie einen harten Schlag. Die politische Oekonomie stimmt also mit dem Christenthum überein, indem sie den Völkern zuruft: Liebet euch unter einander, und den schönen Gedanken Béranger's bestätigt:

„„Lieben, lieben ist sich selbst nützlich sein;
Sich beliebt zu machen, heißt Andern nützlich sein.""

Je zahlreicher und rapider die Verbindungsmittel werden, desto engere Verbindungen knüpft der Handel zwischen den Nationen an. („„Die Schiffe, welche von einem Lande zum andern fahren, gleichen dem Weberschiff, welches ein Gewebe der Eintracht zwischen den Völkern webt."") Der ganze Erdball wird zu einer ungeheuren Werkstätte, in der in Folge der natürlichen Arbeitstheilung jedes Volk sich auf das, wozu seine Anlagen oder die Hülfsquellen seines Bodens es empfänglich machen, legt und so nicht nur für sich selbst, sondern für die andern Völker producirt, welche ihm dagegen das liefern, was sie ihrerseits geerntet oder fabricirt haben. Der internationale Tauschverkehr bringt die internationale Abhängigkeit mit sich, aus welcher hinwieder die allgemeine Solidarität hervorgeht."

haben. Es handelt sich hier also um einen friedlichen Kampf; denn erfahrungsgemäß erlangen die Menschen durch blutige Kämpfe keine erfprießlichen Refultate.

Ferner ergibt sich: Der Krieg ist für die Menschheit nie und nimmermehr ein „Kampf um's Dasein", sondern vielmehr ein Kampf gegen das Dasein Aller, sogar ein Kampf gegen das Dasein der Sieger. Der Krieg ist der gesellschaftliche Selbstmord!

Und gerade der Selbsterhaltungs- und Ernährungs- trieb ist es, welcher die Menschen in Zukunft zwingen wird, die Kriege einzustellen.

Nach den Gesehen der „natürlichen Zuchtwahl", nach welchen auf die Dauer stets die Vollkomm- neren, Befähigteren, Befferen die Unvollkommneren, Unbefähigteren und Schlechteren überleben und befiegen müssen, ist es evident, daß auch die pro- ductiven Menschen, die sich ohnehin in numerischer Ueberlegenheit befinden, aber gleichwol noch nicht zum Bewußtsein ihrer Macht gelangt sind, die un- productiven, faullenzenden und werthzerstörenden Menschen überleben und befiegen müssen.

„Die ganze geschichtliche Entwicklung," sagt Stamm S. 30, „documentirt bis auf den heutigen Tag nichts als den Kampf des Geistes gegen rohe Selbstgier, gegen Ausbeutungs- sucht des Nächsten, und dabei fiegt der Geist des Beffern langsam, sehr langsam, aber — er fiegt."

Und Häckel ruft aus (S. 156): „Der Kampf um's Dasein bringt es mit sich, daß im Großen und Ganzen immer der Beffere, weil der Vollkommnere, über den Schwächeren und Unvollkomm- neren fiegt. Im Menschenleben aber wird dieser Kampf um's Dasein zukünftig zu einem Kampfe des Geistes werden, nicht zu einem Kampfe der Mordwaffen. Der Mensch mit dem vollkommensten Verstande, nicht der Mensch mit dem besten Re- volver wird im Großen und Ganzen Sieger bleiben; er wird auf seine Nachkommen die Eigenschaften des Gehirns, die ihm zum

Sieg verholfen hatten, vererben. So dürfen wir denn mit Fug
und Recht hoffen, daß trotz aller Anstrengungen der rückwärts strebenden Gewalten der Fortschritt des Menschengeschlechts, zur Freiheit
und dadurch zur möglichsten Vervollkommnung, immer mehr und
mehr zur Wahrheit werden wird."

So will es der naturgemäße Kampf um's Dasein,
mit dem die Kriege im eigentlichen Sinne des Wortes
rein nichts zu thun haben.

Die Gesellschaft der Zukunft wird eine solidarische
sein, die nur noch mit der Natur kämpft,*) indem
jeder Mensch sich wohl bewußt wird, daß der Einzelne nur dann die Aussicht hat, sein materielles
und geistiges Leben möglichst zu verschönern, wenn
sich Alle insgesammt wohler befinden. Einer für
Alle, Alle für Einen!**) — — — —

Somit werden der Egoismus, die Selbstsucht, das
Privatinteresse, die individuelle Hab- und Ehrgier
(s. S. 93), welche bisher mächtige Factoren der Kriege bildeten,
in Zukunft mit der wachsenden Einsicht der Menschen gerade die

---

*) „Pour produire, il faut diriger toutes ses facultés vers la domi-
nation de la nature; car c'est elle qu'il s'agit de combattre, de dompter
et d'asservir." (Bastiat, „Harmonies économiques", p. 581. Paris, 1870.

„Um zu produciren, muß man alle seine Fähigkeiten auf die Beherrschung
der Natur richten, denn sie ist es, welche man bekämpfen, bezwingen und unterjochen muß."

**) Ein vorzüglicher, in obiges Thema einschlagender Aufsatz, betitelt:
„Der Socialismus und der Kampf um das Dasein" (von einem Serben),
befindet sich auch im „Volksstaat", Jahrg. 1876, Nr. 49 u. 50. Leider war es
uns nicht mehr möglich, diesen Aufsatz einer Besprechung zu unterziehen, da er
uns erst zu Gesicht kam, nachdem die obigen Ausführungen über den K. u. D. 2c.
bereits in der Hauptsache abgeschlossen waren. Wir können bei diesem Anlaß die
Bemerkung nicht unterdrücken, daß es ein charakteristisches Zeichen unserer Zeit ist
und gewiß tief blicken läßt, daß es von den politischen Zeitschriften heute gerade
die Arbeiterblätter sind, welche oft wichtige wissenschaftliche und philosophische
Fragen mit großer Gründlichkeit behandeln. Wie ganz anders doch unsere
modernen „liberalen" Blätter, die Blätter der „gebildeten Klassen"!

treibenden Motive für den Frieden werden. Denn, wir wiederholen, nur das größte Gesellschaftswohl ermöglicht das größte
Einzelwohl; ein großes Gesellschaftswohl ist aber nur erreichbar
durch den dauernden Frieden.

**Der Egoismus führt daher mit der Zeit zur solidarischen
Gesellschaftswirthschaft, zum Socialismus.**

**Der Socialismus schließt die Unmöglichkeit der Kriege
in sich.**

Bei alledem existirt unter den Menschen neben dem Egoismus
im engern Sinne des Wortes noch ein anderes Gefühl, ein Gefühl,
welches sich in der (um es vorläufig so zu nennen) uneigennützigen
Hingabe und der Opferwilligkeit für ein Ideal äußert. Unzählige
Menschen opferten bis heute ihre Gesundheit, ihre Freiheit, ihr
Vermögen, ja selbst ihr Leben für Andere, für eine geliebte Person,
für die Familie, den Staat, die Menschheit, für ihre Idee, Religion
oder Ueberzeugung. Wer wird läugnen, daß diese Aufopferung sehr
oft und vielleicht in den meisten Fällen eines bessern Zweckes würdig
gewesen wäre? Man hätte sich die Aufopferung für kirchliche und
politische Despoten, für verrückte Religionen und Ideen gewiß
ersparen können. Leider herrschen bei den meisten Menschen Phantasie
und Gemüthsdusel über den Verstand. Allein alles dies ändert
nichts an der Thatsache, daß die Hingabe und Aufopferung für
ein Ideal zu allen Zeiten b e s t a n d e n hat und, so lange es
Menschen gibt, b e s t e h e n̗ w i r d.

Wenn nun schon viele Millionen Menschen bis jetzt für allerhand Unsinn und Gemeinheit, für große Mörder und verbrecherische
Priester — obwol im Glauben sittlich und recht zu handeln —
Blut und Gut, Freiheit und Gesundheit hingeopfert haben, ist es
dann nicht viel mehr anzunehmen, daß auch zukünftig, wenn es
nöthig werden sollte, zahlreiche Individuen für die erhabenste Sache,
die es auf Erden gibt, für die Sache des Wohles der gesammten
Menschheit aufopferungsbereit eintreten werden, — für eine Sache,
welche ihrer Natur nach nicht einmal blutige Opfer fordert, sondern die Menschenschlächterei auf das Entschiedenste verdammt?! —

Viele Philosophen behaupten nun zwar, daß es gar keine menschliche Handlung gebe, welche nicht dem Egoismus entspringe, und daß alles das, was man Edelmuth, uneigennützige Aufopferung und Hingabe nenne, sich stets auf den Egoismus zurückführen lasse. Die Mutter, welche für ihr Kind ihr Leben opfert, wie der Reiche, welcher seine Schätze von sich wirft, um arm, hungernd und ent= blößt nur seiner Religion zu leben, der Freund, welcher freiwillig für den Freund in den Tod geht, — sie alle — meinen jene Philosophen — bringen die Opfer aus Egoismus; denn sie finden an ihrem Handeln ein persönliches Behagen. Fänden sie es nicht, so würden sie eben nicht so handeln. *)

Nun wir wollen darüber nicht rechten, ob das, was man uneigennützige Hingabe und Aufopferung nennt, sich auf den Egois= mus oder auf andere Motive zurückführen lasse; denn es kommt uns in diesem Falle auf die Wirkung, nicht auf die Ursache an. Factum ist und bleibt: die Hingabe und Aufopfe= rung der Menschen für ein Ideal existirt, und es kann uns für die Zukunft nur wünschenswerth erscheinen, daß diese Auf= opferung einem guten und edlen Zweck gilt, daß sie der Mensch= heit und dem Gesammtwohle zum Besten gereicht. Ob das Motiv

---

*) Nach der Ansicht jener Philosophen müßte z. B. der Mann, der sich in der Meinung ein gottgefälliges Werk zu vollbringen, 30 Jahre lang mit einem Fuß auf eine im Freien stehende Säule gestellt haben soll, ohne in dieser Zeit Speise und Trank zu genießen, ohne auch nur seine Stellung zu verändern — auch dieser Mann müßte nach jener phisophischen Ansicht aus Egoismus so gehandelt haben. Der Mann hat offenbar Gefallen an seiner athletisch-akro= batischen Production, um die ihn die Künstler des Circus Renz beneiden dürften, gefunden; denn hätte er keinen Geschmack an seiner Handlung, nicht durch die= selbe die Befriedigung seines Ichs gefunden, so würde er sicher nicht 30 Jahre auf einem Beine stehen geblieben sein, oder er würde sich doch zur Abwechslung dann und wann einmal auf das andere Bein gestellt oder hin und wieder etwas verzehrt oder im Regen das Parapluie aufgespannt haben. Also auch dieser Mann war Egoist.

Beiläufig bemerkt soll die rührende Duldsamkeit dieses Märtyrers so weit gegangen sein, daß er es ohne Murren ertrug, daß die Schwalben in einem dazu geeigneten Schlupfwinkel seines Körpers ihre Nester bauten.

8

dann Egoismus ist oder nicht, ob es Kunz oder Hans heißt, kann uns ganz gleichgültig sein. Nebenbei bemerkt, können wir einen solchen Egoismus, welcher der Menschheit nützt, ja nur sehr schön und lobenswerth finden. — —

Mit den früheren Ausführungen über den Egoismus ꝛc. sind die am Eingange dieses Abschnittes als Frage formulirten Einwände, welche man oft zur Begründung oder Erklärung des Nimmer= Aufhörens der Kriege anführen hört: „Werden sich die menschlichen Leidenschaften, welche die Kampfgier bedingen, jemals vernichten lassen? Wurzeln sie nicht fest und unausrottbar in der Menschenbrust?" in der Hauptsache beantwortet und erledigt; denn die tiefgehendsten Leidenschaften, Hab= und Ehrgier, entspringen der Quelle: Egois= mus. „Zugegeben," kann man vielleicht einwerfen, „aber außer den genannten Leidenschaften wühlt im Busen der Menschen auch die Kampfgier als eigenartiger, selbständiger, besonderer Trieb. Diese wilde Neigung fragt nicht warum und wozu. Die Menschen verlangen sich zu bekämpfen, sich zu schlagen auch ohne speciellen Grund und Zweck, ohne an materielle oder geistige Vortheile zu denken, aus bloßer Lust am Kampfe, aus reiner Rauf= und Händel= sucht, aus Streit= oder Blutgier, und diese Kampfgier ist es auch, welche die Menschen in die Kriege hetzt. Wie bei den Thieren," sagt man ferner, „und namentlich bei den fleischverzehrenden, ist auch bei dem Menschen, dem Fleischesser par excellence, die Kampf= und Blutgier zu Hause." « L'homme, comme tous les carnassiers, est enclin à se battre, »*) meint Laveleye.

Hierauf antworten wir Folgendes:

Zunächst ist die reine Kampfgier gar nicht in dem Grade bei den Menschen in Fleisch und Blut übergegangen, wie man das gewöhnlich annimmt; wenn sie aber auch existirt und unsertwegen in hohem Grade existirt, so kann durch diesen Umstand durchaus noch nicht erwiesen werden, daß sie nothwendigerweise zur Ursache der eigentlichen Kriege werden muß.

---

*) Der Mensch ist wie alle fleischfressenden Thiere geneigt, sich zu schlagen.

Denn I. kann diese Kampfgier durch Bildung und Erziehung, wenn nicht ausgerottet, so doch jedenfalls gemäßigt und abgeschwächt werden, so daß sie nicht in Krieg ausartet.

Außerdem kann II. durch passende gesetzliche Institutionen bewirkt werden, daß diese Leidenschaft nicht zum blutigen Austrag gelangt oder wenigstens ihre Realisation nicht in dem Krieg findet.

III. ist wol anzunehmen, daß wenn vielleicht auch nicht „die interessenlose Hingabe für die Menschheit“, so doch sicher der bei den Menschen vorwaltende „Egoismus“ über die viel weniger mächtige Kampfgier siegen wird, und das bedeutet den Sieg des Friedens über den Krieg.

IV. kann auch die Kampfgier andere Objecte der Bekämpfung wählen als Menschen, wodurch also der Krieg vermieden wäre.

V. ist hinsichtlich der oben berührten Fleischfressertheorie zu bemerken, daß dieselbe, wie wir weiter unten sehen werden, lückenhaft und auf die Kriege nicht anwendbar ist.

Hierzu noch einige nähere, begründende Bemerkungen:

Zu Punkt I: Die wesentlichste Schuld an der einmal bestehenden Kampfgier trägt jedenfalls die militärische Erziehung, namentlich die Militärstaatsschule, sowie der durch die Presse und andere Mittel künstlich erzeugte militärische Geist. Löst man die Kampfgier in ihre Bestandtheile auf, so findet man, daß sie überwiegend ein künstliches, durch Aufhetzerei entstandenes, zum geringsten Theile ein natürliches Product ist. Schließlich siegt aber immer, wenn freilich auch langsam, das Natürliche über das Unnatürliche, und das heißt nichts Anderes als das Wahre über das Unvernünftige, und demgemäß wird sich auch in Zukunft die Erziehung und Bildung der Jugend und des Volkes zu Gunsten des Friedens umgestalten. Von unzähligen Kathedern herab wird die gewaltige Lehre erschallen: Friede und Menschlichkeit; unzählige Federn werden dieselbe erhabene Lehre der Welt verkünden. Wenn die Kampfesleidenschaft im Menschen auch nicht völlig zu vernichten wäre, so wird sie sich doch derart vermindern, daß sie der Gesellschaft keine wesentlichen

Schäden mehr zuzufügen, jedenfalls aber keine Kriege mehr zu produciren im Stande ist.

So lange die Erde steht, ist wol nicht ein einziger Krieg durch eine **in der Natur der Menschen wurzelnde Kampfgier** entstanden. Bei allen Kriegen wurde diese erst durch betrügerische Vorspiegelungen und systematische Hetzerei künstlich hervorgebracht. — Wenn dann die Massen durch solche Aufreizungen, die in der Regel von einzelnen vornehmen Strolchen ausgehen, in thierischer Leidenschaft gegen die vermeintlichen Feinde entbrennen, so pflegen „liberale" Blätter von „heiliger Begeisterung", „Erbfeind" und ähnlichem Unsinn zu faseln.

Zu Punkt II bemerken wir: Könnte aber auch die Gesetzgebung und deren practische Anwendung es nicht verhindern, daß die Kampfgier zu vereinzelten blutigen Schlägereien, **Duellen** u. dgl. führt, so wäre dies gewiß beklagenswerth, aber man kann in solchen Fällen nicht von **Krieg** sprechen. — Das Recht, ausgemachte Raufbolde unschädlich zu machen, wird der Gesellschaft wol niemand bestreiten.

Die **Kampfgier wird** übrigens vermuthlich in dem Maße **abnehmen**, in welchem ihre Realisation schwieriger wird.

Zu Punkt III ist nur zu erwähnen, der Leser möge sich gütigst die früheren Erörterungen über den „Egoismus", die „interessenlose Hingabe" ꝛc. in's Gedächtniß zurückrufen.

Zu Punkt IV: Wenn auch die Kampfgier weder auszurotten noch zu vermindern wäre, so bleibt es immerhin annehmbar, daß man sie in ein **anderes Gebiet** zu lenken, ihr eine **andere** (friedliche) **Richtung** zu geben vermag. Die Kampfgier, deren Zweck der reine mörderische und blutige menschliche Bruderkampf war, kann sich jetzt auf die „**friedlichen Kämpfe**" verlegen, auf die Kämpfe mit der Natur, um diese der Menschheit nützlich zu machen, auf die Wettkämpfe der Arbeit und Production (es sei ferne von uns, hierunter den bloßen, ausbeuterischen, capitalistischen Concurrenzkampf zu verstehen), auf die Kämpfe endlich gegen die Verzehrer und Zerstörer der gesellschaftlichen Producte, d. h. namentlich gegen Militär, Priester, besitzende Nichtsthuer und überhaupt gegen alle Parasiten der Gesellschaft. Alle solche Kämpfe tragen zur Förderung des Menschenglückes, zur Befreiung der Menschheit aus den Fesseln der Sclaverei, zur Errettung aus materiellem Elend, aus Rohheit und Dummheit gewaltig bei. Diese Kämpfe geleiten die Menschheit auf die Siegesbahn zur Freiheit, Gerechtigkeit, Brüderlichkeit und Bildung, — zum d a u = e r n d e n F r i e d e n. In dem angedeuteten Sinne sind wir selbst die größten Kriegshetzer und wünschen noch colossale Kämpfe und Schlachten und stimmen dem feurigen Sänger zu, welcher mit trotzigen und wilden Worten ausruft:

> „Was ist das Leben ohne Streit?
> Ein eitel, reizlos Sein.
> Drum auf ihr Brüder, kampfbereit
> Beim ersten Sonnenschein!"

D i e s e r a u h e K a m p f s e i t e d e s L e b e n s (s. S. 94) w i r k t w a h r h a f t a b h ä r t e n d und v e r v o l l k o m m n e n d; dieser K a m p f i s t m e h r a l s h i n r e i c h e n d, die Menschen nicht „verweichlichen" und „erschlaffen" (s. S. 94) z u l a s s e n; denn die Menschen haben noch hart, hart zu kämpfen, zu arbeiten und zu produciren, wenn sie sich ein menschenwürdiges Dasein erringen, wenn sie sich alle die materiellen und geistigen Güter verschaffen wollen, welche das Dasein verschönern, zieren und ver= edeln, wenn die Natur verschwenderisch das Füllhorn der Genüsse auf sie ausgießen soll. Die Erreichung alles nur denkbaren i r d i s c h e n, vernunftgemäßen Genusses werde die Losung der jetzt noch in Ar= muth und Schmutz schmachtenden Menschheit! Alle Kampfgier entfessele sich verwegen und rücksichtslos zur Erlangung aller der Lebensfreuden, welche bis jetzt kaum von der weitgehendsten Phan= tasie geträumt werden! **Durch Kampf zum Sieg, durch Arbeit zum Genuß!**

Endlich zu Punkt V: Die bei weitem größte Zahl der Erd= bewohner bekommt überhaupt bei ihren Mahlzeiten gar kein oder verschwindend wenig Fleisch zu sehen; und wenn etwa die Pflanzen= kost den Menschen friedliebender stimmen sollte, so müßte der größte Theil der Erdbevölkerung engelsfriedlich dahinleben. In Wahrheit trifft dies leider nicht zu; denn Kriege finden wir allenthalben, unter allen Zonen, gleichviel ob man dort Fleisch oder Früchte, Roastbeefs oder Kartoffeln, Beefsteaks oder Reis ißt. Im Gegen= theil könnte man sich eher noch versucht fühlen zu glauben, die Fleischkost trage dazu bei, die Menschen friedlich zu stimmen; denn wenigstens zwei große Völker, welche verhältnißmäßig wol das meiste Fleisch consumiren, die Engländer und Nordamerikaner, sind vielleicht die wenigst kriegerischen der Jetztzeit. Wir unsererseits hegen übrigens die Ansicht, daß ein möglichst großer Consum guten Fleisches für die Gesundheit und Productivität des Volkes äußerst günstig ist. Jedenfalls sind die zwei genannten großen Völker die willens= und thatkräftigsten, die productivsten und arbeitsamsten der Erde. — — —

Aus all' diesen Betrachtungen geht jedenfalls Eines hervor: Wenn auch die reine Kampfgier im Menschen existiren mag, die Kriege lassen sich durch sie keineswegs be= gründen, erklären oder entschuldigen. —

„Ist es denkbar, daß der Nationalhaß jemals aufhören wird?" (S. S. 93.)

Auch dieser Einwand ist eigentlich schon durch die früheren Ausführungen, insbesondere auch durch die nachgewiesene immer wachsende Nothwendigkeit der ökonomischen Verbindung der Menschen und die immer fortschreitende internationale Arbeitstheilung wider= legt. Doch glauben wir, daß seine vollständige Unhaltbarkeit sich im Laufe der nachstehenden Untersuchungen noch mehr heraus= stellen wird. In denselben können wir uns einige Wiederholungen des schon früher Gesagten der Vollständigkeit des Ganzen halber nicht wol ersparen. Wir stellen an der Spitze dieser Untersuchungen den Satz auf:

Der historisch=ökonomische, physische und geistige Entwickelungsproceß des menschlichen Geschlechtes muß die Menschheit nach und nach zu einer dauernden Vereinigung bringen, also das Aufhören der Kriege und den dauernden Frieden bewirken.

I. **Der ökonomische Entwickelungsproceß einigt die Menschheit.**

Diese Einigung vollzieht sich durch die stets wachsende Production und internationale Arbeitstheilung, sowie die sich beständig vervollkommnenden Communicationsmittel und zwar durch die fortschreitende Verbesserung, Ausbreitung und Popularisirung des Eisenbahn=, Schifffahrts=, Straßen=, Post= und Telegraphenwesens.

Die Menschheitseinigung vollzieht sich durch den stets im Wachsen begriffenen internationalen Austausch, durch das immer mehr zur Anerkennung und Verwirklichung gelangende Princip des Freihandels, durch die Vervollkommnung und Internationalisirung der Banken, durch die von der Vereinfachung und Erleichterung der Uebertragung und Veranlagung der Capitalien unter den verschiedensten, selbst von einander entferntesten Ländern bewirkte Kosmopolitisirung des Capitals, durch die Vereinfachung und Ausgleichung des Münz=, Maß= und Gewichtssystems, durch die Verbesserung und Ausgleichung des Handels= und Wechselrechtes.

Die Menschheitseinigung vollzieht sich durch die im Interesse der ökonomischen Entwickelung gelegene Erleichterung des Reisens, durch die Aus=, Einwanderungs= und Niederlassungsfreiheit, — durch die internationalen Ausstellungen.

Geben wir zu etlichen der wichtigeren hier genannten Punkte noch einige nähere Erläuterungen.

Zur Würdigung der enormen Entwickelung des Eisenbahnwesens dienen folgende Notizen:

„Eisenbahnen. In Europa standen im Betriebe (nach Kilo=
metern):

Staaten	1860	1874
Großbritannien	16,791	26,900
Deutschland	11,253	24,200
Frankreich	9,319	18,800
Oesterreich	5,402	16,100
Rußland	1,384	14,800
Italien	1,705	7,800
Spanien	1,916	5,500
Belgien	1,729	3,200
Schweden	467	1,900
Niederlande und Luxemburg .	259	1,650
Schweiz	963	1,600
Europ. Türkei	—	1,350
Rumänien	—	980
Dänemark	109	900
Portugal	131	850
Norwegen	68	520
Griechenland	—	12
Zusammen	51,496	127,062

Es sind dies für 1874 17,110 geogr. Meilen. In den Vereinigten
Staaten standen gleichzeitig 115,150 Kilom. = 15,518 geogr. Meilen
im Betriebe; im britischen Nordamerika 5,000, in den übrigen Ländern
Amerika's gegen 6,000, somit in dem letztgenannten Erdtheile gegen
126,000 Kilom. In Asien bestanden etwa 10,000 (davon über 9,000
in Ostindien; in China wurde 1871 der erste, etwa 3 Meilen lange
Schienenweg eröffnet); in Afrika 2,000 (Aegypten, Algerien und Cap),
in Australasien gegen 2,100. Dies ergibt eine Gesammtzahl von mehr
als 267,000 Kilom. = 36,000 geogr. Meilen. Diese Gesammtlänge
würde mehr als 6½ Mal um die ganze Erde reichen, und doch
sind wenig mehr als 44 Jahre verflossen seit Eröffnung
des ersten mit Dampfkraft befahrenen Schienenwegs
(zwischen Liverpool und Manchester, 15. Sept. 1830).
Mit welcher Schnelligkeit das Eisenbahnwesen sich entwickelte,
zeigt folgende, auf Veranlassung der Wiener Ausstellung vorgenommene
Berechnung.
Die Eisenbahnlänge betrug in Kilometern:

Im Jahre	1830	1840	1850	1860	1870	1871
In Europa	245	3,057	23,766	51,544	103,744	111,909
= Amerika	87	5,534	14,256	53,253	96,398	109,961
= Asien	—	—	—	1,397	8,132	8,538
= Afrika	—	—	—	446	1,773	1,773
= Australasien	—	—	—	264	1,812	1,812
Zusammen	332	8,591	38,022	106,904	211,859	233,988

somit 1871 31,703 geogr. Meilen, oder beinahe das Sechsfache der
Aequatorlänge."

. . . .

„Befonders zu erwähnen ift noch, wie felbft die Schwierigkeiten, welche die höchften Gebirge dem Eifenbahnbau entgegenfetzten, über= wunden werden. Schon beftehen 3 befchiente Alpenübergänge: über den Semmering in einer Höhe von 2,788 Parifer Fuß, den Brenner von 4,325 und den Mont=Cenis von 4,399 Fuß, der letzte mit einem Tunnel von 12,236 Meter Länge (1,65 geogr. Meilen), befahren feit dem 16. Oct. 1871." (Kolb, S. 793, 794.)

Hierzu ift zu bemerken, daß diefer enorme Fortfchritt noch keineswegs als abgefchloffen zu betrachten ift, fondern daß vielmehr eine ftetige, bedeutende Vermehrung und Vervollkommnung der Bahnen in Ausficht fteht.

Auch die Dampffchifffahrt fchreitet — wie uns folgende Ueberficht Dr. Neumann's zeigt — mit Riefenfchritten vorwärts:

	Dampfer	Segler	Zufammen	Gehalt
Ende 1860	2,974	92,272	95,246	10,800,647 Tonnen
„ 1865	4,021	95,993	100,014	12,436,208 „
1868—69	4,289	96,009	100,298	12,761,875 „
1870—71	4,824	92,053	96,877	12,607,627 „

Um die Bedeutfamkeit diefer Zahlen vollkommen zu verftehen, muß man fefthalten, daß es hier fpeciell auf die Zunahme der Dampffchiffe und deren Tragfähigkeit ankommt. Die Abnahme der Segler zeigt uns indirect nur die Zunahme der Dampffchiff= fahrt und mithin der Schifffahrt überhaupt. Kolb fchätzt daher, daß jede Tonne Tragfähigkeit der Dampfer 4 Tonnen der Segel= fahrzeuge gleichkommt, da jene durchfchnittlich vier Fahrten voll= bringen bis diefe eine.

Wefentlich erleichtert wird auch die Schifffahrt durch die Her= ftellung von Canälen. Man denke nur an den Suezcanal!

Zum Verftändniß der immer größern Ausdehnung des Poft= und fpeciell des Briefwefens genüge die Anführung des Um= ftandes, daß in den letzten Jahren die internationalen Poftverträge für immer billigere Porti Sorge getragen haben und in Zukunft noch tragen werden. Durch die Herabfetzung der internationalen Pofttaxen hat fich der Briefverkehr derartig gefteigert, daß fich die Einnahmen der Poftanftalten noch bedeutend vermehrt haben.

Es benöthigt wol kaum der Erwähnung, daß der immer regere Gedankenaustaufch durch den internationalen Briefverkehr ein wefentliches Motiv wird, die Menfchen friedlich und einig zu

stimmen. Wer uns entgegenhält, daß bis heutzutage trotz der großartigen internationalen Verkehrsentwickelung die friedlichen Beziehungen unter den verschiedenen Ländern noch nicht wesentlich
zugenommen haben, dem möchten wir in's Gedächtniß zurückrufen,
daß das internationale Verkehrswesen, so erstaunlich es sich· auch
gesteigert hat, immerhin noch in den Kinderschuhen steckt.

Ueber den Stand und die Entwicklung des Telegraphenwesens belehrt uns Kolb (S. 795) durch folgende Notizen:

„Elektrische Telegraphen (in Kilometer):

Großbritannien	128,000
Verein. Staaten	116,000
Frankreich	45,000
Rußland	72,000
Deutschland	37,800
Oesterreich-Ungarn	30,800
Italien	20,000
Pyrenäenhalbinsel	15,000
Schweden	7.000
Norwegen	6,000
Canada	16,000
Schweiz	6,000
Belgien	4,400
Brit. Ostindien	30,000
Australasien	20,000
Zusammen	554,000

Rechnen wir die Linien in den hier nicht aufgeführten Ländern
zu obiger Summe, ferner ebenso die submarinen Kabel (schon 1865
147 Kabel, 5,693 engl. Meilen lang), so dürfte sich eine Gesammtlänge
von 565—570,000 Kilom. annehmen lassen, was 14 Mal die Länge
des Aequators ausmacht.

Im Jahrzehnt 1860—70 erfolgte eine Vermehrung
der Linienlänge um 115%, der Drähte um 148, der
Stationen um 297 und der Depeschen um 332%.

Europa und Amerika sind durch 5 Kabel mit einander verbunden,
von denen das im Jahr 1859 gelegte 3,259 Kilom. lang ist, das
1866 hergestellte 3,368 und das 1869 geschaffene französische 6,032
Kilom. — 1874 wurde sogar ein Kabel von Europa nach Brasilien
zu Stande gebracht (über St. Vincent in Portugal nach Rio de Janeiro)."

Der freie internationale Waarenaustausch (Freihandel) tritt
fortwährend mehr an die Stelle der veralteten Handelsbeschrän-
kungen, Einfuhrverbote, sogenannten Schutzzölle u. dgl. und arbeitet
gewaltig am Werke der Menscheneinigung mit. «Tout ce qui

isole les hommes les pousse à la guerre; tout ce qui les met en relation les incline à la paix.» *) (Laveleye.)

Auch die **Internationalisirung** der **Capitalien** muß einen immer mächtigeren Grundpfeiler des Friedens bilden. Besonders haben die capitalverleihenden Länder, wie England, Frankreich, Deutschland, ein großes Interesse an der ökonomischen Erhaltung und Entwickelung der capitalaufnehmenden Länder. So sind z. B. beträchtliche deutsche Capitalien in nordamerikanischen Staats- und Eisenbahnpapieren, in österreichischen Eisenbahnpapieren und in österreichischem Grundbesitz, in russischen Papieren angelegt. Würde also Deutschland mit Oesterreich oder Rußland einen Krieg führen, so wäre es nicht unwahrscheinlich, daß es mit seinen eigenen Heeren sein eigenes Capital zerstörte.

Mit dem sich stetig steigernden internationalen Handel und Verkehr macht sich auch das Bedürfniß einer internationalen **Münz-einheit** immer fühlbarer. Frankreich, die Schweiz, Belgien, Griechenland, Italien haben bereits eine solche unter sich eingeführt: in all' diesen Ländern gilt heute die Frankenrechnung. Wie von jeher die Nationalseuche, so hat sie auch diesmal wieder in Deutsch-land bezüglich der Aenderung des Münzsystems bedenkliches Unheil angerichtet. Nur die Deutschfanatiker konnten sich, in nationaler Bornirtheit befangen, der Annahme der Frankenrechnung wider-setzen. „Wir wollen den Franzosen nichts nachahmen," rief man aus, als sollte man nicht jederzeit das Gute nachahmen, woher es auch immer komme! So wird das Deutschfanatikerthum für die unschätzbaren Zeit- und Geldverluste, welche der Volkswirthschaft theils durch die Umprägung, theils durch die Umrechnungen im Groß- und Kleinverkehr erwachsen, verantwortlich. — Die Folge wird sein, daß früher oder später Deutschland doch zu einem inter-nationalen Münzsystem übergehen muß und dann von Neuem Zeit- und Geldverluste erleiden wird. Die historischen Gesetze gelangen schließlich überall mit eiserner Consequenz zur Geltung — ohne

---

*) „Alles was die Menschen absondert, treibt sie zum Krieg, alles was sie in Verbindung setzt, macht sie zum Frieden geneigt."

sich um die Privatschrullen einzelner unglücklicher, vom Gesundheitszustand abweichend construirter Gehirne zu kümmern. Die Geschichte
schreitet stolzen Fußes über nationales Muckerthum, welches mit all'
seinen Folgen oft weit gemeinschädlicher als religiöses ist, hinweg
und führt die Menschen zur Einigung.

Wie das Münzsystem, so muß sich auch das M a ß - und
G e w i ch t s y ste m mit der Zeit immer einheitlicher gestalten, wie
man z. B. aus der sich beständig verbreitenden Annahme des
Meter und Gramm schon jetzt erkennen kann.

Nach Analogie der andern Verhältnisse wird auch die Gesetzgebung und speciell das H a n d e l s - und W e ch s e l r e ch t immer
internationaler. Die Natur strebt überall nach Ausgleichung und
Vereinfachung. Innerhalb der einzelnen Länder säubert sich die
Gesetzgebung beinahe täglich mehr von den Local- und Particular-
gesetzen. Die Kantönligesetze der Schweiz, welche uns bis vor
Kurzem ein Bild veralteten Zopfes gewährten, werden nun auch
gottlob immer mehr beseitigt, die Kantönligesetze schwinden so gut
wie die Kantönlidialecte und der Kantönligeist. Der natürliche
Lauf der Dinge will die Einigung, er kennt kein Mitleid mit
menschlicher Widerhaarigkeit. Einzelne Vorzüge der verschwindenden
Gesetzgebung werden übrigens stets von der neu entstehenden absorbirt.

Das französische Wechselrecht, überhaupt das französische
Handelsrecht ist (nach Dr. H. Reutzsch „Handwörterbuch der Volks-
wirthschaftslehre", Leipzig 1870, S. 1022) außer in Frankreich
und seinen Colonieen unverändert in Belgien und Polen eingeführt,
mit mehr oder minder bedeutsamen Modificationen in den Nieder-
landen sammt Luxemburg und Limburg, den niederländischen Colonieen, Spanien, Portugal, Italien, Griechenland, der Türkei, den
Donaufürstenthümern, Aegypten, Brasilien, den columbischen Frei-
staaten, Bolivia, Uruguay und Haiti. „Auch das englische Wechselrecht hat ein weites Geltungsgebiet, indem es außer im Mutter-
lande auch in fast allen britischen Colonieen und in den Vereinigten
Staaten von Nordamerika zur Anwendung kommt."

Die Gesetzgebung wird aber in Zukunft nicht nur einheitlicher
werden, sondern sich auch bedeutend verbessern. Wie enorm werden

fich noch Handel und Production entwickeln, wenn wir ein auf der ganzen Erde gültiges, gutes Handels- und Wechselrecht besitzen! Die Zukunft wird uns dies bringen!

Durch die ökonomische Entwicklung und den internationalen Austausch wird auch mehr und mehr das Reisen und Wandern befördert, und auch dies begünstigt die Einigung der Menschheit beträchtlich. Zum Glück sind so ziemlich in allen europäischen Ländern die kleinlichen Chicanen durch Paßcontrole u. dgl., welche früher dem Reisenden in den Weg gelegt wurden, weggefallen, und die Aus- und Einwanderungs- und Niederlassungs- freiheit gewinnen mit der wachsenden Einsicht der Völker immer mehr Raum. Je mehr aber die Menschen der verschiedensten Länder unter einander gemengt und sozusagen „durcheinander ge- schüttelt" werden, desto mehr lernen sie sich gegenseitig ver- stehen, achten und vertragen.

Gewiß nicht unwesentlich werden auch die internationalen Ausstellungen, deren Besuch immer mehr erleichtert und verwohlfeilt wird, zur Erweckung friedlicher Gesinnungen verhelfen. Bei solchen Gelegenheiten treffen Angehörige aller Völker zusammen, lernen sich und ihre Erzeugnisse kennen und streben alsdann, nach dem Vorbilde der vorgeschrittenern Leistungen die zurückgebliebenen zu verbessern. Namentlich den Deutschen wird der Besuch solcher Ausstellungen sehr dienlich sein. Da können sie sehen, wie kläglich sich ihre Industrieproducte, Dank dem deutschen Militarismus, gegenüber denen der anderen Culturvölker ausnehmen. Hoffentlich ist ihnen Philadelphia eine gute Lection, und sie werden vielleicht nun endlich anfangen, statt in „Culturdrescherei", „Heldengreis- anbetung" und in „heiligen Kriegen" zu machen, etwas Gescheidtes auf industriellem Gebiete zu leisten! Bekanntlich hat sich die deutsche Industrie in Philadelphia mitleiderregend blamirt.

II. Der physische Entwicklungsproceß einigt die Menschheit.

Er geht vor sich durch die Kreuzung und die dadurch be- wirkte Ausgleichung und Veredelung der menschlichen Racen und

Arten*). Hervorgerufen wird diese Kreuzung einmal durch die im Wesen des ökonomischen Entwicklungsprocesses bedingte Mischung der Menschen, ferner aber noch specieller durch den im Menschen wurzelnden instinctiven Drang nach Paarung mit den andersracigen oder andersartigen Menschen. Dieser Drang muß sich noch steigern, wenn sich die Einsicht dazu gesellt, daß durch solche Paarungen im Durchschnitt schönere, vollkommenere Kinder erzeugt werden; also wird diese Neigung auch begründet durch die Kinderliebe, die namentlich beim Weib unendlich mächtig ist.

Es steht wol außer allem Zweifel, daß die physische und besonders die geschlechtliche Mischung der verschiedenen Völker eine breite und feste Grundmauer des großartigen Prachtbaues der Völker- und Menschheitseintracht bildet.

Es ist längst bekannt, daß die Kreuzung der Thierracen wesentlich zu deren Veredelung, Erhöhung der Lebensfähigkeit und Fruchtbarkeit mitwirkt. Jeder einigermaßen verständige Thierzüchter ist hierüber im Klaren. Daß aber die hohe Bedeutung dieser Kreuzung, welche namentlich von Darwin bewiesen worden ist, auch für die Menschen gilt, ist leider noch lange nicht allgemein bekannt. Im Gegentheil erfreut sich der Alteweiberglaube von der „Reinhaltung der Race" noch seiner weitesten Herrschaft über das Volk und die „Gebildeten". Glücklicherweise können freilich solche Vorurtheile dauernd und umfassend doch nicht zur Verwirklichung gelangen: sie werden schließlich hinweggeschwemmt vom Strome der natürlichen Entwicklung.

Um die Wichtigkeit der Kreuzungen unter den Menschen zu erkennen, ist es nothwendig, einige der hauptsächlichsten Ergebnisse wissenschaftlicher Beobachtungen hier darzulegen:**)

---

*) Wir unterordnen in diesen Ausführungen die menschlichen Arten den Racen, welche Eintheilung nicht streng wissenschaftlich sein mag, aber in weiteren als fachmännischen Kreisen geläufig ist. Uebrigens ändert ja der Name nichts an der Sache.

**) Wir benützen bei den folgenden Ausführungen das 28. Capitel des mehrfach citirten Werkes von Stamm, obgleich wir uns, den Zwecken unseres Buches gemäß, hinsichtlich der Anordnung freie Hand lassen müssen.

Kreuzungen unter hochentwickelten Racen ergeben durchschnittlich noch günstigere Producte.

Ferner: „Kreuzt sich ein Mann einer **höheren** Race mit einem Weibe einer niedrigen (niederen, d. Verf.) Race, so ist das Product besserartig, als die Weiberrace war. Paart sich ein Weib dieser neu erzeugten Art wieder mit einem Mann höherer Race, so ist das Product **noch vollendeter.** Kreuzt sich dieses vollendetere Product noch einmal mit einem Mann höherer Race, so übertrifft das nun entstehende Kind an Vollendung des Kopfes und Körpers oft selbst seinen Vater. **Kurzum das Weib niedrigerer** (niederer, d. Verf.) **Race von einem Mann höherer Race befruchtet, trägt zur höheren Vollendung der Menschenrace bei.**"*)

Umgekehrt steht es, wenn sich ein Weib höherer Race von einem Mann niederer Race begatten läßt. Diese Mischung trägt zur Racenverschlechterung bei.

Ebenso ist es, wenn zwei nieder stehende Racen, z. B. Neger und Indianerin oder Negerin und Indianer zusammenkommen.

---

*) „In Nordamerika treten aber bei der Kreuzung von Negerinnen mit Weißen ganz andere Resultate zu Tage. Hat eine Negerin mit einem Weißen zu thun, so ist das Mulattenkind im Durchschnitt vollendeter als der Neger. Hat die Mulattin wieder mit einem Weißen zu thun, so erzeugt sie im Durchschnitt ein vollendeteres Gebilde, als sie selbst ist. Bei noch weiterer Kreuzung in derselben Weise entstehen in den Terzeronen und Quarteronen d. h. in Menschen, deren mütterliches ursprüngliches Negerblut drei- und viermal mit weißem Blut gekreuzt wurde, Menschen von außerordentlich schönem Typus und namentlich sind die Weiber dieser Mischung oft wahrhaft entzückend schön."

„Aehnlich ist es bei den massenhaft in Mexico und Südamerika zu beobachtenden Mischungen von weißem Blut mit **Indianerblut.** Die zweite und dritte Begattung der weiblichen Mischart mit dem Weißen erzeugt außerordentlich schöne Menschen, die im Allgemeinen an Fähigkeit und Körperschönheit die Mischungen der Weißen mit Negern bedeutend überragen. Wie schön sind oft Kreuzungen dieser Art, die man namentlich auf den Hochebenen der Cordilleren als Abkömmlinge der Gebirgsindianerinnen findet! Das vorzügliche Muskelebenmaß, die hohe Brust, das schöne Haar, die tadellosen Zähne der Indianer paaren sich hier mit der Wangenröthe und dem edlen Kopf des Europäers." (Stamm.)

Dann ist das Product gewöhnlich niedriger als die reinracigeren Eltern.

In ähnlicher Weise lassen sich diese Gesetze auch auf die Menschen a r t e n anwenden.

Die Natur will und begünstigt s o l c h e Kreuzungen, durch welche vollkommnere Producte erzeugt werden. Daher werden auch die Fälle der Racenverschlechterung trotz dem noch weit herrschenden Mangel an Einsicht in diese Dinge und trotz den in den gesellschaftlichen Einrichtungen bestehenden künstlichen Hemmnissen verhältnißmäßig selten vorkommen. „Glücklicherweise," sagt Stamm, „sind die Weiber aller Menschenracen h ö c h s t ü b e r w i e g e n d aristokratischer Natur d. h. im griechischen Sinne des Wortes, sie suchen in ihrem Drange die Kreuzung mit dem besten Blut, das sie erlangen können, und oft sind sie mit rührendster, treuester Hingabe der höheren Race zugethan, z. B. die Indianerin dem weißen Manne. Die Weiber a l l e r untergeordneten Racen suchen sich, wo man ihnen den freien Willen läßt, mit einem Manne höherer Race zu paaren."

„Die Attractionen unter Menschenarten, die sich auszugleichen haben, sind ganz unwiderstehlich. Welche fast wahnsinnige Leidenschaft haben oft südliche Weiber mit dunkele Te int, dunkelem Haar, schwarzen Augen und zartem Körperbau für stark gebaute Nordländer mit röthlichem oder blondem Haar und blauen Augen! Die Pommern und Friesen der Seeküste sind vielfach zu massiv, zu hellblondhaarig oder flachshaarig mit von arteriellem Blut strotzenden rothen Backen. Die Andalusierin ist zu blaß, zu zart, zu dunkelhaarig. Die Natur treibt sie den Blondkopf zu lieben, sich mit ihm zu paaren und ebenso gefällt dem Blondkopf die südliche Natur."

Die Völker Europa's und die weißen Völker Amerika's sind die am meisten gemischten und gekreuzten und gleichzeitig die entwickeltsten und schönsten der Erde. Alle künstliche Zerklüftung konnte den natürlichen Lauf der Entwicklung nicht wesentlich hemmen und wird ihn noch viel weniger in Zukunft aufzuhalten vermögen.

Hand in Hand mit der ökonomischen Kreuzung geht die physische, sie veredelt und einigt das menschliche Geschlecht.

Gewissermaßen kann man dem Militarismus das Gute lassen, daß er indirect zur Kreuzung der Racen und Arten insofern etwas beiträgt, als er es darauf abgesehen zu haben scheint, die Menschen zur Auswanderung zu treiben. Wir sind deshalb im ersten und zweiten Abschnitte unserer Schrift nicht näher auf die durch den Militarismus bewirkte Auswanderung eingegangen, weil letztere nur theilweise und unter gewissen Voraussetzungen zu einem gesellschaftlichen Schaden gerechnet werden kann. Im Großen und Ganzen ist das Aus= und Einwandern für die Racenkreuzung und die damit verbundene menschliche Entwicklung sehr günstig. Auf der andern Seite kommt es uns entfernt nicht bei, hierdurch dem Militarismus etwa ein Lob spenden zu wollen, sondern es trifft sich nur zufällig, daß er, der stets das Schlechte will, einmal das Gute schafft. Uebrigens würde ohne den Militarismus durch den in diesem Falle um so höheren Stand der wirthschaftlichen Verhältnisse das Aus= und Einwandern und mithin die Racen= und Artenkreuzung noch viel besser vor sich gehen.

Resumé: **Der physische Entwickelungsproceß einigt die Menschheit.**

III. Der geistige Entwickelungsproceß einigt die Menschheit.

Wie von einer ökonomischen und physischen Kreuzung, kann man auch von einer geistigen Kreuzung sprechen, welche die Menschen veredelt und versöhnt.

Natürlich ist das Geistige, wie schon früher erwähnt, nicht als etwas vom Körperlichen Unabhängiges, etwa im blauen Dunst Herumschwebendes zu denken, sondern es ist der edlere Extract der Materie, genau betrachtet also selbst Materie. Die geistige Thätigkeit des Menschen ist im Ganzen genommen dessen Gehirnthätigkeit.

Nun werden aber schon durch die Racenkreuzung nachgewiesenerweise im Durchschnitt schwerere, vollkommnere Gehirne erzeugt. Das heißt nichts Anderes, als es entsteht höhere Geistigkeit, größere Gedankenfülle, tiefere Einsicht; die Menschen werden bildungsfähiger, bildungsbedürftiger und eignen sich mehr Bildung an. Höhere Bildung fällt mit höherer Sittlichkeit zusammen, so gut als Dumm=

heit mit Schlechtigkeit. Darüber waltet indessen kein
Zweifel, daß die Menschen durch höhere Bildung,
höhere Sittlichkeit der Idee des Friedens und der
Humanität geneigter werden.

Ferner wirkt auch die ökonomische Kreuzung zur Ausgleichung
und Veredlung der Ideen und Anschauungen kräftig mit. Mit
den Menschen selbst und mit den wirthschaftlichen Erzeugnissen
kreuzen und vervollkommnen sich auch die Meinungen und Gedanken.
Daher beobachten wir unter den Völkern und besonders unter den
Culturvölkern eine fortschreitende Ausgleichung der Sitten und
Gebräuche, der Rechtsanschauungen, der Moral, der Kunst, Wissen-
schaft und Literatur und namentlich der Sprachen; denn die
Sprachen dienen zum Gedankenausdruck, zur Versinnlichung der
Ideen.

Auch im Reiche der Laute und Worte regiert der Kampf um's
Dasein, die natürliche Zuchtwahl, der Trieb nach Kreuzung. Auch
im Reiche der Sprachen besiegt und überlebt das Vollkommnere das
Unvollkommnere.

Die großen Culturssprachen breiten sich allmälig mehr und
mehr über die Erde aus, verdrängen die kleinen Sprachen und
Dialekte, indem sie zugleich deren etwaige Vorzüge und Schönheiten
in sich aufnehmen. Es ist darum sehr wahrscheinlich, daß in fernerer Zukunft die größeren Culturssprachen diesen Kampf um's Dasein
unter sich fortsetzen werden zu Gunsten einer einzigen
von allen Erdbewohnern verstandenen und ge-
sprochenen Weltsprache. Die Verwirklichung der letzten Ziele
dieses Processes liegt freilich noch in weiter Zukunft, sie wird aber
eintreten, gleichsam die Krone bildend des dann schon längst bestehenden socialen Friedensreiches.

Die Verminderung der Dialekte*) zum Vortheile der immer
weiteren Ausbildung der Culturssprachen vollzog sich schon seit langer
Zeit und vollzieht sich noch heute vor unseren Augen. Das beobachten
wir in Deutschland, in England, in Frankreich, in Italien, in

---

*) Ueber die Verminderung der Dialekte ꝛc. vergl. Stamm, 27. Cap.

Spanien. Dialekte wie das Schweizerdeutsch, das Schwäbische, das Plattdeutsch 2c. machen täglich mehr der hochdeutschen Literatur- und Culturſprache Platz. Die Indianerdialekte in Nordamerika ſind zum Theil ſchon und werden fortwährend noch mehr von dem Engliſchen verſchlungen. Das Spaniſche erfüllt in ſüdlichen Theilen Amerika's dieſelbe Culturaufgabe wie das Engliſche im Norden.

Auch die k l e i n e r e n S p r a c h e n weichen immer mehr *) den ſich ſtetig ausdehnenden größeren Culturſprachen. Das Holländiſche, das Däniſche 2c. können auf die Dauer nicht beſtehen. Schon der wirthſchaftliche Verkehr zwingt die Holländer, die Dänen, die Schweden, eine größere Culturſprache anzunehmen oder doch neben ihren betreffenden Sprachen mindeſtens noch e i n e größere, gebildete Sprache zu pflegen. Wie unvortheilhaft würde es zudem ſein, wenn beiſpielsweiſe ein däniſcher Gelehrter ein wiſſenſchaftliches Werk von allgemeinerem Intereſſe in ſeiner Sprache ſchreiben wollte: auf große Verbreitung könnte daſſelbe jedenfalls keinen Anſpruch machen. Es iſt ſicher anzunehmen, daß die Dänen und Holländer, wenn ſich im Laufe der menſchlichen Entwickelung ihr ohnehin ganz un- begründeter Deutſchenhaß mehr gelegt haben wird, ihre Sprachen mit dem Deutſchen vertauſchen werden. Den vielfach ſo brutal- dummen Tſchechenfanatikern (vgl. hierüber Stamm) bleibt ſchließlich nur die Wahl zwiſchen dem literaturarmen, ungebildeten Ruſſiſchen und der edlen und erhabenen deutſchen Sprache. Hoffentlich werden auch ſie im Laufe der Zeit ſo einſichtig werden, ſich für das Richtige zu entſcheiden.

Eine E x i ſ t e n z b e r e c h t i g u n g f ü r d i e Z u k u n f t haben überhaupt nur S p r a c h e n, welche edel und durch- gebildet ſind und von einer ſehr großen Anzahl Menſchen geſprochen werden; denn auch nur in letz- terem Falle können ſie eine große und ſchöne Literatur haben und die beſondere Beachtung der Menſchheit beanſpruchen. Dieſen Anforderungen entſprechen gegenwärtig

---

*) „Zur Zeit des Mithridates wurden in Kleinaſien wenigſtens fünf Mal ſo viele Sprachen geſprochen als heut zu Tage.“ (Stamm, S. 258.)

nur fünf: das Englische, Deutsche, Spanische, Französische und Italienische.*) Diese Sprachen oder doch die ersten vier gewinnen auch immer mehr Verbreitung über den Erdball, die andern bleiben vorläufig stabil oder gehen unter.

Wie schon angedeutet, ist anzunehmen, daß in einer allerdings noch in weiter Ferne liegenden Periode sich aus diesen Hauptculturfprachen eine einzige, von Allen ausschließlich gesprochene Weltsprache herausbilden wird. Dagegen dürfte es nicht mehr allzu entfernt liegen, daß sich (schon durch den stetig wachsenden Verkehr) in allen Ländern die Nothwendigkeit herausstellen wird, neben den bestehenden Landessprachen eine einzige, allgemein gültige Culturfprache einzuführen, sei dies nun das Englische, Französische oder Deutsche. Auf diese Weise würden alle Bewohner der Erde sich mit einander verständigen können. So ziemlich jeder Mensch, auch der einfältigste, kann zwei Sprachen erlernen. Für den internationalen Handel sind heutzutage ja schon das Englische und das Französische theilweise Weltsprachen geworden.

Alles in Allem: Der geistige Entwickelungsproceß und insonderheit die fortschreitende Erleichterung der internationalen Verständigung einigt die Menschheit.

Da man in unserer Zeit so viel von „Nationalität", „Nationalgefühl", „Nationalhaß", „nationaler Bewegung", „nationaler Begeisterung" u. s. w. sprechen hört und dadurch die „nationalen Kriege" vertheidigen will, erscheint es uns hier nicht am unrechten

---

*) „Unter den Sprachen der Culturvölker ist übrigens die englische am verbreitetsten: sie wird von 76—80 Mill. Menschen als Muttersprache geredet; die deutsche von ungefähr 48—50, die französische von 40—42, die spanische von 35—40, die italienische von ungefähr 26 Mill." (Kolb, S. 777.)

Nach einer ungefähren Schätzung von Stamm sprechen wenigstens 90 Millionen Menschen das Englische, 75 Millionen das Deutsche, 55 Millionen das Spanische, 45 Millionen das Französische.

Kolb's Schätzung erscheint uns jedoch als viel zu niedrig, die Stamm's als zu hoch gegriffen, weshalb sich im Allgemeinen die Annahme der Durchschnittsziffern empfehlen dürfte.

Platze, noch einige Worte über das „Nationalitätsprincip" zu sagen.

„Die Nationalität," meint Bernhard Becker („Der Mißbrauch der Nationalitätenlehre", Braunschweig 1873), „soll etwas Haften=des, Feststehendes, Unwandelbares sein; wäre sie es nicht, so ver=lohnte es sich kaum der Mühe, so viel Aufhebens von ihr zu machen, denn ihr Gehalt würde dann unter der Zersetzung des Kritikers in eitel Schaum und Luft zerrinnen — wie es auch wirklich der Fall ist." *)

Wie alle Dinge, wie das Recht, die Sitte, das Eigenthum, die Sprache, die Kunst, die Wissenschaft, so ist auch die „Ratio=nalität" nichts Stabiles, sondern stets im Strome der Bewegung begriffen. Die „Nationalität" hat nichts „Haftendes", „Unwandel=bares" an sich, und der Mangel dieser Eigenschaften hebt das auf, was ihr Wesen ausmachen soll, hebt sie selbst auf.

Um die Haltlosigkeit des „Nationalitätsprincips" noch etwas weiter zu verfolgen, wollen wir uns ein wenig mit einigen der angeblich wichtigsten Kennzeichen der Nationalität beschäftigen.

Da wird zunächst die Abstammung genannt. Nun weiß in=dessen jeder Geschichtskundige, daß dieselbe heute rein und ungemischt nirgends zu gewahren ist. Sind denn nicht die Italiener, Ameri=kaner, Engländer, Deutschen, Franzosen, Spanier, Griechen, Belgier, Holländer, Schweizer und überhaupt die allermeisten Völker aus zahllosen Mischungen von „Völkerstämmen" hervorgegangen? Jedoch auch die sogenannten Stämme sind Producte aller möglichen Mischungen und Kreuzungen, so daß sich der „Ursprung der Natio=nen" in einem undurchdringlichen Schleier birgt.

Mag man auch den „Ursprung" der Menschen auf gewisse Thierarten zurückführen — wie dies hervorragende Gelehrte thun — so ist damit für die Bestimmung der Nationalitäten noch nichts geholfen; denn dann müßte man wieder den Ursprung dieser Thier=arten verfolgen, was aber den größten Naturforschern im günstigsten

---

*) Daß dies der Fall ist, hat Becker in dem citirten Buche in seiner scharfsinnigen Weise auf's Glänzendste bewiesen.

Falle auch immer wieder nur bis zu einem gewissen Grade gelingen könnte, da sich eben jeder Ursprung in der Unendlichkeit der Materie verliert. Wären aber selbst die „Stämme" gefunden, so ist dies doch für die Nationalitätenlehre ganz werthlos, da die Menschen, wie schon oben angedeutet, heutigen Tages längst mit einander vermischt sind. „Leute mit mongolischem, malaiischem, australischem, papuanischem, Neger= und Negrillo=Typus, äthiopische, arabische, abyssinische Erscheinungen kann der aufmerksame Beobachter in •jedem Lande Europa's entdecken. Selbst der hottentottische Gesichtsausdruck fehlt nicht, wenn selbiger gerade auch nicht die Warzen des Pfeffer=kopfes mit sich führt." (Becker.)

Würde man endlich — wie dies in ihrer kindlichen Anschauungs=weise die Bibel thut — die Menschheit von einem einzigen Menschen=paar ableiten, nun, wozu dann der ewige Nationalitätsstreit? Alle Menschen bildeten dann eine Nation. Freilich würde dadurch abermals der Begriff derselben aufgehoben, da die Nation doch eine begrenzte, gesonderte Menschengruppe darstellen soll.

Ueberhaupt widersprechen sich die Naturforscher über die Ab=stammung der Menschen vielleicht mehr, als es alle Juristen der Welt jemals über einen Streitpunkt fertig zu bringen vermöchten. Bald wurde die Entstehung der Menschen in den Kaukasus, bald, wie Dr. Prichard und Sir W. Jones wollen, nach Oberasien, bald, wie Dr. Pickering thut, nach Afrika verlegt. „Ja sogar in Schweden hat man die Menschen entstehen lassen." (Becker.)

Daß ferner die Sprachen nicht als Kennzeichen der Natio=nalität dienen können, geht schon daraus hervor, daß sie sich fort=während verändern. Somit müßten sich ja auch die Nationalitäten ändern, was im Widerspruch mit deren Wesen stände. Demnach hätten z. B. die Deutschen schon manchmal ihre Nationalität ge=wechselt. — Sollten sich vielleicht die Nordamerikaner in so viele Nationalitäten auflösen, als es in Nordamerika Sprachen gibt? — Sollten sich etwa die Schweizer, die sich bisher doch als eine Nation betrachtet haben, in eine deutsche, französische und italienische Nationalität zerklüften? — Wie steht es mit Grenzvölkern, bei welchen sehr häufig zwei Sprachen neben einander existiren? —

(Elsaß-Lothringen, Triest u. a. m.) Und wenn ferner ein Mensch seine Muttersprache mit einer andern Sprache vertauscht, hätte er dadurch seine Nationalität gewechselt? — Jemand, der mehrere Sprachen spricht, gehört er vielleicht mehreren Nationalitäten an? — Wie liegt der Fall z. B. bei Kindern aus einer deutsch-französischen Mischehe? Der Jurist würde im speciellen Falle diese Frage ohne Schwierigkeit beantworten, aber Derjenige, welcher die Nationalität nach der Sprache bestimmen will, dürfte wol in Verlegenheit gerathen. — Wie reimt sich „Muttersprache" und „Vaterland" zusammen? — Auch kommt es vor, daß Jemand seine „Muttersprache" gar nicht kennt, sondern von Jugend auf eine fremde Sprache erlernt — wie dann? Nehmen wir den Fall an, ein junger Deutscher werde von Hottentotten erzogen und erlerne nur deren Sprache, die dem Geschrei des Truthahns ähneln soll, ist er hottentottischer Nationalität? — Wem nun die Sprache ganz fehlt, der soll wol gar keine Nationalität haben? — —

Mit Einem Worte: Durch die Sprachen läßt sich das Nationalitätsprincip nicht befestigen.

Sollte man noch mit den politischen Nationalitäten ins Feld rücken? Nun, daß diese alles Andere, nur nichts „Feststehendes", „Unwandelbares" an sich tragen, bedarf wol kaum der Erwähnung.

Becker hat Recht: „Der Glaube an die Nationalität des Volkes ist Gefühlsseligkeit und Aberglaube."

Zum Glück wird der Nationalitätsfanatismus im Strudel der Zeit verschwinden, um dem durchaus nicht „blassen", sondern rothwangigen und lebenskräftigen Kosmopolitismus Platz zu machen. Die Nationalitätsschwärmerei ist namentlich bei Gemüthsmenschen, die sich bekanntlich für ganz windige Dinge zu begeistern vermögen, stark vertreten. Man weiß aber, daß das Gemüth nur auf Kosten des Verstandes gedeiht, weshalb namentlich alte Jungfern beiderlei Geschlechts und Kinder durch den Einfluß des Gemüths so stark zu leiden haben. In Zukunft wird es sich immer mehr in die Kinderstube retiriren oder vielleicht auf Marlitt'sche Romane verfallen.

Ernsten Männern fallen höhere Aufgaben zu als sich für den Nationalitätsschwindel zu enthusiasmiren, welcher bis auf heute nur dazu gedient hat, die Freiheitsbestrebungen der Völker in absolutistisches Fahrwasser zu lenken, wie die Geschichte der jüngsten Zeit namentlich an dem Beispiele Italiens und Deutschlands zeigt. **Alle Demokraten, die sich dem Nationalitätsglauben ergaben, sind bis heutigen Tages um den Lohn ihrer volksfreundlichen Bestrebungen betrogen worden!**

Der Kosmopolitismus schließt den wahren Patriotismus nicht aus, im Gegentheil weckt er ihn;[*] er schließt nur die Nationalarroganz und die affenartige Vaterlandsvorliebe aus. Es wird erzählt, daß die Affen in übergroßer Zärtlichkeit ihre Kinder durch allzu leidenschaftliche Umarmungen todtdrücken. Möchten die deutschen „Nationalliberalen" dieses Exempel beherzigen!

Der Nationalliberalismus steht im Widerspruche mit sich selbst, da eine wahrhaft liberale Gesinnungsart die nationale Beschränktheit gar nicht zuläßt.

Den Fremdenhaß, welcher die nothwendige Folge der Nationalitätstheorie ist, findet man fast immer bei solchen Leuten, welche die Fremden nicht kennen. Wer dagegen fremde Völker studirt hat, der haßt sie nicht, dem sind sie nicht mehr fremd. Er wird sich sagen: «Homo sum, humani nihil a me alienum puto!» —

Alles in Allem betrachtet halten wir uns zu dem Ausruf berechtigt: Die Zukunft gehört dem Kosmopolitismus![**]

---

[*] „Sein Vaterland selbst lernt man erst vollständig kennen und schätzen in dessen Wechselbeziehungen zu anderen Völkern. Aus dieser Einsicht entspringt dann eine sympatische Stimmung, die das genaue Gegenteil der widerwärtigen National-Arroganz ist, d. h. jenes handwerksmäßigen Patriotismus, der sich mit der Phrase brapirt, — eine Stimmung, die auf die internationalen Beziehungen der Völker einen segensreichen Einfluß ausüben müßte." (Dr. Paul Schramm, „Grundgedanken und Vorschläge zu einem deutschen Unterrichtsgesetz", Zürich 1877, Verlags-Magazin, S. 36/37.)

[**] 1) Wenn wir an anderen Stellen unserer Schrift das Wort „Nation" („Nationalität") brauchen, so steht dies nicht im Widerspruch mit den obigen Erörterungen, welche die Haltlosigkeit der Nationalitäten-Lehre zeigen sollen,

Der **Religionshaß** (f. S. 93), welcher fo oft zur Ver-
anlaffung von Kriegen wurde, wird in Zukunft ebenfo verschwinden
wie der Nationalhaß, und zwar aus dem einfachen Grunde, weil
die Religion überhaupt aufhören wird.

Die Wiffenfchaft hat mit unwiderleglicher Schärfe bewiefen,
daß man allen fogenannten Religionsdogmen keinen größeren Werth
als den der abgeschmacktesten Ammenmärchen beizulegen hat. Nach
allem menfchlichen Denken gibt es weder ein „Fortleben der
Seele", noch einen „lieben Gott", noch eine „ewige Verdammniß",
noch eine „ewige Seligkeit". **Was aber nicht durch menfch-
liches Denken erkannt werden kann, exiftirt für den
Menfchen nicht.**

Die Religionen haben von jeher nur als Mittel zur Volks-
bedrückung, zur Befriedigung der schändlichsten Leidenschaften Einzelner, namentlich der Habgier der Priefter und Derjenigen, welche
mit ihnen gemeinfame Sache machten, gedient. **Einen ganz beträchtlichen Theil aller Uebel, welche bis heute über
die Welt hereingebrochen find, haben die Religionen
verfchuldet.**

Zum Glück werden in immer weiteren Kreifen die Refultate

------

da wir dann das Wort in der Regel im Sinne von „Staat", „Volk" u. dgl.
anwenden.

2) Gegen den Kosmopolitismus poltert auch ein Herr Profeffor Dr. Edmund
Pfleiderer in einer Brochure „Kosmopolitismus und Patriotismus" (Berlin 1874).
Man wird es uns hoffentlich nicht verdenken, wenn wir auf diefe Brochure,
in welcher der genannte Herr feine „Zeit- und Streitfrage" eine Frage der
philofophifchen Moral fein läßt, nicht näher eingehen, weil Herr Pfleiderer in
feiner ganzen 40 Seiten ftarken Schrift gar nichts beweist, fondern überall, wie er
fich felbft ausdrückt, „nur nachfühlt, fchließlich aber Jedermann zu-
muthet". Fürwahr eine curiofe Zumuthung! Nach ächt nationalliberaler Art
„ftreift er" fogar „ein Wort des größten deutfchen Mannes der Gegenwart
leicht an". Nebenbei bemerkt paßt das angeftreifte Wort zu feiner ganzen
Brochure wie die Fauft auf's Auge. Aber was fchadet das? Man kann
doch keine Gelegenheit vorübergehen laffen, um fich an den
größten deutfchen Mann der Gegenwart anzuftreifen! O! über
diefe nationalliberalen, moralphilofophifchen „leichten Anftreifer" und „Nachfühler"!

wiſſenſchaftlicher Forſchung anerkannt; das Morgenroth der Auf=
klärung bricht an, die Menſchheit errettend aus Geiſtesnacht und
religiöſer Verſumpfung.

. Schon zu allen vergangenen Zeiten waren die größten Denker
und Forſcher gleichzeitig auch die Ungläubigſten, zum großen Theil
gänzlich religionslos und atheiſtiſch; aber leider war die Ueber=
zeugung einzelner geiſtig Bevorzugter noch nicht Gemeingut des
Volkes. Heute jedoch zählen die Religionsloſen und Atheiſten zu
vielen, vielen Millionen. Das arbeitende Proletariat Frankreichs
und Deutſchlands iſt faſt ausnahmslos atheiſtiſch! Um die Fahne
der Religionsloſigkeit werden ſich zukünftig immer größere Maſſen
ſchaaren; denn jede Wahrheit gelangt ſchließlich, wenn auch noch
ſo langſam, wenn ihr auch noch ſo große Schwierigkeiten und
Hinderniſſe bereitet werden, doch zum Sieg.

Glücklich und wohllebend werden die Menſchen erſt dann
werden, wenn es ihnen klar iſt, daß es für ſie keinen andern
Genuß als den irdiſchen Genuß, kein anderes Glück als das irdiſche
Glück gibt; denn nur dann werden die Menſchen darnach trachten
und alle ihre Kräfte daran ſetzen, ſich die Erde möglichſt ſchön
einzurichten.*) Wenn dagegen die Menſchheit das Heil außerhalb
der Erde ſucht, ſo wird es ihr gleichgültig ſein, wie es auf der=
ſelben ausſieht. Je mehr ſich die Menſchen auf die Himmelsfreuden
verlaſſen, welche nach den Lügen der Religion all' das irdiſche Leid
in reichlichem Maß erſetzen ſollen, deſto mehr degradiren ſie ſich
zu energieloſen Träumern, zu entnervten Faulpelzen.

Nach und nach muß das Volk dahin gelangen, daß es ſich
mit den faulen Wechſeln auf die ewige Seligkeit nicht mehr abſpeiſen
läßt, ſondern Zahlung in baarer Münze verlangt, die ihm für ſeine
Arbeit zukommende Zahlung! Die Menſchen werden fordern:

---

*) „Wir ſind auf die Erde gekommen, ohne einen Vertrag, von deſſen
Erfüllung unſer Daſein und Wohl auf Erden abhängig wäre, mit einem über=
menſchlichen Weſen abgeſchloſſen zu haben. Darum haben wir auch keine Pflicht
zu fragen, ob es irgend einem ſolchen Weſen gefällt oder nicht gefällt, wie wir
auf der Erde uns einrichten wollen." (Friedrich Feuerbach, „Menſch oder Chriſt?
Sein oder Nichtſein?" Nürnberg 1845.)

„Wir wollen auf Erden glücklich sein,
Und wollen nicht mehr barben,
Verschlemmen soll nicht der faule Bauch,
Was fleißige Hände erwarben!"   (Heine.)

Wenn ein Sonderling Geschmack daran findet, dereinst auf
Abraham's Schose geschaukelt zu werden oder als nackter Engel
auf den Regenwolken herumzuklettern, nun so wollen wir ihn in
seinem Privatvergnügen nicht stören. Wir aber verlangen
Glück und Genuß auf Erden, Genuß, viel Genuß,
materiellen und sogenannten geistigen, so viel Genuß als
möglich und unserer Gesundheit nicht schädlich, Genuß durch
unsere Arbeit!

Sehr wahr sagt der Philosoph Feuerbach: „Wir sind in
unserm vollen Rechte, wenn wir hier auf Erden glücklich sein wollen,
glücklich ohne andere Schranken als solche, die theils in der har=
monischen Befriedigung unserer ganzen Natur, theils im natur=
gemäßen Wohl Aller begründet sind. Suchen wir irgend ein über=
irdisches, übernatürliches Heil, wie das Vergnügen des Frommen
im Umgange mit seinem Gott, u. dgl. m., so muß ein solches
Streben, da es nur aus Verachtung unseres natürlichen Glückes
hervorgehen kann, nothwendig zur Aufopferung desselben, und des
natürlichen Lebens überhaupt, zum Tod und Verderben der Mensch=
heit führen. Ein solches Heil als unser wahres Ziel selbst
anzustreben und Andern darzustellen, sind wir, vom sittlichen
Standpunkt aus, unberechtigt; denn dies heißt in seinen letzten
unausbleiblichen Folgen so viel als die Aufreibung der Menschheit
uns zum Gesetze machen."

Der Erlangung irdischen Glückes steht die Religion
im Wege. Deshalb werden die Menschen sich ihrer
entledigen.

Die Zukunft gehört der Wissenschaft und nicht
dem blinden Glauben; die Zukunft gehört der Mensch=
lichkeit und Sittlichkeit und nicht religiös=fanatischer
Verthierung! Die Zukunft gehört der Religions=

losigkeit, dem Atheismus! Keine Sittlichkeit ohne
Religionslosigkeit und Atheismus!

Mit dem Untergang der Religionen verschwindet
selbstverständlich der Religionshaß, werden Religions-
kriege unmöglich.*)

Einen weitern Einwand, der, so wenig scharfsinnig er auch
ist, doch nicht allzuselten gegen die Nothwendigkeit und Nützlichkeit
des Aufhörens der Kriege vorgebracht wird, bildet die bereits am
Eingange dieses Abschnittes (s. S. 94) erwähnte Befürchtung
einer Uebervölkerung, der der Krieg entgegenzuarbeiten bestimmt sei. Man glaubt nämlich, daß, wenn sich
dem Wachsen der Bevölkerung nicht von Zeit zu Zeit große,
Menschenleben vernichtende Ereignisse, wie Seuchen, Ueberschwemmungen und namentlich — worauf es hier ankommt — Kriege
entgegenstellen würden, eine derartige Volksvermehrung eintreten
müßte, daß die Subsistenzmittel nicht mehr zum Unterhalt aller
Menschen ausreichen könnten.

Die Popularität dieser Ansicht ist vielfach der cynisch-bigoten
Bevölkerungstheorie des englischen Theologen Malthus zuzuschreiben.
Die Grundidee dieser Theorie gipfelt in dem Satze, die Volks-
vermehrung habe die Tendenz in geometrischer Progression (1, 2,
4, 8 2c.) zu wachsen, die Unterhaltsmittel selbst unter den günstigsten
Umständen nur in arithmetischer Progression (1, 2, 3, 4 2c.).

*) Atheistische und religionslose Philosophen haben — um mit der
herkömmlichen Anschauungsweise nicht gänzlich zu brechen — den Begriff
Religion für Moral (Sittenlehre) gesetzt ebenso wie den Begriff Gottheit für
Natur oder Weltall. Dies erscheint uns jedoch unzulässig, da die Religion auf
Glauben an übernatürliche Dinge beruht, welchen die Moral gar nicht benöthigt.
Ebenso verbindet man mit dem Begriff Gottheit stets etwas Persönliches, und
dieser kann daher correcterweise nicht für Natur oder Weltall gesetzt werden,
welche keinen persönlichen Charakter tragen. Derartige Verwechselungen der
Begriffe führen jedoch beim Publikum, welches oft geneigt ist, die Ausdrücke
wörtlich zu nehmen, ganz unnöthigerweise zu irrigen Vorstellungen.

Ohne uns specieller auf diese Malthus'sche Theorie, die nicht blos in den auf die Volksvermehrung angewandten Consequenzen der obigen einfachen Zahlenreihen zum handgreiflichsten Unsinn führen müßte, sondern sich auch sonst in ihren weiteren Ausführungen in solchen theologisch-verworrenen Nebelbildern verliert, daß sie gar keiner ernsten Kritik würdig erscheint, einzulassen, werden wir zeigen, daß die Uebervölkerungsfurcht überhaupt auf ganz unnützer Gespensterseherei beruht.

Eine Uebervölkerung kann in Wirklichkeit gar nicht existiren, wohl aber leiden wir auf das Fühlbarste an einer Untervölkerung. Eine großartige Zunahme der Bevölkerung, hauptsächlich arbeitender, soll man nicht als Schreckgespenst ansehen, sondern als wohlwollenden und menschheitsliebenden Genius begrüßen. Um die Erde ergiebiger, wohnlicher und schöner zu gestalten, fehlen uns noch sehr, sehr viele Menschen. Man muß doch bedenken, daß sich mit einer Volkszunahme nicht nur die Zahl der Zehrer, sondern auch die Zahl der Ernährer vermehrt. Gewiß keine allzukühne, wenn auch nicht ganz buchstäblich zu nehmende Behauptung ist es, wenn wir sagen: Würde sich die Zahl der Menschen verdoppeln, so würde sich die gesellschaftliche Production vervierfachen; denn je größer die Volksvermehrung, in desto umfassenderer Weise sind die ökonomischen Principien der Arbeitsgliederung und Arbeitsvereinigung realisirbar. Natürlich kommt es nicht allein auf eine absolute Vermehrung der Kopfzahl an, sondern auf die Zunahme productiver Menschen; übrigens sorgen für eine physische und geistige Menschheitsveredelung (und d. h. gleichzeitig Erhöhung der Productivität) ja schon die durch den ökonomischen Entwicklungsproceß sich bessernden materiellen Lebensbedingungen, sowie die Gesetze der natürlichen Zuchtwahl und der Racenkreuzung.

Betrachten wir nun den jetzigen Stand der Bevölkerung und der Größe der Erde, über welchen uns Kolb (S. 773) folgenden Gesammtüberblick bietet:

	Geogr. Q.-M.	Menschenzahl	Auf die Q.-M.
Europa	178,800	300 Mill.	1,680
Amerika	750,000	88 „	117
Asien	815,000	750 „	920
Afrika	545,000	120 „	220
Australien u. Oceanien	160,000	3 „	18
Gesammtsumme ungef.	2,450,000	1,261 Mill.	515

Nach der vorstehenden Zusammenstellung ergibt sich eine Gesammtsumme der Menschen von 1261 Millionen. Sagen wir, unter Berücksichtigung der mannigfachen Unsicherheiten in den Schätzungen: die Zahl aller auf der Erde dermalen lebenden Menschen dürfte sich auf 1,250 bis 1,300 Millionen belaufen. Behm und Wagner schätzen, wie Kolb (S. 774) mittheilt, die Gesammtbevölkerung der Erde auf 1,391,030,000. Larroque («De la guerre», Paris 1864) nimmt circa 800 Millionen an, Professor Dieterici (i. J. 1858) 1,283,000,000. Die Schätzung Kolb's erscheint uns als diejenige, welche der Wahrheit am nächsten kommt, weshalb wir uns an sie halten wollen. Nun sie zeigt uns fürwahr, daß die Erde noch sehr viel Raum hat. Amerika ist mehr als viermal so groß als Europa und hat dabei nur circa den dritten Theil der Einwohnerzahl Europa's. Und welch' unendlicher Bodencultur allein ist Amerika noch fähig! Afrika ist circa dreimal so groß als Europa und hat nicht halb so viel Einwohner als letzterer Erdtheil. Auch Asien ist, wie obige Tabelle zeigt, verhältnißmäßig viel schwächer bevölkert als Europa. Australien ist um Weniges kleiner als Europa und hat dabei nicht viel mehr Einwohner als die Schweiz oder das Königreich Sachsen. Australien ist ebenfalls einer großartig erweiterten Bodencultur fähig. Kurz wir sehen, daß wir uns um eine „Ueberbölkerung" nicht zu ängstigen brauchen.

Nehmen wir selbst an, die Erde wäre noch so stark bevölkert, so würde man durch allerhand chemische und technische Erfindungen und Verbesserungen neue Unterhaltsmittel schaffen.

Die Menschen können übrigens von der Erde nichts hinwegtragen, weder Nahrung noch Kleidung; alles was sie consumiren, borgen sie gleichsam nur, um es, wenn auch in veränderter Form, der Erde wieder zurückzugeben, wie sie schließlich selbst ihre Körper der Erde wiedergeben müssen; alles geht in neue Stoffveränderung über und dient später in dieser oder jener Form, direct oder indirect wieder den Menschen.

Wenn aber wirklich eine „Uebervölkerung" existiren könnte, so wäre es doch immerhin ein curioses Mittel, derselben durch den Krieg abhelfen zu wollen; denn mit den Menschen werden doch nicht nur Consumenten, sondern auch die t ü c h t i g s t e n, weil die jüngsten und gesündesten, P r o d u c e n t e n getödtet. In einer Besprechung der Malthus'schen Theorie bemerkt treffend Dr. E. Dühring („Kritische Geschichte der Nationalökonomie und des Socialismus", Berlin 1871): „Doch möchte die Erwähnung des Krieges" (als Mittel gegen das Volkselend, welches durch zu starke Bevölkerung herbeigeführt sein soll) „als etwas bezeichnet werden können, was bei Jemand, der die volkswirthschaftlichen Wirkungen desselben kennt, einigen Humor erregen muß. Die unmittelbare Wirkung der Kriege besteht regelmäßig darin, die Fähigkeit der Production ganz unverhältnißmäßig stärker einzuschränken, als die Anzahl derjenigen, welche auf Nahrung Anspruch machen."

Nach dem Kriege würde die Bevölkerung größeren Mangel an Existenzmitteln leiden als vorher. — Wohl drängt sich auch der Gedanke auf, daß die Menschen klüger daran thäten, nicht erst so viele Nachkommenschaft zu erzeugen, als sie hinterher wieder todt zu schießen.

Der Fall einer momentanen, l o c a l e n, zu großen Dichtigkeit der Bevölkerung kann allerdings eintreten, dagegen hilft aber ja als bestes Mittel die A u s w a n d e r u n g. Meistentheils ist indessen die Dichtigkeit der Bevölkerung gerade ein Zeichen relativ günstigerer, ökonomischer Verhältnisse, wie dies das Beispiel Englands und Belgiens zeigt, während durchschnittlich die am schwächsten bevölkerten Landstriche gleichzeitig die ärmsten sind.

Wenn es in der Welt viel Noth und Elend gibt, so liegt dies nicht an einer „U e b e r v ö l k e r u n g", sondern vorherrschend an der Ausbeutung des Volkes durch den Militarismus, den Krieg, die Priesterherrschaft und den großen privaten Grund- und Capital-besitz. *)

Facit: Eine Uebervölkerung ist unmöglich, und wenn sie selbst möglich wäre, so wäre der Krieg das unrichtigste und absurdeste Mittel ihr entgegen-zuarbeiten.

Mit den ganzen bis hierher gegebenen Ausfüh-rungen ist auch gezeigt, daß — um die am Eingange (s. d.) dieses Abschnittes citirten Worte zu benutzen — wenn auch Kampf und Krieg so alt als das menschliche Ge-schlecht oder gar noch älter sein mögen, wenn auch die Menschen sich niemals in Engel verwandeln und Privatstreitigkeiten Einzelner vielleicht immer exi-stiren mögen, Militarismus und Krieg doch gegen-wärtig auf ihrem Culminationspunkt angelangt oder doch demselben sehr nahe sind, um von ihm ihrem schnelleren oder langsameren Ende entgegenzu-treiben.

Es wäre nun verkehrt, wenn wir den früher geschilderten menschlichen Entwickelungsproceß, der uns zum Frieden führen wird, sozusagen allein laufen lassen und unsere Hände beschaulich in den Schooß legen wollten. Nein, wir können und sollen, that-kräftig intervenirend, eingreifen, um den Proceß zu beschleunigen. An uns liegt es, ob wir die Segnungen einer friedlicheren Zeit schon in nächster Zukunft genießen werden oder ob ihr Eintritt auf ferne Zeiten hinausgeschoben wird. Wir können den natür-lichen Verlauf der Entwicklung durch einsichtsvolle Förderung heilsam unterstützen, ebenso wie wir ihm künstliche Hemmnisse bereiten können. Die Wahl kann für den Denkenden nicht zweifelhaft sein.

*) Die großartige und schamlose Volksausbeutung durch die Capitalisten hat namentlich der eminente Philosoph und Socialökonom Karl Marx in seinem Buche: „Das Capital. Kritik der politischen Oekonomie" auf das Ausführlichste und Unwiderleglichste nachgewiesen.

Der erste aber zugleich wichtigste Schritt zur Abhülfe eines Uebelstandes ist immer die Erkenntniß
desselben durch die Kritik. Die vulgäre Ansicht: „Kritisiren
ist leicht, besser machen aber schwer" dürfte erst Wahrheit enthalten, wenn man sie geradezu auf den Kopf stellt. Das kritische
Erkennen fauler Gesellschaftszustände ist durchaus
nicht leicht. Sind sie aber in ihrem ganzen Umfange
erkannt, ist ihr fauler Kern seiner oft glänzenden
Schale entblößt und Jedermann klar sichtbar, so ist
die Umänderung zum Bessern gewöhnlich sehr leicht.

Auf das Erkennen kommt es also an, auf die
bessere Einsicht und noch mehr darauf, daß dieselbe
sich in möglichst weiten Kreisen verbreitet. In diesem
Sinne zu wirken, die Gleichgültigkeit und Denk-
faulheit der Massen zu bannen, den schlechten Zuständen die heuchlerische Maske abzureißen und dieselben in ihrer ganzen nackten, wenn auch noch so
ekelerregenden Gestalt an das Licht zu ziehen, um sie
der Schande preiszugeben, Entrüstung und die tief-
gehendste Unzufriedenheit über sie im weitesten Umfange bei den Mitmenschen zu erregen, — das ist die
Aufgabe, welche jedem Besserdenkenden, jedem Ein-
sichtigeren zufällt. Die begründete Unzufriedenheit
ist die Mutter alles Fortschrittes, der dumpfe In-
differentismus dagegen eine Ursache aller gesellschaftlichen Mißstände.

Alle gesellschaftlichen, öffentlichen und politischen Einrichtungen beeinflussen mehr oder
weniger die materiellen und geistigen Interessen
eines Jeden. Ein Jeder hat darum das Recht, ja
sogar die Pflicht, sich mit ihnen nach seinen Fähigkeiten zu beschäftigen. Es ist geradezu jammerwürdig, daß
man so oft (namentlich in Deutschland) mit dem Tone eines gewissen Selbstbehagens sagen hört: „Ich kümmere mich nicht um
Politik." Wer nicht durch Krankheit oder sonstige äußere

10

Umstände absolut abgehalten ist, sich um das öffentliche Leben zu bekümmern und es dennoch nicht thut, verletzt seine Pflichten als Mensch und als Bürger, zeigt sich einer unwürdigen Trägheit und Feigheit. Jeder Einsichtigere soll daher dazu beitragen, die Leute aus der politischen Lethargie aufzutrommeln, die staatlichen Mißstände und besonders deren größten, den Militarismus, zu gebührender Würdigung zu bringen. Jeder Einsichtigere soll in dieser Weise wirken, so weit es in seiner Macht steht, — im Kreise von Bekannten, in der Familie, in öffentlichen Versammlungen, in Bildungsvereinen, auf den internationalen Congressen für politische oder sociale Angelegenheiten, durch die Presse, durch Flugschriften ꝛc.

Namentlich ist zu beachten, daß das gesprochene Wort eine bedeutend größere Wirkung ausübt, als das geschriebene. Im engern Kreise wird keine Rednergabe verlangt; im weitern aber, in welchem diese Fähigkeit unerläßlich ist, mögen Diejenigen, welche ordentlich aber nicht frei zu sprechen verstehen, zum Vorlesen nicht allzulanger Schriften greifen. Für die große Mehrzahl der Menschen ist der lebendige mündliche Vortrag guter Schriften bedeutend überzeugender, packender und genußreicher, als das eigene Lesen derselben. Gute ernste Bücher finden im Durchschnitt theils wegen der Schlafmützigkeit, theils wegen des von oben herab systematisch corrumpirten Geschmackes der meisten Menschen fast ausnahmslos keinen großen Leserkreis. Gemüths- und phantasievolle Romane und ähnliches seichtes Zeug werden dagegen zu Hunderttausenden von Exemplaren verkauft. Sind so auf angedeutete Weise die Schäden des Militarismus in den weitesten Kreisen bekannt, und lernt man namentlich auch einsehen, daß die Gesellschaft ohne Krieg und Militarismus nicht nur bestehen, sondern sogar tausendmal besser bestehen kann, so

wird man auch durch jedes „anständige Mittel"
dahin wirken, das Uebel zu entfernen.

Viele Menschen kennen nämlich die traurigen Wirkungen
dieses gesellschaftlichen Uebelstandes, können sich aber nicht vorstellen,
daß er entfernt werden kann.

Daß Letzteres aber der Fall ist, glauben wir fast überaus-
führlich gezeigt zu haben. Der Glaube von dem niemaligen
Aufhören der Kriege beruht zum guten Theil auf dem Schwindel,
welcher, von einzelnen interessirten Leuten ausgehend, dem Volke
durch die Erziehung, die Schule, die Presse, durch die von oben
herab fabricirte und dirigirte „öffentliche Meinung" eingeimpft
wird. Daß es nicht utopistisch ist, daß Krieg und
Militarismus aufhören werden, haben wir dar-
gelegt. Utopistisch ist dagegen die Auffassung, —
das können wir getrost behaupten — daß Krieg
und Militarismus in der bisherigen Weise sich
weiter auszudehnen im Stande sind, ohne die
Culturarbeit von Jahrtausenden, ja ohne die gesammte Menschheit selbst radical zu vernichten.
„Der Krieg wird den Krieg vernichten," soll einst ein großer Feldherr gesagt haben; und dies wäre auch vollkommen richtig, wenn
die Kriege sich in der bisherigen Weise wiederholen und weiter
ausdehnen würden. Dann müßte allerdings der Krieg nicht nur
den Krieg, sondern überhaupt die Menschheit bis auf den letzten
Mann vernichten. Nur gemach! So weit werden wir es denn
doch nicht kommen lassen. Die Menschheit muß und wird
endlich zu der Ueberzeugung gelangen, daß Krieg
und Militarismus keine „nothwendigen Uebel"
sind, und daß alles das, was man zu deren Vertheidigung geltend macht, ein hinfälliges Karten-
haus des Humbugs ist, welches nur deshalb bis
jetzt noch nicht zusammengebrochen, weil man streng
zu vermeiden verstand, es der Richtung eines kri-
tischen Windhauches auszusetzen.

Jede neu erkannte Wahrheit ist immer anfangs das Eigenthum Eines oder Weniger, welche man nach Kräften zu verspotten sucht, wenn man sie nicht gar in's Gefängniß oder in's Irrenhaus sperrt. Einer oder der anderen dieser Eventualitäten waren, so lange die Erde steht, bis auf den heutigen Tag alle Menschen, welche neue und wahre Ideen verfochten oder verbreitet haben, unterworfen. *) Allein man kann die Verbreiter in's Gefängniß werfen oder verbrennen, der Wahrheit thut man damit keinen Schaden; im Gegentheil fördert man ihre Verbreitung dadurch nur noch mehr. Die Wahrheit ist unsterblich! — Ist jedoch eine neue Erkenntniß einmal zum Gemeingut einer gewissen Anzahl Menschen geworden, so verbreitet sie sich bald mit rapider Schnelligkeit. So war es mit der modernen, socialistischen Idee, so ist es mit der Idee des Friedens.

Der Mensch ist den Ideen ungemein zugänglich, deren Verwirklichung er wünscht. Die Menschen, zumal heutigen Tages, sind vorherrschend Egoisten. Ist ihnen nun klar, daß ohne Krieg und Militarismus ein größerer Vortheil für sie herauskommt, so werden sie suchen, sich diese Uebel vom Halse zu laden. Der $^{99}/_{100}$ Mehrzahl der Menschen wird endlich begreiflich werden, daß aus der bisherigen Wirthschaft nur Nachtheil für sie entspringt, welcher sich durch den Frieden in Vortheil und Annehmlichkeit umwandeln wird. Ein directes Interesse am Militarismus und Krieg können doch nur Militärtuchlieferanten und Könige, Kriegsanleihen-

---

*) „Die Wenigen, die was davon erkannt, die thöricht g'nug ihr volles Herz nicht wahrten, dem Pöbel ihr Gefühl, ihr Schauen offenbarten, hat man von je gekreuzigt und verbrannt."

(Goethe.)

aufbringungsbeflissene und Minister, Mauser-
gewehrfabricanten und Marschälle, Marketender
und Officiere haben. Kann sich ein anderes Resultat hieraus ergeben, als daß so ziemlich alle
Menschen den Frieden wünschen, und wenn sie
wissen, daß ein solcher überhaupt möglich ist, mit
ganzen Kräften für ihn eintreten werden?

Auch die Besitzenden können kein Interesse an
der Militärwirthschaft haben. Wer glaubt, daß
der Besitz durch den Militarismus befestigt wird,
ist arg im Irrthum. Gerade in Ländern, in welchen
die Militärherrschaft die geringste Ausdehnung hat,
wie in England, ist das „Eigenthum" „am meisten
geschützt".

Wird der ökonomisch=historische Entwicklungsproceß von den heutigen abweichende Ideen über das
Eigenthumsrecht mit sich bringen, so wird keine Macht
der Erde eine Umänderung des letzteren verhindern
können, am letzten der Militarismus, dessen Grund=
wesen die Verschlingung „fremden" und die Be=
schützung gestohlenen „Eigenthums" ausmacht.

Die an das Volk herantretenden gesellschaftlichen Fragen sind
nach dem Grundsatze zu entscheiden: Alles begünstigen, was
den Krieg und den Militarismus hemmt, Alles bekämpfen, was ihn fördert. Zaubermittel, durch welche sich
eingewurzelte Uebel von heute auf morgen wegblasen ließen, haben
wir nicht, wohl aber können wir gleich dem verständigen Arzt
handeln, welcher den Lauf der Natur heilsam unterstützt. Es kann
nach obigem Grundsatz und angesichts unserer früheren hierauf
bezüglichen Erörterungen nicht mehr sehr schwierig sein, einige der
wichtigsten volkswirthschaftlichen Fragen, z. B. die Schutzzollfrage,
die Staatsanleihens= und Kriegsschatzfrage, die Aus= und Ein=
wanderungsfrage, die Münzfrage zu beurtheilen. — Man hat
allen Autoritäts= und Blindglaubensschwindel in der Erziehung
und im Volke zu entfernen, das Menschheitswohl als oberstes

Moralprincip aufzustellen, ungefälschte Geschichte zu lehren, die Natur- und Gesellschaftswissenschaften, diese Grundbedingungen des Menschenwohles und Menschenfriedens, zu verbreiten, statt der alten, todten Sprachen — die zwar sehr edel, aber für mindestens $^{999}/_{1000}$ aller Menschen und selbst für den größten Theil der Gelehrten wegen ihres geringen practischen Nutzens gänzlich entbehrlich sind — die wichtigsten neueren, lebenden Sprachen zu begünstigen, ein Hauptgewicht auf die Gesundheitspflege und körperliche Ausbildung, ohne welche die geistige nie gedeihen kann, zu legen, die Kreuzung verschiedener Racen und Völker, so weit dies unter gegebenen Umständen möglich, zu erleichtern. Ohne alle einzelnen Punkte wieder anzuführen, was nach den früheren Erörterungen überflüssig wäre, fassen wir alle in dem Satz zusammen:

Jeder trage nach seinen besten Kräften dazu bei, die natürliche Gesellschaftsordnung, welche die Verwirklichung der Menschheitseinigung und des dauernden Völkerfriedens bedeutet, herzustellen.

Im Staat muß das Volk streben, immer mehr directen Einfluß auf Verfassung und Gesetzgebung zu erringen. Der Staat, auf demokratischer und socialistischer Constitution beruhend, bietet die sicherste Friedensbürgschaft. Um der Friedensverwirklichung näher zu rücken, wählen wir für die Parlamente socialistische Abgeordnete! Der Socialismus bedeutet Menschenwohlfahrt und Menschenfrieden. Doch da nach der heutigen Lage der Dinge die Socialisten in Bezug auf ihre Zahl und ihre Kräfte noch nicht genügend vertreten sind, so wähle man dann, wenn zu wenig Aussicht vorhanden, einen socialistischen Candidaten „durchzubringen", einen radicalen Demokraten. Der radicale Demokratismus ist nur eine Vorstufe des Socialismus. Es kann dieses Vorgehen um so weniger im Widerspruch zur Ehre der Socialisten stehen, als sie ja wol alle Principien der radicalen Demokratie anerkennen und nur noch weitergehende Forderungen, namentlich in Bezug auf volkswirthschaftliche Umgestaltungen hinzuzufügen. Uebrigens machen ja anderseits die radicalen Demokraten, sich langsam dem Socialismus nähernd, schon heute, namentlich in Frankreich und Deutschland, vielfach weitgehende Concessionen. Die radicale Demokratie wird nach und nach die Anhängerschaft des Socialismus nur vermehren. Es ist also klug und nicht unehrenhaft, wenn sich die socialistische Partei, ohne ihren Principien untreu zu werden, an die demokratische anlehnt, zumal dann, wenn es durch einzelne wichtige practische Rücksichten geboten ist. *)

Ueberhaupt sollten die Socialisten jeden Ehrenmann, gleichviel welcher Partei er angehört, wenn er ein aufrichtiger Freund des Friedens ist, in diesem speciellen Punkt als ihren Freund betrachten und Candidaten, welche in diesem Sinne wirken wollen, dann, aber auch nur dann unterstützen, wenn die Wahl eines socialistischen Abgeordneten nicht möglich ist. Heute und morgen läßt sich nun einmal keine socialistische Gesellschaftsform etwa aus der Luft auf die Erde herunterzaubern. Dies kann nur das Product eines längeren geschichtlichen Entwickelungsganges sein. Nur ein ganz unhistorischer Kopf könnte an das Gegentheil glauben. Deshalb müssen wir vorläufig auch mit Abschlagszahlungen vorlieb nehmen, und es erschiene uns thöricht, durch Ausschlag derselben uns den Boden unter den Füßen zu entziehen, um wo möglich mit zimperlicher Sentimentalität den stolzen Hungertod zu sterben. Das Gute können wir immer annehmen, von welcher Seite es auch komme: das ist nicht blos practisch und klug, sondern auch ehrenhaft und sittlich. Eine bedeutende, dem Socialismus geleistete Abschlagszahlung wäre eine größere Beschränkung des Militarismus und der Kriege. Das Nächste, was wir erreichen können und hoffentlich erreichen werden, ist also eine beträchtliche Anzahl von Friedensfreunden im Parlament.

---

*) Wörtlich genommen kommt Demokratie und Socialismus wol auch so ziemlich auf dasselbe hinaus, denn das Eine bedeutet die Herrschaft des Volkes, das Andere die der Gesellschaft. Worin liegt der Unterschied?

Wesentliche Verminderungen der Heere und die Vermeidung von Kriegen sind jedoch nur auf internationalem Wege erreichbar. Nach heutiger Sachlage kann ein Staat sein Heer nicht wesentlich reduciren, wenn nicht die ihn bedrohenden Staaten, besonders die Nachbarstaaten, dasselbe thun. Also nur durch internationale Verträge können wir zu einer friedlicheren Zukunft gelangen. Wir halten es daher für angezeigt, daß die dem Frieden geneigten Abgeordneten der verschiedenen und namentlich der wichtigsten Länder sich in Verbindung setzen. Zu diesem Zwecke erscheint uns als zur Zeit einzig richtiges Auskunftsmittel ein internationaler periodischer Congreß der friedensfreundlichen Abgeordneten zur Berathschlagung über ein gemeinsames Vorgehen in den Sonderparlamenten zum Zwecke der graduellen Abschaffung des Militarismus, der Verhinderung der Kriege und der friedlichen Schlichtung internationaler Streitigkeiten. Ein derartiger Congreß wäre bei der heutigen internationalen Gestaltung aller Verhältnisse leicht zu Stande zu bringen, ebenso leicht wie internationale Gelehrtencongresse, internationale Socialistencongresse und viele andere derartige internationale Zusammenkünfte schon in's Leben getreten sind. Wofern es nicht möglich ist, daß die betreffenden Abgeordneten alle selbst am Vereinigungsorte zugegen sein könnten, so ließe sich die Wahl von Delegirten empfehlen in ähnlicher Weise, wie dies bei anderen Congressen geschieht. Sind vorerst auch nur die Deputirten einiger der wichtigsten Staaten vertreten, so ist schon Beträchtliches erreicht und nach allen Wahrscheinlichkeitsgründen anzunehmen, daß späterhin sehr viele Abgeordnete der andern Länder dem Beispiel folgen werden. Auf die friedensfreundlichen Volksvertreter Englands, der Vereinigten Staaten, der Schweiz und der allermeisten kleineren Staaten Europas ist gleich von vornherein als ziemlich sicher zu zählen; der Beitritt von Italienern, Oestreichern, Franzosen und Deutschen ist sehr wahrscheinlich. Volksvertreter Rußlands und der Türkei würden vorläufig fehlen, weil es deren eben keine gibt; indessen wird die constitutionelle Staatsform auch in diesen Ländern nicht ewig auf sich warten lassen. Von den asiatischen und den sonst übrig bleibenden Ländern sehen wir vorläufig ab, da es zunächst auf dieselben wenig ankommt.

Die Initiative könnte von den friedensfreundlich gesinnten Volksvertretern eines europäischen Großstaates ausgehen, in dessen Parlament sie in verhältnißmäßig größerer Zahl vertreten sind als in den andern. Findet diese Congreßidee einmal Anklang, so sind die Fragen über die Art, die Dauer, den Ort und die Wiederholung der Zusammenkünfte leicht beantwortet. Diese Fragen daher, als noch nicht an der Tagesordnung, übergehend, verweilen wir noch etwas bei der Aufgabe dieser Congresse.

Der Hauptzweck ist, wie angedeutet, Herbeiführung friedlicher internationaler Zustände und graduelle Verminderung der Armeen. Demgemäß würden die Congreßmitglieder zunächst über eine proportionell gleiche und gleichzeitig vorzunehmende internationale Heeresreduction übereinkommen und dann den Beschluß fassen, in ihren Parlamenten im Laufe der nächsten Session einen in diesem Sinne gehaltenen Antrag, sowie den Vorschlag, daß die betreffenden Regierungen diesbezügliche internationale Verträge vereinbaren, einzubringen. Würden auch die am Staatsruder stehenden Männer möglicherweise zunächst allerhand Schwierigkeiten bereiten, so ist doch anzunehmen, daß, wenn derartige Anträge in den folgenden Jahren wiederholt und mit immer stärkerem Nachdruck eingebracht würden, man endlich einem energischen Drängen nachgeben müßte.

Natürlich wäre es mit einer einmaligen Reduction noch nicht gethan, sondern auf den weitern Abgeordnetencongressen müßte man immer und immer wieder sich über neue Heeresverminderungen verständigen, und die Volksvertreter hätten gemäß den Congreßbeschlüssen ihre Thätigkeit in ihren Parlamenten fortzusetzen. Im Verlaufe weiterer Jahre würde man auf diese Weise wahrscheinlich zur Einführung weniger lästiger Heersysteme, sei es zu dem Werbesystem nach Art Englands, sei es zum Milizsystem nach Art der Schweiz übergehen. Nach Verfluß weiterer Jahrzehnte würde man wahrscheinlich auch diese Systeme abschaffen, um zum einfachen Volksaufgebot im Kriegsfalle zu greifen, bis man sich in einer noch ferneren Periode überzeugen wird, daß ein solches gar nicht mehr nothwendig, da Kriege nicht mehr vorkommen.

Für die kleineren inneren Streitigkeiten genügt ja eine Sicherheitsmannschaft in ganz mäßiger Zahl, deren Existenz kein Mensch Militärwirthschaft nennen wird.

Daß sich im Laufe dieser Zeit nicht blos die Militärverhältnisse, sondern auch so manche andere, staatliche und gesellschaftliche Einrichtungen zu Gunsten des wahren Volksstaates geändert haben werden, liegt sehr nahe.

Doch kehren wir zur Gegenwart zurück. Der Abgeordneten-Congreß kann sich außer mit der Heeresverminderung auch mit anderen, namentlich volkswirthschaftlichen Fragen von internationalem Interesse, deren Lösung den Frieden fördern hilft, befassen.

Als eine weitere Hauptaufgabe fiele dem Congreß indeß zu, über die Bildung eines Schiedsgerichtes zur Schlichtung internationaler Streitigkeiten zu berathen; und nach dem Resultat hätten die Abgeordneten in den einzelnen Parlamenten vorzugehen.

Daß der blutige Austrag internationaler Streitigkeiten durch Schiedsgerichte vermieden werden kann, ist ja durch die jüngste Geschichte bewiesen worden. Natürlich ist es besser, daß ein Schiedsgericht von verständigen Volksvertretern, gleichviel welcher Lebensstellung, als von Monarchen, welche beim Völkerhader meist nur ihr persönliches Interesse suchen, zusammengesetzt ist. Würde selbst ein solches Gericht einen ungerechten Urtheilsspruch fällen, (was jedoch gar nicht zu erwarten steht) so wäre immerhin der Krieg vermieden, der noch viel weniger im Stande ist, gerecht zu entscheiden. Für ein internationales Schiedsgericht

zu wirken, ist in erster Linie Aufgabe des Congresses und in zweiter die der parlamentarischen Thätigkeit.

Welches unsere Ansichten über ein zweckentsprechendes
Vorgehen der Abgeordneten in ihren Ländern
sind, ist theils bezeichnet worden, theils geht es aus der ganzen
Haltung der Schrift von selbst hervor. Wir greifen daher nur
einen Punkt heraus, auf welchen wir großes Gewicht legen:
Was man am Militärbudget abschneidet, möge
man dem Unterrichtsbudget zuweisen, wenn eine
Neugestaltung des Unterrichts und besonders
der Volksschule auf breitester, demokratischer
Grundlage bestimmt zu erwarten ist. Würde nur
der dritte Theil der jährlichen directen Ausgaben für das Militär (nur in Friedenszeiten)
für eine derartige gute Volksschule verwandt,
in der That in gar nicht allzulanger Zeit würde
der Krieg von der Erde verschwinden, um allenfalls Zuflucht in's Reich der Träume zu nehmen.
Die Ausgabe für die Volksbildung ist außerdem die productivste Anlage in nationalökono-
mischem Sinne, welche ein Staat machen kann.

Wir gelangen zum Schluß. Der sociale
Alles, was Menschenantlitz trägt, umfassende
Friedens- und Volksstaat muß endlich zur Wahrheit werden. An uns Menschen ist es, den Ret-
tungsweg, welcher uns diesem erhabenen Ziele
entgegenführt, durch unsere energische Arbeit,
unser rastloses Ringen um ein Bedeutendes
abzukürzen. Den ersten Schritt zur Lösung der
socialen Frage thun wir, wenn wir dem Militarismus, diesem Todfeind aller menschlichen
Cultur, diesem unersättlichen, Gut und Blut
aufsaugenden Vampyr an dem Riesenleibe der
menschlichen Gesellschaft, mit allen uns zu Ge-

bote ſtehenden, anſtändigen Mitteln und Kräften entgegenzuarbeiten. Dann wird der Untergang des Militarismus, das Aufhören der Kriege, der dauernde Völkerfrieden nicht mehr lange auf ſich warten laſſen.

Si vis pacem, para pacem!

——◦◦◦◦◦——

Druckfehler.

Seite		Zeile		statt:	lies:
„	2	Zeile	3	Lavinen	„ Lawinen.
„	15	„	40	andere	„ andern.
„	24	„	33	3001	„ 301.
„	30	„	5	Militärdienſte rein	„ Militärdienſte direct rein.
„	36	„	15	durchſchnittlich 42₀₄	„ durchſchnittlich nur 42₀₄.
„	37	„	30	Polotzk	„ Polozk.
„	63	„	12	in Gefolge	„ im Gefolge.
„	89	„	31	ausgeſetzt	„ unausgeſetzt.
„	91	„	8	vorherrſchenden	„ vorherrſchend den.
„	95	„	24	Geſtalt	„ Geſtaltung.
„	96	„	33	Einem	„ einem.
„	113	„	25	philoſophiſchen	„ philoſophiſchen.
„	122	„	35	3,259	„ 3,229.
„	127	„	4	niedrigen	„ niedrigeren.
„	128	„	20	dunkele Te int	„ dunkelem Teint.

Im Verlags-Magazin in Zürich ist erschienen und durch alle Buchhandlungen zu beziehen:

Grundgedanken und Vorschläge zu einem deutschen Unterrichtsgesetz. Von Dr. philos. Paul Schramm, Redacteur des „Deutschen Schulwart". Preisgekrönt vom „Verein für Reform der Schule" in Berlin. — 1 Mk. 20 Pf. = Fr. 1. 50 Cts.

Religion oder Philosophie? Eine hochwichtige Zeitfrage, beantw. von A. Heinsius. — 80 Pf. = 1 Fr.

Judenthum und Christenthum. Ein Beitrag zur Klärung einer religiös-sozialen Frage. Von J. Wiener. — 70 Pf. = 85 Cts.

Vom Reissbrett. Freimaurerische Ansprachen und Skizzen von **M. G. Conrad.** — 1 Mk. 20 Pfg. = 1 Fr. 50 Ct.

Humanitas! Kritische Betrachtungen über Christenthum, Wunder und Kernlied von M. G. Conrad. — 2 Mk. = Fr. 2. 50.

Die Loge im Culturkampf. Kritische Analyse der „Etude sur la Franc-Maçonnerie" des Bischofs von Orléans von M. G. Conrad. — 1 Mk. = Fr. 1. 25.

„Mehr Licht!" Kritische Betrachtungen über die **Freimaurerei.** Von M. G. Conrad, Dr. Phil. — 75 Pf. = 90 Cts.

Ein Opfer geistlicher Corruption. Offene Reklamation wider einige vor zehn Jahren begangenen Sünden der Priesterschaft und ihrer Begünstiger zu Cöln. Ein aktenmäßiger Beweis, wie jene Leute selbst in Preußen gehaust haben, so lange sie die Gewalt dazu hatten. — 1 Mk. — Fr. 1. 20.

Die Rechtlosigkeit des Staatsbürgers in Preußen und ihre Bestätigung durch das Abgeordnetenhaus. Zugleich aktenmäßiger Bericht über die Behandlung der Schulangelegenheiten in der Rheinprovinz. Von C. L. — 1 Mk. = Fr. 1. 20 Cts.

Ad majorem Dei gloriam. Erzählung aus der Gegenwart von M. Deleuwa. 2 Bände. — 6 Mk. — Fr. 7. 50. Ein auf wahren Thatsachen beruhender Beitrag zur Charakteristik des Treibens der Jesuiten in der neuesten Zeit!

Das Leben Jesu. Für das Volk bearbeitet v. Dr. Fr. Mook. A. Die Jugendgeschichte. B. Die Dogmen der Vorgeschichte. 2 Theile, zusammen 2 Mk. — Fr. 2. 50.

Im Verlags-Magazin in Zürich ist erschienen und durch alle Buchhandlungen zu beziehen:

Neue Gedichte von Georg Herwegh. Herausgegeben nach seinem Tode. — 4 Mk. = 5 Fr.; eleg. geb. 5 Mk. — 6 Fr. 25 Cts.

Pilgerfahrt. Ein Spottgedicht in 18 Kapiteln von Tannhäuser dem ältern. — 1 Mk. 50 Pf. = Fr. 1. 85 Cts.

Die Wunder des Himmels. Mainachts-Phantasie eines deutschen Reichsbürgers. Mit einer Sternkarte nach den neuesten Forschungen. — 1 Mk. = Fr. 1. 25.

Schlichte Gedichte von Eugen Leyden. Erstes Buch. 60 Pfg. = 75 Cts. — Zweites Buch. 1 Mk. = Fr. 1. 25 Cts.

Pfaffenkrieg. Gewappnete Lieder von F. J. Egenter. — 1 Mk. 20 Pf. = Fr. 1. 50.

Der Deserteur. Dramatisches Zeitbild. Den Freunden des Friedens und der Freiheit gewidmet von einem ehemaligen Soldaten. — 60 Pf. = 75 Cts.

Geschichte der schweizerischen Regeneration von 1830 bis 1848. Nach den besten Quellen bearbeitet von P. Feddersen. — 6 Mk. 40 Pf. = 8 Fr.

Die Schweiz in ihrer Entwicklung zum Einheitsstaate. Von Dr. P. C. von Planta, Rechtsanwalt und gewesenem Mitglied des schweizerischen Ständerathes. — 1 Mk. 60 Pf. = 2 Frkn.

Ein kleines Heer. Oesterreichische Phantasien von Gustav von Pacher. — 1 Mk. 80 Pf. = 2 Fr. 20 Cts.

Parteien und Politik des modernen Rußland. Aus dem Englischen von Sig. Ludwig Borkheim. — 75 Pf. = 90 Cts.

Helena. Aus den Papieren eines verstorbenen Pessimisten von Richard Voß. — 2 Mk. = Fr. 2 50.

Visionen eines deutschen Patrioten. Von Richard Voß. 1½ Mk. = Fr. 1. 80.

Fliegende Blätter an die Bündler jenseits der Berge. Von Curt von Blankenwill. Mit einer Titelvignette. — 2 Mk. = Fr. 2. 50 Cts.

Gott. Von Francisco Sunner y Capdevila. Aus d. Spanischen nebst einer Einleitung von H. Henrich. — 60 Pf. = 70 Cts.

Druck von J. Schabelitz in Zürich.